BIBLIOTHÈQUE
DE PHILOSOPHIE CONTEMPORAINE

NIETZSCHE

ET

L'IMMORALISME

PAR

ALFRED FOUILLÉE

DEUXIÈME ÉDITION

PARIS
FÉLIX ALCAN, ÉDITEUR
ANCIENNE LIBRAIRIE GERMER BAILLIÈRE ET Cⁱᵉ
108, BOULEVARD SAINT-GERMAIN, 108

1902

NIETZSCHE ET L'IMMORALISME

DU MÊME AUTEUR

La Philosophie de Platon. 2ᵉ édition. 4 vol. in-18 (Hachette).
Ouvrage couronné par l'Académie des sciences morales et par l'Académie française (Prix Bordin). Chaque volume.   3 50

La Philosophie de Socrate. 2 vol. in-8º (Alcan).
Ouvrage couronné par l'Académie des sciences morales et politiques (Prix V. Cousin).   15 »

La Liberté et le Déterminisme. 5ᵉ édition. 1 vol. in-8º (Alcan).   7 50

Tempérament et Caractère. 3ᵉ édition.   7 50

Le Mouvement idéaliste et la réaction contre la Science. 2ᵉ édition.   7 50

Le Mouvement positiviste et la Conception sociologique du monde. 2ᵉ édition.   7 50

Histoire générale de la Philosophie. 10ᵉ édition augmentée d'un chapitre sur les philosophes contemporains. 1 vol. in-8º (Delagrave),   6 »

L'Idée moderne du droit en France, en Angleterre et en Allemagne. 4ᵉ édition. 1 vol. in-18 (Hachette).   3 50

La Science sociale contemporaine. 3ᵉ édition. 1 vol. in-18 (Hachette).   3 50

La Propriété sociale et la Démocratie. 2ᵉ édition. 1 vol. in-18 (Hachette).   3 50

Critique des systèmes de Morale contemporains. 5ᵉ édition. 1 vol. in-8º (Alcan).   7 50

L'Avenir de la Métaphysique. 2ᵉ édition. 1 vol. in-8º (Alcan).   5 »

La Morale, l'Art et la Religion selon Guyau. 3ᵉ édition très augmentée, avec portrait de Guyau. 1 vol. in-8º (Alcan).   2 75

Pages choisies de Guyau (Collection des *Pages choisies des Grands écrivains* [Colin]).   3 »

L'Évolutionnisme des Idées-forces. 3ᵉ édition. 1 vol. in-8º (Alcan).   7 50

Descartes. 1 vol. in-18 (Hachette, *Collection des Grands écrivains français*).   2 »

L'Enseignement au point de vue national. 2ᵉ édition. 1 vol. in-18 (Hachette).   3 50

La Psychologie des idées-forces. 2ᵉ édition. 2 vol. in-8º (Alcan).   15 »

Les Études classiques et la démocratie. 1 vol. in-18 (Colin).   3 »

Psychologie du Peuple français. 2ᵉ édition. 1 vol. in-18 (Alcan).   4 50

La Réforme de l'Enseignement par la philosophie. 1 vol. in-18 (Colin).   3 »

La Conception morale et civique de l'Enseignement. Édition de la *Revue bleue*. 1 vol. in-8.   2 50

Esquisse psychologique des peuples européens. 1 vol. in-8º.   10 »

NIETZSCHE
ET
L'IMMORALISME

PAR

ALFRED FOUILLÉE

PARIS
FÉLIX ALCAN, ÉDITEUR
ANCIENNE LIBRAIRIE GERMER BAILLIÈRE ET Cie
108, BOULEVARD SAINT-GERMAIN, 108

1902

Tous droits réservés.

AVANT-PROPOS

I

En travaillant à la *Morale des idées-forces*, dont je prépare la prochaine publication, j'ai rencontré les doctrines de Nietzsche, qui sont comme une question préalable élevée devant tout travail de moraliste. Y a-t-il vraiment une morale? Bien plus, est-il désirable qu'il y en ait une? La morale, jusqu'à présent, n'aurait-elle pas fait plus de mal que de bien à l'humanité? Voilà ce que Nietzsche demande.

Les loisirs que me laissait le séjour dans une ville d'eaux d'Allemagne m'ont permis de faire connaissance avec les livres du penseur allemand, et il m'a semblé que, comme moraliste, je devais en quelque sorte déblayer le terrain en ramenant à leur vraie valeur les objections de ce farouche « immoraliste ». L'examen de Nietzsche et du scepticisme moral aurait trop grossi la *Morale des idées-forces*; je donne donc à part ce travail, qui est surtout critique et, en quelque sorte, préliminaire.

L'œuvre de Nietzsche m'a inspiré personnellement d'autant plus d'intérêt que je voyais rapprochés à chaque instant, dans les livres ou dans les revues, les deux noms de Nietzsche et de Guyau (1). Sans le savoir, Nietzsche, Guyau et moi-même nous avions vécu tous les trois en même temps à Nice et à Menton. Guyau n'eut pas la moindre connaissance du nom et des écrits de Nietzsche ; Nietzsche, au contraire, connut l'*Esquisse d'une morale sans obligation ni sanction* et l'*Irréligion de l'avenir*, livres qu'il avait peut-être achetés (ainsi que la *Science sociale contemporaine*) à la librairie Visconti, de Nice, où les intellectuels fréquentaient alors volontiers, feuilletant et emportant les volumes nouveaux. Toujours est-il que Nietzsche avait dans sa bibliothèque l'*Esquisse d'une morale sans obligation ni sanction* et l'*Irréligion de l'avenir*. Il en parle aussi dans *Ecce homo*. Ces exemplaires sont couverts de notes marginales, de traits, de points d'exclamation, de marques d'approbation ou d'improbation. Les jugements de Nietzsche sur Guyau, que nous reproduirons plus loin, offrent le plus grand intérêt, car ils nous montrent à quel point divergent en sens opposés, malgré les évidentes similitudes que gardent parfois leurs doctrines, deux esprits partis d'une même conception fondamentale,

(1) M. Darlu les a comparés sommairement tous deux dans une remarquable leçon qui fait partie des *Questions de morale*. M. Palante a fait de même dans son *Précis de sociologie* et dans ses articles de la *Revue philosophique*. De même M. Jules de Gaultier, dans une étude sur l'état de la philosophie en France, publiée par la *Flegrea*, de Naples, novembre 1901. De même encore M. de Roberty, dans une étude publiée par la *Revue internationale de sociologie*, juin 1900. Les libertaires, notamment MM. Kropotkine et E. Reclus, ont essayé de trouver un appui dans quelques idées de Guyau et dans les idées correspondantes de Nietzsche. Les socialistes, d'autre part, se sont efforcés de tirer à eux Guyau ; on en voit un exemple dans l'intéressante conférence que lui a consacrée M. Fournière et qui fait partie des *Questions de morale* (Alcan, 1899). En Allemagne, M. Gistrow a tâché de faire rentrer les idées de Nietzsche, l'individualiste par excellence, dans le socialisme évolutionniste.

Les œuvres de Guyau et de Nietzsche ont ainsi éveillé de toutes parts des échos plus ou moins discordants. Quant à nous, il nous semble que l'individualisme de Nietzsche a besoin d'être corrigé par le point de vue social de Guyau. Aussi avons-nous cru nécessaire, tout en insistant sur Nietzsche, de le comparer à son devancier français. Les théories du penseur allemand sont en partie une déviation de plusieurs des doctrines que Guyau avait déjà soutenues ; il importe donc au plus haut point de rétablir le vrai et le normal sous certaines altérations pathologiques qui, grâce au génie littéraire de Nietzsche, peuvent séduire tant de simples ou tant de raffinés à la recherche du neuf.

celle de la vie intense et extensive. Ces notes indiquent d'ailleurs, de la part de Nietzsche, une réelle sympathie pour Guyau et une très profonde estime, qui va jusqu'à l'admiration (1).

Nietzsche m'offrait encore un autre intérêt. Au moment où je commençai à le lire, j'avais depuis longtemps entrepris, comme complément de la *Psychologie du peuple français* (et aussi comme délassement d'études plus abstraites) mon esquisse psychologique des peuples européens. Je trouvai dans Nietzsche un homme représentatif, par bien des côtés, de l'âme allemande et des directions actuelles de la pensée en Allemagne, — outre que Nietzsche lui-même, en des pages remarquées de Taine, a finement esquissé plusieurs physionomies de peuples, y compris son peuple et le nôtre.

Si je ne me trompe, les psychologues et les moralistes doivent s'intéresser à l'œuvre de Nietzsche, non seulement pour sa valeur intrinsèque, mais encore pour l'influence qu'elle exerce par la poésie dont elle est revêtue. Le poète n'a-t-il pas souvent plus d'action que le pur métaphysicien sur le mouvement des idées morales et sociales ? Guyau en fut lui-même une preuve avant Nietzsche, bien que Guyau ait été plus proprement philosophe et théoricien.

En outre, rien n'est plus utile que l'étude des esprits indépendants, dont la hardiesse et la sincérité ne reculent devant aucune barrière. *Oportet hæreses esse*, cela est encore plus vrai de la philosophie et de la morale que de la religion. Une doctrine qui accuse non pas seulement la théologie, mais la morale, d'être la vraie cause de la corruption ou de la « décadence » humaine, le véritable empêchement au progrès de l'espèce par le moyen des individus supérieurs, une doctrine qui se pose ainsi en

---

(1) Aux précieux renseignements que M. Lichtenberger a bien voulu nous fournir sur ce qu'il avait vu et lu aux *Archives* de Weimar, Mme Förster-Nietzsche a ajouté les siens avec une obligeance dont nous lui témoignons ici toute notre gratitude. Elle a même fait copier à notre intention les principales notes marginales de Nietzsche, encore inédites, sur l'*Esquisse d'une morale sans obligation ni sanction*. Nous n'avons pas eu, à notre grand regret, connaissance des notes relatives à l'*Irréligion de l'avenir* (ni de celles qui concernent la *Science sociale contemporaine*).

« immoralisme » et prétend que ce qui règne « sous les noms les plus sacrés », y compris celui de la « vertu », ce sont des « valeurs de déclin et d'anéantissement », des valeurs « nihilistes », une telle doctrine, renouvelant la grande révolte des sophistes et des sceptiques contre la loi au nom de la nature, ne saurait demeurer indifférente au philosophe ; car, au point de vue pratique, elle ne peut manquer de trouver écho dans toutes les passions jusqu'ici tenues pour mauvaises et qui, selon Nietzsche, sont précisément les bonnes : « volupté, instinct de domination, orgueil » ces trois vertus cardinales du nouvel évangile (1).

II

Le succès de Nietzsche, qui a été d'abord pour maint philosophe de profession un vrai scandale, a eu des causes dont les unes sont superficielles, les autres profondes. Les aphorismes conviennent à un public qui n'a ni le temps ni les moyens de rien approfondir et qui s'en fie volontiers aux feuilles sibyllines, surtout si elles sont poétiques au point de lui paraître inspirées. L'absence même de raisonnement et de preuve régulière prête au dogmatisme négateur un air d'autorité qui impose à la foule des demi-instruits, littérateurs, poètes, musiciens, amateurs de tous genres. Des paradoxes en apparence originaux donnent à qui les accepte l'illusion flatteuse de l'originalité. Pourtant, il y a aussi des raisons plus profondes à ce succès d'une doctrine fortement individualiste et aristocratique, qui se présente comme le renversement définitif de

---

(1) Nous n'avons pas l'intention de faire ici une étude complète de Nietzsche. Ce dernier, d'ailleurs, humoriste et essayiste de premier ordre, touche à tout, parle de tout, prononce sur tout, tantôt blanc, tantôt noir, cachant sous ses airs de scepticisme le plus outré des dogmatismes. Nous voulons seulement juger les pensées maîtresses du système. Nous considérerons donc surtout en lui la morale individualiste poussée à ses extrêmes conséquences, qui se résument dans la suppression même de toute morale, dans « l'immoralisme ».

toute religion et de toute morale. Outre que *Zarathoustra*, chef-d'œuvre de la récente littérature allemande, et peut-être de toute la prose allemande, est un merveilleux poème qui enchante l'oreille indépendamment du sens des doctrines, c'est aussi une réaction en partie légitime contre la morale trop sentimentale mise à la mode par ceux qui prêchent la « religion de la souffrance humaine ». Après les excès d'un vague sentimentalisme, Nietzsche combat encore ceux de l'intellectualisme. Et les intellectuels auxquels s'adressent les traits de sa satire sont de deux sortes. Voici d'abord les *savants* qui croient que les sciences positives peuvent à elles seules suffire à la pensée de l'homme ; voilà ensuite ceux des *philosophes* qui croient que le rationnel est la seule mesure du réel, que le monde en lui-même est une vivante raison, œuvre intelligible de quelque intelligence immanente ou transcendante. Au lieu d'être une philosophie du cœur ou une philosophie de la raison, la doctrine de Nietzsche, comme celle de Schopenhauer, est une philosophie de la volonté. La primauté du *vouloir* et du *pouvoir* sur le sentir et sur le penser en est le dogme fondamental.

Ce n'est pas tout. La volonté même peut être prise au sens individuel ou au sens collectif. Ce dernier est cher aux socialistes et aux démocrates, qui subordonnent l'individu à la communauté. Nietzsche sera de ceux qui se révoltent contre « l'instinct de troupeau » et qui proclament, à l'image de la Renaissance, la souveraineté de l'individu dans l'ordre de la nature.

Tout notre siècle a été partagé entre le socialisme et l'individualisme, qui ont fini par prendre l'un et l'autre la forme humanitaire. Que fut le romantisme, dans son fond, sinon le culte de la personnalité se développant sans autre règle qu'elle-même, sans autre loi que sa propre force, soit que cette force fût la passion déchaînée, soit qu'elle fût la volonté sans frein? De là cet individualisme intempérant qui devait finalement aboutir aux doctrines anarchistes. Il y a eu en même temps un romantisme socialiste et démocratique, avec les Pierre Leroux, les Victor Hugo, les George Sand, les Michelet ; c'était l'extension à la société entière des idées de bonheur, de liberté universelle, d'égalité et de fraternité, dont s'était inspirée la Révolution française. Nietzsche verra là une déviation et une décadence ; il s'en tiendra à l'individualisme primitif et élèvera le moi contre la société entière. A la démocratie qui menace de tout niveler, au socialisme et à l'anarchisme populaires, il opposera une aristocratie nouvelle, où il verra le seul salut possible; à l'homme moyen, égal aux autres hommes moyens, il opposera le Surhomme.

Nietzsche a d'admirables qualités d'esprit et de cœur ; il a la noblesse de la pensée, l'élévation des sentiments, l'ardeur et l'enthousiasme, la sincérité et la probité intellectuelle, — quoique, dans ses lettres à Brandes, il ait livré cette recette de littérature philosophique : frapper monnaie avec tout ce qui est le plus « méprisé », le plus « craint », le plus « haï ». Sa poésie est un lyrisme puissant ; sa philosophie a je ne sais quoi de pittoresque qui séduit l'imagination ; c'est une série de tableaux, de paysages, de visions et de rêves, un voyage romantique en un pays enchanté, où les scènes terribles succèdent aux scènes joyeuses, où le burlesque s'intercale au milieu du sublime. Nietzsche est sympathique par les grands côtés. La seule chose antipathique en cette belle âme, c'est la superbe de la pensée. Toute doctrine d'aristocratie exclusive est d'ailleurs une doctrine d'orgueil, et tout orgueil n'est-il pas un commencement de folie ? Chez Nietzsche, le sentiment aristocratique a quelque chose de maladif. Il se croit lui-même d'une race supérieure, d'une race slave, comme si les Slaves étaient supérieurs, et comme s'il était Slave lui-même ! Et toute sa vie, cet Allemand pur sang s'enorgueillit de ne pas être Allemand. Fils d'un pasteur de campagne prussien, il s'imagine qu'il descend d'une vieille famille noble polonaise du nom de Nietzky, alors que (sa sœur elle-même en fait la remarque) il n'a pas une goutte de sang polonais dans les veines; dès lors, son slavisme imaginaire devient une idée fixe et une idée-force : il finit par penser et agir sous l'empire de cette idée. Le noble polonais, dit-il, avait le droit d'annuler avec son seul *veto* la délibération d'une assemblée tout entière; lui aussi, héroïquement, à tout ce qu'a décidé la grande assemblée humaine il dira : *veto*. « Copernic était Polonais », et Copernic a changé le système du monde ; Nietzsche renversera le système des idées et des valeurs ; il fera tourner l'humanité autour de ce qu'elle avait méprisé et honni. Chopin le Polonais (qui était, en vérité, aussi Français que Polonais, puisque son père était Français) a « délivré la musique des influences tudesques »; Nietzsche délivrera la philosophie des influences allemandes, il s'en flatte, il le croit; et il développe en une direction nouvelle la philosophie de Schopenhauer. Retournant le « vouloir-vivre dans un sens optimiste », il dit *oui* à toutes les misères du « devenir » que Schopenhauer repoussait par un *non*. S'il émet une idée, il croit le plus souvent que personne avant lui ne l'a entrevue; chacun de ses aphorismes retentit comme un *Fiat lux* qui tirerait un monde du néant. Dans tous ses ouvrages, il prend l'attitude romantique d'un Faust révolté contre toute loi, toute morale, toute vie sociale. Oubliant que l'insociabilité est le signe le plus caractéristique de cette dégénérescence contre laquelle il voudrait réagir, son moi s'isole, s'oppose à autrui, finit par grossir à ses propres yeux jusqu'à absorber le monde. Ses théories les plus abstraites ont cet accent lyrique que donne au poète l'éternel retentissement du moi. Dans toute philosophie, prétend-il avec humour, il vient un moment où la *conviction* personnelle du philosophe paraît sur la scène, où, pour parler le langage d'un vieux mystère :

Adventavit asinus
Pulcher et fortissimus.

Nietzsche en est lui-même le plus bel exemple, avec cette différence que sa conviction, à lui, qui n'a parfois d'autre titre que d'être l'expression de son *moi*, est toujours sur la scène. « Il y a dans un philosophe, dit-il encore, ce qu'il n'y a jamais dans une philosophie : je veux dire la cause de beaucoup de philosophies : le grand homme! » Partout, à chaque ligne, percent chez lui l'ambition et la persuasion d'être ce grand homme. Il voyait dans la révolution philosophique que causeraient ses idées le point de départ d'un bouleversement formidable pour l'humanité : « Je vous jure, écrivait-il à Brandes le 20 novembre 1888, que, dans deux ans, toute la terre se tordra dans des convulsions. Je suis une fatalité... *Ich bin ein Verhängniss* (1). »

(1) Brandes, *Menschen und Werke*, p. 223.

Comme la plupart des philosophes allemands, depuis Hegel jusqu'à Schopenhauer, il se croit volontiers seul capable de se comprendre lui-même. « Après-demain seulement m'appartiendra. Quelques-uns naissent posthumes. Je connais trop bien les conditions qu'il faut réaliser pour me comprendre. Le courage du fruit défendu, la prédestination du labyrinthe. Une expérience de sept solitudes. Des oreilles nouvelles pour une musique nouvelle. Des yeux nouveaux pour les choses les plus lointaines. Une conscience nouvelle pour des vérités restées muettes jusqu'ici... Ceux-là seuls sont mes lecteurs, mes véritables lecteurs, mes lecteurs prédestinés : qu'importe le reste ? Le reste n'est que l'humanité. Il faut être supérieur à l'humanité en force, en hauteur d'âme, en mépris (1). »

Dans le monde des valeurs, selon Nietzsche, règne le faux monnayage ; il est temps de changer à la fois la matière et l'effigie. L'humanité entière s'est trompée jusqu'ici sur toutes les valeurs de la vie, mais la vraie vie qui vaut la peine d'être vécue a été enfin conçue par Nietzsche : « Les milliers de siècles à venir, dit-il, ne jureront que d'après moi. » On compte à tort les siècles, ajoute-t-il, à partir « du jour néfaste » qui fut le premier jour du christianisme : « Pourquoi ne les mesurerait-on pas à partir de son dernier jour ? A partir d'aujourd'hui ! Transmutation de toutes les valeurs ! » Ainsi parle le fondateur de l'ère nouvelle.

En lisant Nietzsche, on est partagé entre deux sentiments, l'admiration et la pitié (quoiqu'il rejette cette dernière comme une injure), car il y a en lui, parmi tant de hautes pensées, quelque chose de malsain et, comme il aime à le dire, de « pervers », qui arrête parfois et rend vains les plus admirables élans de la pensée ou du cœur. *Le cas Wagner ; un problème musical*, tel est le titre d'un de ses livres ; ne pourrait-on écrire aussi : « Le cas Nietzsche ; un problème pathologique ? »

En Allemagne, toute une littérature s'est produite autour du nom de Nietzsche ; érudits et critiques voudraient faire pour lui ce qu'ils ont fait pour Kant ; Nietzsche a ses « archives » à Weimar, Nietzsche a

---

(1) Préface de *l'Antéchrist*.

son « musée »; c'est une sorte d'organisation scientifique au service d'une gloire nationale. Tandis que l'Allemand met tout son art, toute sa science et même tout son savoir-faire à grandir et à grossir chaque personnalité qui a vu le jour outre-Rhin; tandis que, avec une piété érudite, il entasse commentaire sur commentaire pour faire du penseur allemand le centre du monde, nous, Français, ne faisons-nous point trop bon marché de nos propres gloires? N'oublions-nous pas trop volontiers ceux qui furent, chez nous, les maîtres soit des Schopenhauer, soit des Nietzsche? Ce dernier, en particulier, a eu pour prédécesseurs, non seulement La Rochefoucauld et Helvétius, mais encore Proudhon, Renan, Flaubert et Taine. Il a subi aussi l'influence de Gobineau, pour lequel il manifesta (comme Wagner) un véritable enthousiasme. Gobineau, en l'honneur duquel s'est fondée une société — *en Allemagne,* — avait soutenu l'inégalité nécessaire des races humaines, la supériorité de la race européenne et notamment de la race blonde germanique, la légitimité du triomphe de la race supérieure sur les inférieures, la sélection aristocratique au profit des nationalités composées des races les meilleures. Les idées de Gobineau se retrouvent dans celles de Nietzsche sur l'aristocratie des races et sur la possibilité d'élaborer une espèce supérieure, qui mériterait de s'appeler *surhumaine.*

Nietzsche a encore eu, sur certains points, pour devancier en France un philosophe-poète dont presque tous les commentateurs allemands de Nietzsche ont trop souvent passé le nom sous silence et dont la plus simple justice oblige les Français à rappeler les titres. En même temps que Nietzsche se trouvait à Nice et à Menton, comme nous l'avons rappelé plus haut, un jeune penseur, poète comme lui, philosophe comme lui, touché comme lui dans son corps par la maladie, mais d'un esprit aussi sain que ferme, prédestiné, lui aussi, à une vie de souffrance et à une mort plus prématurée que celle de Nietzsche. La même idée fondamentale de la vie intense et expansive animait ces deux grands et nobles esprits, aussi libres l'un que l'autre de préjugés, même de préjugés *moraux.* L'*Esquisse d'une morale sans obligation ni sanction* de Guyau parut en 1885; *Par delà le bien et le mal* de Nietzsche fut écrit pendant l'hiver de 1885 à 1886 à Nice et parut en août 1886. La *Généalogie de la morale* fut écrite en 1887. Le *Crépuscule des idoles* et l'*Antéchrist* sont de 1888. L'*Irréligion de l'avenir* de Guyau avait paru l'année précédente et avait eu un grand retentissement. Sans doute les principales idées métaphysiques et esthétiques de Nietzsche étaient déjà fixées depuis un certain nombre d'années ; je ne sais si ses idées morales étaient déjà parvenues à leur expression définitive ; en tous cas, elles n'avaient pas le caractère absolument « unique » et « nouveau » qu'il leur attribuait. Il ne fut pas inutile à Nietzsche de lire, de méditer et d'annoter Guyau.

Dans son beau livre sur Nietzsche, M. Lichtenberger a cru superflu de rappeler les similitudes entre les idées les plus plausibles de Nietzsche et les idées si connues de Guyau : ces similitudes lui paraissaient évidentes d'elles-mêmes. M. Jules de Gaultier a éprouvé sans doute le même sentiment, en écrivant pour le *Mercure de France* une remarquable étude intitulée : *De Kant à Nietzsche*, et publiée ensuite en volume. D'autres enthousiastes de Nietzsche ont affecté d'ignorer le nom de Guyau. En France, toute mode rare doit-elle donc venir d'outre-Rhin, d'outre-Manche ou de Scandinavie ? *Made in Germany, made in England*, sont-ce les seules bonnes marques de fabrique ? Il est vrai que les penseurs français les plus hardis conservent, selon la tradition classique, la raison et même le sens commun ; les penseurs germaniques, eux, poussent l'outrance jusqu'au délire : par là ils attirent davantage l'attention, et leur enthousiasme pour les idées les plus étranges provoque une curiosité faite de stupeur.

« Heureusement », — et Nietzsche l'a dit lui-même, — « comme il y a toujours un peu de folie dans l'amour, ainsi il y a toujours un peu de raison dans la folie. » « Nos vues les plus hautes », ajoute Nietzsche (et Guyau l'avait remarqué aussi en d'autres termes), « doivent forcément paraître des insanités, parfois même des crimes, quand, de façon illicite, elles parviennent aux oreilles de ceux qui n'y sont ni préparés, ni destinés. » Lorsqu'on ne pénètre pas au sein d'une grande pensée, la perspective extérieure nous fait voir les choses « de bas en haut » ; quand, au contraire, on s'identifie par le dedans à cette pensée, on voit les choses dans la direction « de haut en bas ». Suivons donc le conseil de Nietzsche et efforçons-

nous de voir sa doctrine par les hauteurs. Peut-être reconnaîtrons-nous à la fin que, si élevée qu'elle ait paru à Nietzsche, cette doctrine n'en a pas moins besoin, comme toute chose selon lui, d'être « surmontée » et « dépassée ».
— « En vérité, je vous conseille, éloignez-vous de moi et défendez-vous de *Zarathoustra !*... Peut-être vous a-t-il trompés... Vous me vénérez; mais que serait-ce si votre vénération s'écroulait un jour? Prenez garde à ne pas être tués par une statue! Vous ne vous étiez pas encore cherchés ; alors vous m'avez trouvé... Maintenant, je vous ordonne de me perdre et de vous trouver vous-mêmes! »

NIETZSCHE ET L'IMMORALISME

INTRODUCTION

CHAPITRE PREMIER

L'IMMORALISME ET L'INDIVIDUALISME ABSOLU DE STIRNER

I. — Selon Stirner, ce n'est pas *l'homme* qui est la mesure de tout, c'est le *moi*. Stirner croit trouver le vrai point d'appui universel dans la conscience individuelle, dans ce moi toujours présent qui se retrouve en toute pensée. Feuerbach avait proposé l'Homme à notre adoration; c'est là, répond Stirner, un nouvel *Être suprême*; l'Homme n'a aucune réalité; tout ce qu'on lui attribue est « un vol fait à l'individu ». Feuerbach avait dit : Le Dieu dont parle Hegel après Platon n'est autre chose que l'Homme. — Mais l'Homme lui-même, répond encore Stirner, est « un fantôme, qui n'a de réalité qu'en Moi et par Moi »; l'*humain* n'est qu' « un des éléments constitutifs de mon individualité et est *le mien* », de même que « l'Esprit est *mon* esprit et que la chair est *ma* chair ». Je suis le centre du monde, et le monde (monde des choses, des hommes et des idées) « n'est que ma propriété », dont mon égoïsme souverain use selon son bon plaisir et selon ses forces. Ma propriété est ce qui est en mon pouvoir; mon droit, n'étant pas une permission que m'accorde un être extérieur et « supérieur » à moi, n'a d'autre limite que ma force et n'est que ma force. Mes relations avec les hommes, que ne peut régler nulle puissance religieuse, c'est-à-dire extérieure, sont celles d'égoïste à égoïste; je les emploie ou ils m'emploient, nous sommes l'un pour l'autre un instrument ou un ennemi. « L'au-delà extérieur est balayé, mais l'au-delà intérieur reste; il nous appelle à de nouveaux combats »: il faut le détruire à son tour. La prétendue « immanence », chère aux Hégéliens, n'est qu'une forme déguisée de l'ancienne « transcendance ». Le *libéralisme politique*, qui me soumet à l'Etat, le *socialisme*, qui me subordonne à la Société, l'*humanisme* de Br. Bauer, de Feuerbach et de Ruge, qui me réduit à n'être plus qu'un rouage de l'humanité, ne sont que « les dernières incarnations du vieux sentiment chrétien, qui toujours soumet l'individu à une généralité abstraite »; ce sont les dernières formes de la domination de l'esprit de hiérarchie. « Les plus récentes révoltes contre Dieu ne sont encore que des insurrections théologiques. » Toutes ces révoltes ont beau affranchir l'individu des dogmes et secouer, en apparence, toute autorité, elles le laissent, selon Stirner, serviteur de l'Esprit, de la Vérité, de l'Objet. Pour le *Moi*, au contraire, l'esprit n'est que « mon œuvre », la vérité est « ma créature », l'objet n'est « que mon objet ». — Schopenhauer démontrera lui-même ce dernier point et fera du monde entier « ma représentation ». — Libéraux, socialistes, humanitaires se croient des esprits libres et vraiment dégagés de superstition; en fait, ils n'ont jamais compris le mot : Ni Dieu ni maître. « Possesseurs d'esclaves aux rires méprisants, dit Stirner, ils sont eux-mêmes des esclaves (1) ». Dans le socialisme, l'individu ne *possède* rien en propre : il n'y a plus de mien ni de tien; est-ce là de l'affranchissement? Dans le libéralisme

---

(1) *Das unwahre Prinzip unserer Erziehung*. Kl. Schriften, éd. Mackay, p. 24.

humanitaire, l'individu fait également place à « l'Homme véritable ! » En réalité, donc, « nous ne sommes pas plus avancés que nous ne l'étions au moyen âge ». L'homme moderne est, lui aussi, « emmuré de toutes parts ». — « Torturé d'une faim dévorante, tu erres, en poussant des cris de détresse, autour des murailles qui t'enferment, pour aller à la recherche du profane. Mais en vain. Bientôt l'Eglise couvrira la terre tout entière et le *monde du sacré* sera victorieux. » — On croit déjà entendre la voix et les âpres déclamations de Zarathoustra.

Ceux mêmes qui attaquent l'Eglise et l'Etat au nom de la moralité et de l'injustice en appellent encore, dit Stirner, à une *autorité* extérieure à la volonté égoïste de l'individu ; ils en appellent, en dernière analyse, à la volonté d'un « dieu ». Il n'y a d'autre réfutation vraie de la morale théologique que la suppression non seulement de la théologie, mais aussi de la morale elle-même. Une physique des mœurs ne peut devenir une *morale* que si elle se fait, inconsciemment, religieuse. Renonçons donc à toute morale proprement dite si nous voulons renoncer à toute théologie, et posons pour principe le Moi, sous le nom de l'*Unique*.

II. — Qu'est-ce pourtant que cet Unique ? peut-on demander. — Est-ce une *idée* nouvelle du moi, comme le crurent Feuerbach, Hess, Kuno Fischer, qui virent dans l'Individu un *idéal* nouveau, s'opposant à l'idéal Homme ? — Stirner leur répond en plaçant l'Unique au delà de la pensée. — Le moi que tu *penses*, dit-il, n'est encore qu'un « agrégat de prédicats » ; aussi peux-tu le « concevoir », c'est-à-dire le définir et le distinguer d'autres concepts voisins. « Mais *toi*, tu n'es pas vraiment définissable, tu n'as pas de contenu logique, tu es le réel inexprimable et irresponsable, contre lequel vient se briser la pensée. » L'Unique n'est qu'une phrase, et une phrase vide, c'est-à-dire pas même une phrase ; mais pourtant « cette phrase est la pierre sous laquelle sera scellée la tombe de notre monde des phrases, de ce monde au commencement duquel était le *moi* ». L'individu réel n'étant donc pas une nouvelle *idée* que l'on puisse opposer à celle de l'Homme, l'Unique n'étant que moi dans mon fond et ma substance, mon *égoïsme* n'est nullement un nouvel « impératif », ni un nouveau « devoir »; il est, comme l'Unique lui-même, une phrase, « mais c'est la dernière des phrases possibles, et destinée à mettre fin au règne des phrases. »

Le traducteur français de Stirner (1) n'a pas de peine à reconnaître ici le « moi profond et *non rationnel* » dont Nietzsche dira : « O mon frère, derrière tes sentiments et tes pensées se cache un maître puissant, un sage inconnu; il se nomme *toi-même* (Selbst). Il habite ton corps, il est ton corps ».

Pour se débarrasser de tous les fantômes métaphysiques, religieux et moraux dont on tenterait de l'épouvanter, le Moi n'a qu'à les secouer d'un geste. « Un haussement d'épaules, dit Stirner, me rend le service de la réflexion la plus laborieuse; je n'ai qu'à allonger mes membres pour dissiper les angoisses de mes pensées; un saut écarte le cauchemar du monde religieux, un cri d'allégresse terrasse l'idée-fixe sous laquelle on me faisait plier durant tant d'années. » Cette idée-fixe, que Zarathoustra, lui aussi, écartera du même geste, c'est celle de l'impératif catégorique, de la moralité, de l'Esprit.

Stirner, parlant de lui-même dans un de ses petits écrits et précisant sa pensée, demande : « Est-ce à dire que, par son *égoïsme*, Stirner prétende nier toute généralité, faire table rase, par une simple dénégation, de toutes *les propriétés organiques* dont pas un individu ne peut s'affranchir? Est-ce à dire qu'il veuille rompre *tout commerce avec les hommes*, se suicider en se mettant pour ainsi dire en chrysalide en lui-même? » Et il répond à cette question topique : « Il y a dans le livre de Stirner un *par conséquent* capital, une *conclusion*

---

(1) Voir la préface de M. Reclaire, édit. Storck.

importante, qu'il est en vérité possible de lire entre les lignes, mais qui a échappé aux yeux des philosophes, parce que lesdits philosophes ne connaissent pas l'homme réel et ne se connaissent pas comme hommes réels, mais qu'ils ne s'occupent que de l'Homme, de l'Esprit en soi, *a priori*, des noms et jamais des choses ni des personnes. C'est ce que Stirner *exprime négativement* dans sa critique acérée et irréfutable, lorsqu'il analyse les illusions de l'idéalisme et démasque les mensonges du dévouement et de l'abnégation... (1). »

Lange, après avoir reconnu ce caractère négatif et critique du livre de Stirner, s'est demandé quelle pourrait être la traduction *positive* de son œuvre. Regrettant que Stirner lui-même n'ait pas complété son livre par une seconde partie, Lange en est réduit aux suppositions. « Pour sortir de mon moi limité, dit-il, je puis, à mon tour, créer une espèce quelconque d'idéalisme comme expression de ma volonté et de mon idée. » M. Lichtenberger, dans une courte notice consacrée à Stirner (2), s'est demandé à son tour quelle forme sociale pourrait résulter de la mise en pratique de ces idées. S'il en faut croire le traducteur français de Stirner, qui appartient à l'école libertaire, ce sont là des questions que l'on ne peut se poser : du livre de Stirner aucun système social ne peut logiquement sortir (en entendant par *logiquement* ce que lui-même aurait pu en tirer, non ce que nous pouvons bâtir sur le terrain par lui déblayé) : « comme Samson, il s'est enseveli lui-même sous les ruines du monde religieux renversé ».

Tout ce qu'on peut dire, en effet, de *positif* selon la pensée de Stirner, c'est que les *uniques* s'associeront, — ce qui semble bien indiquer qu'ils ne seront pas « uniques » ; — mais ils s'associeront à leur gré, avec qui ils voudront, pour le temps qu'ils voudront, aux conditions qu'ils voudront. Et que fera, une fois formée,

(1) *Die philosophischen Reactionaere*, Kl. Schriften, éd. Mackay, pp. 182-83.
(2) *Nouvelle Revue*, 15 juillet 1894.

l'association des égoïstes ? — « Ce que fera un esclave, répond Stirner, quand il aura brisé ses chaînes, il faut l'attendre. » Aujourd'hui, la seule tâche essentielle est de renverser la tyrannie du christianisme sous quelque forme qu'elle se dissimule dans le monde moderne. « L'Unique se ruera, dit Stirner, à travers les portes, jusqu'au cœur même du sanctuaire de l'église religieuse, de l'église de l'Etat, de l'église de l'Humanité, de l'église du Devoir, de l'église de la Loi... Il consommera le sacro-saint et le fera sien. Il digérera l'hostie et s'en sera affranchi ! » Stirner s'en est tenu à l'anarchisme destructeur.

III. — Quelle est cependant, aujourd'hui, la doctrine anarchiste *positive*, qui tend à surgir sur les ruines amoncelées par l'anarchisme négateur de Stirner, que nous retrouverons chez Nietzsche ? Les théoriciens modernes de l'anarchisme positif nous rappellent d'abord un résultat acquis selon eux : c'est l'importance formidable et abusive qu'ont prise dans l'Etat les *facteurs régulateurs sociaux, aux dépens des facteurs actifs et producteurs*, qui sont individuels. « En démontant la *machine de l'Etat* rouage par rouage et en montrant dans cette *police sociale* qui s'étend du *roi* jusqu'au *garde champêtre* et au *juge* de village un instrument de guerre au service des vainqueurs contre les vaincus, sans autre rôle que de défendre l'état de *choses existant*, c'est-à-dire de *perpétuer l'écrasement du faible actuel par le fort actuel* », les penseurs libertaires ont, depuis longtemps, « mis en évidence le caractère essentiellement *inhibiteur* et stérilisant de l'Etat ». Loin de pouvoir être un ressort pour l'activité individuelle, « *l'Etat* ne peut que comprimer, *paralyser et annihiler les efforts de l'individu* (1) ».

Stirner, lui, a fait un pas de plus. Il a mis en lumière « l'étouffement des forces vives de l'individu par

---

(1) M. Reclaire, *Préface*.

la végétation parasite et stérile des *facteurs régulateurs moraux* ». Dans la *justice*, dans la moralité et tout l'appareil des sentiments « chrétiens », il dénonce une nouvelle police, « une *police morale*, ayant même origine et même but que la police de l'Etat : *prohiber, réfréner* et *immobiliser* ». Les *veto* de la conscience s'ajoutent aux *veto* de la loi ; grâce à la conscience, la « *force* d'autrui est sanctifiée et s'appelle le *droit*, la *crainte* devient respect et *vénération*, et le *chien apprend à lécher le fouet de son maître* (1) ».

Les premiers penseurs libertaires avaient dit : — Que l'individu puisse se *réaliser* librement sans qu'aucune contrainte extérieure s'oppose à la mise en œuvre de ses facultés : l'activité libre seule est féconde. — Stirner ajoute : — Que l'individu puisse *vouloir* librement et ne cherche qu'en lui seul sa *règle*, sans qu'aucune contrainte *intérieure* s'oppose à l'épanouissement de sa personnalité : *seule l'individuelle volonté est créatrice*. — Ce sera aussi la réponse de Nietzsche.

Seulement, remarquent les plus récents théoriciens de l'anarchisme, l'individualisme ainsi compris par Stirner et par ses successeurs n'a encore que la valeur *négative* d'une *révolte*, et n'est que « la réponse de ma force à une force ennemie ». L'*individu* n'est que « le *bélier logique* à l'aide duquel on renverse les bastilles de l'autorité ». En lui-même, il n'a *aucune réalité* et n'est qu'un dernier *fantôme rationnel*, le fantôme de l'*Unique*. « Cet Unique, où Stirner aborda sans reconnaître le sol nouveau sur lequel il posait le pied, croyant toucher le dernier terme de la critique et l'écueil où doit sombrer toute pensée, nous avons aujourd'hui appris à le connaître : dans le *moi non rationnel* fait *d'antiques expériences* accumulées, gros d'instincts *héréditaires* et de passions, et *siège de notre grande volonté* opposée à la petite

(1) *Ibid.*

volonté de l'individu égoïste, dans cet *Unique* du logicien, la *science* nous fait entrevoir le FOND COMMUN A TOUS sur lequel doivent se lever, par delà les mensonges de la *fraternité et de l'amour chrétiens* une *solidarité nouvelle*, et, par delà les mensonges de l'*autorité* et du droit, un *ordre nouveau*. C'est sur cette terre féconde — que Stirner met à nu — que le grand négateur tend par-dessus cinquante ans la main aux *anarchistes* d'aujourd'hui (1). »

On le voit, l'anarchisme théorique a fini par devenir de nos jours un monisme à la Spinoza et à la Schopenhauer : l'*Unique*, qui n'était d'abord qu'un individu et un *ego*, s'est transformé en ce *fond commun à tout* que « la Science » nous fait entrevoir, que la « philosophie » dégage seule. L'Unique = l'Un-Tout. De même, nous verrons la *vie* dont parle Nietzsche, — et qui était d'abord sa vie, — se changer en la Vie universelle. Les anarchistes finissent par prêcher la *solidarité*, ils prêchent même l'*ordre*, un ordre nouveau, ordre naturel selon eux, qui se substituera à l'ordre artificiel de la Politique, de la Religion et de la Morale.

En présence de cette évolution d'idées, un Stirner conséquent ne pourrait-il encore s'écrier : — Cet *Unique* commun à tous, que vous voulez substituer à *mon* unique, qui est moi, ce n'est encore qu'un nom de Dieu : c'est le *mundus deus implicitus* de Spinoza. Vous me volez mon moi au profit d'une *idée !*

Il est vrai qu'on pourrait lui répliquer : Votre moi, comme tel, n'est lui-même qu'une *idée*, une forme sous laquelle votre être profond et caché s'apparaît. De deux choses l'une : si cet être profond n'est que vous, non les autres, s'il est vraiment *individuel*, rien ne pourra unir les égoïsmes ; s'il est à la fois vous, moi et tous, ne vous appelez plus vous-même l'*unique*, et reconnaissez la fausseté de l'égoïsme, comme celle de l'anarchisme.

---

(1) Préface du traducteur, *ibid.*

En somme, devant le rationalisme platonicien, chrétien et hégélien, Stirner a beau dresser l'individu, il ne voit pas que son individualité absolue est elle-même une *idée*. La dialectique de Stirner a beau s'envelopper de formules hégéliennes, elle est une survivance des cyniques et des sophistes. Elle n'en a pas moins le mérite d'être la seule forme absolument logique de l'individualisme exclusif. « Je suis l'Unique », vous êtes l'Unique, nous sommes les Uniques, — c'est à cette absurdité qu'aboutit le système, ou plutôt c'est cette absurdité qui en est le point de départ.

On a fort justement dit de Nietzsche que sa destruction de la *table des valeurs* actuellement admises est d'un Stirner qui, au lieu de Hegel, aurait eu Schopenhauer pour éducateur. Stirner donnait déjà une telle valeur à la volonté d'étendre sa *puissance*, que cette volonté apparaissait comme « la force fondamentale de l'être humain »; c'était donc déjà le « *Wille zur Macht* » de Nietzsche. Il est possible que ce dernier n'ait pas lu Stirner; mais il est impossible qu'il n'en ait pas entendu parler comme de l'enfant terrible de la gauche hégélienne, et ce qui est certain, c'est qu'il a repensé sa pensée (1).

(1) Stirner figure dans toutes les histoires de la philosophie allemandes ou françaises (y compris même la nôtre, quelque élémentaire que celle-ci soit par sa destination classique). Il est donc difficile que le fond des doctrines de Stirner soit demeuré inconnu pour le docte professeur de Bâle, qui devait se faire le chantre de Zarathoustra.

CHAPITRE II

LA PART DE LA SOCIALITÉ DANS L'INDIVIDUALISME, SELON GUYAU

I. — Guyau, nous l'avons montré ailleurs (1), se faisait de la vie une conception profonde. De même que Nietzsche, il considérait l'idée de vie comme plus fondamentale que celle de *force*, qui n'en est qu'un « extrait et un abstrait », que celle de *mouvement*, silhouette inanimée de l'animé, que celle même d'*existence*, puisque la seule existence à nous connue directement est notre vie se sentant elle-même, dont ensuite nous retranchons tel ou tel attribut pour concevoir d'autres existences, par exemple les existences prétendues matérielles, qui ne sont, selon Guyau, qu'une vie à son déclin ou une vie à son début. Pour lui comme pour Nietzsche, tout est vie, et on ne peut rien concevoir de vraiment réel qui ne soit vivant.

Selon Guyau — et ce sera aussi l'opinion de Nietzsche — une morale de la vie qui n'invoque que les *faits* biologiques et psychologiques, sans faire intervenir ni thèses métaphysiques ni lois à priori, ne peut présenter *dès l'abord* à l'individu pour premier mobile d'action le bien ou le bonheur de la *société*, car le bonheur de la société est souvent en opposition avec celui de l'individu. « Dans ces cas d'opposition, le bonheur social, comme tel, ne

---

(1) Voir notre livre : *la Morale, l'Art et la Religion selon Guyau*, 5ᵉ édition, revue et augmentée.

pourrait devenir pour l'individu une fin réfléchie qu'en vertu d'un *pur* désintéressement; mais ce pur désintéressement est impossible à constater comme *fait*, et son existence a été de tout temps controversée. » Ce passage de Guyau n'a pas été compris, notamment par un commentateur, très attentif pourtant et très sympathique, qui, dans deux articles récents de la *Revue de métaphysique*, soumet le principe de Guyau à l'analyse la plus minutieuse. Guyau ne nie nullement, — pas plus que Nietzsche, — que l'*intention* d'être désintéressé existe, que la persuasion même d'être désintéressé existe, que certaines personnes prennent ou croient prendre pour *objet* de leur volonté le bonheur universel. Mais la question est de savoir si le désintéressement réel et absolu peut vraiment *se constater dans l'expérience*. Or, c'est ce que Kant nie lui-même : selon lui, on ne peut constater l'existence d'une volonté absolument pure, qui voudrait la loi morale pour cette loi même, sans mélange d'aucun mobile secret où l'amour de soi jouerait un rôle. Le désintéressement absolu suppose une liberté absolue qui ne peut se vérifier en fait et une loi absolue qui ne peut être démontrée en fait. Le seul *fait*, c'est que nous concevons ou croyons concevoir cette liberté, qu'elle nous apparaît avec les caractères d'impératif, de devoir, de loi; mais ce fait d'expérience intime n'implique pas à lui seul, selon Guyau, l'objectivité du devoir ni même l'existence certaine, dans notre conscience, d'un réel et pur désintéressement : car nous ne pouvons épuiser par l'analyse tous les motifs et mobiles d'une action (1). De là Guyau conclut qu'une morale de *faits*, qui, par méthode, veut d'abord n'être que telle, qu'une morale positive de la vie, « pour ne pas renfermer dès son principe un postulat invérifiable, est obligée d'être d'abord *individualiste* »; elle ne doit se préoccuper des destinées de la société « qu'en tant qu'elles enveloppent

(1) Cf. notre *Critique des systèmes de morale contemporains* et notre livre sur *la liberté et le déterminisme*, où nous avions soutenu la même doctrine.

plus ou moins celles de l'individu. » Guyau s'empresse d'ailleurs d'ajouter « qu'une morale individualiste, fondée sur des faits, n'est pas la *négation* d'une morale métaphysique ou religieuse, fondée, par exemple, sur quelque idéal impersonnel ; elle ne l'exclut pas, elle est simplement construite dans une autre sphère (1) ». D'une part, donc, la morale de faits individualiste peut fort bien aboutir à des conclusions sociales (et c'est ce qui arrive à la morale de Guyau) ; d'autre part, la morale de faits individualiste laisse subsister, dans un autre domaine, les morales de devoir, d'idéal universel, d'impératif catégorique, pour ceux qui y trouvent un élément de vérité. Guyau considère seulement ces dernières morales comme n'ayant point la *certitude* qu'elles s'attribuent et comme constituant de grandes *hypothèses* philosophiques. Ces hypothèses, dit-il, doivent demeurer libres et ne pas envahir la partie positive de l'éthique, la morale de la vie, où est possible l'accord entre tous.

Nietzsche procédera d'une manière assez analogue : il écartera, non plus seulement comme des « hypothèses », mais comme des « illusions », toutes les morales de devoir et de fin universelle ; il admettra comme seule réalité l'individu se posant à lui-même une fin. Cette fin, comme pour Guyau, sera le développement de la vie même ; mais, chez Nietzsche, ce développement demeurera tout individualiste ; chez Guyau, il devient social.

La pensée génératrice du système social de Guyau, on le sait, c'est que la vie enveloppe, dans son *intensité* individuelle, un principe d'*expansion*, de fécondité, de générosité, en un mot de sociabilité. La vie *normale*, de la sorte, réconcilie en soi le point de vue individuel et le point de vue collectif, dont l'opposition n'avait pu être levée par les écoles utilitaires et sera de nouveau affirmée par Nietzsche.

Selon Guyau, la vie implique essentiellement conscience, intelligence, sensibilité, donc rapport à autrui et

---

(1) *Esquisse d'une morale sans obligation ni sanction*, nouv. éd.; p. 84.

non pas seulement à soi. Elle est plus qu'instinct, plus aussi que calcul d'utilité à la façon de Bentham, plus qu'égoïsme et culte du moi, comme Nietzsche la concevra ; elle est plus même qu'altruisme à la façon de Comte, ou pitié à la façon de Schopenhauer et de Tolstoï, bien que l'altruisme soit ce qui est le plus voisin d'exprimer sa vraie direction (1).

La nature se place tout d'abord au point de vue de la causalité efficiente, non de la finalité : le grand ressort, dit Guyau, est une cause qui agit avant l'attrait du plaisir comme but ; cette cause, c'est la *vie* tendant par sa nature même à s'accroître et à se répandre, trouvant ainsi le plaisir comme conséquence, mais ne le prenant pas originairement ni nécessairement pour *fin*. « L'être va, disait Épicure, où l'appelle son plaisir ». — Non, répond Guyau, l'être va d'abord par lui-même, et il trouve le plaisir en chemin. Le plaisir n'est pas premier ; ce qui est premier et dernier, c'est la fonction, c'est la vie. Et la vie est, pour ainsi dire, automotrice ; on n'a pas besoin, pour la mouvoir, de faire appel à une détermination inférieure et particulière, comme tel plaisir. « L'action sort naturellement du fonctionnement de la vie, en grande partie inconscient ; elle entre aussitôt dans le domaine de la conscience et de la jouissance, mais elle n'en vient pas. » Le mobile emporté dans l'espace ignore la direction où il va, et cependant il possède une vitesse acquise prête à se transformer en chaleur et même en lumière, selon le milieu résistant où il passe : « c'est ainsi que la vie devient désir ou crainte, peine ou plaisir, en vertu même de sa force acquise et des primitives directions où l'évolution l'a lancée. » L'être vivant n'est donc pas purement et simplement un calculateur à la Bentham, un financier faisant sur son grand-livre la balance des profits et des pertes : — « Vivre, ce n'est pas calculer, c'est agir. Il y a dans l'être vivant une réserve d'activité qui se dépense non pour le *plaisir* de se dépenser, mais

---

(1) Voir notre livre : *la Morale, l'Art et la Religion selon Guyau.*

parce *qu'il faut* qu'elle se dépense, en vertu de cette loi : *La vie ne peut se maintenir qu'à la condition de se répandre*. Une cause ne peut pas ne pas produire ses effets, même sans considération de fin ».

Les utilitaires avaient, comme font encore aujourd'hui la plupart des socialistes, cherché dans les arrangements sociaux un chef-d'œuvre de mécanisme capable de produire une harmonie *après coup* et tout artificielle entre des égoïsmes naturellement discordants. Guyau, dans sa *Morale anglaise contemporaine* et dans son *Esquisse d'une morale*, montra que le problème était mal posé, qu'il y a déjà naturellement une certaine harmonie préétablie entre le bonheur de l'un et le bonheur de l'autre, que le *moi* prétendu fermé est déjà ouvert, déjà en union naturelle avec autrui, et qu'il s'ouvrira de plus en plus. L'expansion vers autrui n'est pas, comme l'avait soutenu Stirner, *contre* la nature de la vie ; elle est au contraire « *selon* sa nature » ; bien plus, elle est la condition même de la vie la plus véritablement intense.

Avec cette conception de la vie, la moralité devait apparaître logiquement à Guyau comme *la vie supérieure*. Cette supériorité, il la considérait comme étant en elle-même une *plénitude* et une *surabondance de vie*, non pas comme une *limitation* et une *règle*. Il ne niait pas pour cela, à la façon de Stirner et des libertaires, que la vie ait pratiquement à s'imposer des limites et des lois, mais ces idées de limite et de loi lui semblaient dérivées, inférieures à la notion primitive de plénitude d'existence.

Nous pouvons maintenant comprendre ce que Guyau voulait dire quand il soutenait que la morale positive (qui d'ailleurs, selon lui, n'est que la première partie de la morale et n'exclut pas toutes les spéculations individuelles) est « sans obligation ni sanction ». Le vrai commandement est celui qu'on se fait à soi-même, car celui des autres, fût-ce d'un Dieu, n'a de valeur que s'il est conforme à celui que nous nous faisons ; d'autre part, on ne se commande pas au nom d'un commandement, mais au nom de quelque principe supérieur à tout commandement et positif, qui, en conséquence, dépasse l'idée restrictive de discipline, de loi, de règle. La vie morale la plus profonde et la plus rationnelle est donc non seulement autonomie, mais, en un sens qu'il faut savoir comprendre, *anomie*.

Nous avions déjà soutenu nous-même, et Guyau avait approuvé cette idée, que la morale n'est pas proprement ni essentiellement impérative, qu'elle est *plus* qu'*impérative*; elle est, disions-nous pour notre part, *persuasive*, elle est au-delà et au-dessus de l'idée de *loi* (1).

« Le *devoir*, dit Guyau, n'est qu'une expression détachée du *pouvoir*, qui tend à passer nécessairement à l'acte. Nous ne désignons par devoir que le pouvoir dépassant la réalité, devenant par rapport à elle un idéal, devenant ce qui doit être parce qu'il est ce qui peut être, parce qu'il est le germe de l'avenir débordant dans le présent. Point de principe surnaturel dans notre morale ; c'est de la vie même et de la force inhérente à la vie que tout dérive : la vie se fait sa loi à elle-même par son aspiration à se développer sans cesse ; elle se fait son obligation à agir par sa puissance d'agir. »

Pour Guyau, la « sanction » proprement dite, ou expiation, n'est pas morale, et la seule sanction légitime, c'est la défense sociale. Voilà ce qu'il entendait par une morale sans sanction, qui a sa propre valeur en elle-même et son prix dans ses conséquences immédiates ou médiates. Nous n'avons pas le droit proprement dit de *punition* ou d'*expiation*, mais un simple droit de *défense* accompagné d'un devoir de *pardon*. Loin de condamner, comme devait le faire Nietzsche, la pitié et le pardon sous prétexte que ce sont des vertus d'esclaves, Guyau écrivait : « J'ai deux mains, l'une pour serrer la main de ceux avec qui je marche dans la vie, l'autre pour relever ceux qui tombent. Je

---

(1) Voir notre *Critique des systèmes de morale contemporains*.

pourrai même, à ceux-ci, tendre les deux mains ensemble (1). »

D'une part, donc, la vie se fait son obligation non en vertu d'un impératif mystique, mais par le sentiment même de sa puissance d'agir à la fois personnelle et *sociale* (en quoi Guyau diffère de Nietzsche), de sa fécondité individuelle et *collective* : « Je puis, donc je dois ». D'autre part, elle se fait sa sanction par son action même, car, en agissant, elle *jouit* de soi, monte ou descend au point de vue de la *valeur* et du *bonheur* tout ensemble.

En raison de ces principes, Guyau se défiait des dogmatiques et doctrinaires, des sectaires, des « prêcheurs », qui croient tenir la vérité sur leurs lèvres, des « directeurs de conscience » qui prétendent substituer leur direction à notre autonomie. Il voulait, dans l'ordre moral, la plus grande liberté possible, jointe au plus grand sentiment de solidarité, et, dans l'ordre social, une défense forte jointe au plus grand libéralisme. Il croyait le véritable individualisme et le véritable socialisme parfaitement conciliables, grâce à l'extension des associations libres de toutes sortes.

« Dans le *règne des libertés*, dit Guyau, le bon ordre vient de ce que, précisément, il n'y a aucun ordre imposé d'avance, aucun arrangement préconçu ; de là, à partir du point où s'arrête la morale positive, la plus grande divergence possible dans les actions, la plus grande variété même dans les idéaux poursuivis. La vraie autonomie doit produire l'originalité individuelle, non l'universelle uniformité. Si chacun se fait sa loi à lui-même, pourquoi n'y aurait-il pas plusieurs lois possibles, par exemple celle de Bentham et celle de Kant? Plus il y aura de doctrines diverses à se disputer d'abord le choix de l'humanité, mieux cela vaudra pour l'accord futur et final. » Rien de plus monotone et de plus insipide qu'une ville aux rues bien alignées et toutes semblables : ceux qui se figurent la cité intellec-

(1) *Esquisse d'une morale*, p. 194.

tuelle sur ce type font un contresens. « Plus il y a de gens à penser différemment, plus grande est la somme de vérité qu'ils finiront par embrasser et où ils se réconcilieront à la fin. » Le rôle de l'initiative augmente de nos jours, chacun tend à se faire sa loi et sa croyance. « Puissions-nous en venir un jour à ce qu'il n'y ait plus nulle part *d'orthodoxie*, je veux dire de foi générale englobant les esprits ; à ce que la croyance soit tout *individuelle*, à ce que l'hétérodoxie soit la seule, vraie et universelle religion ! Vouloir gouverner les esprits est pire encore que de vouloir gouverner les corps ; il faut fuir toute espèce de *directeurs de conscience* ou de *directeurs de pensée* comme un fléau... Il est temps que nous marchions seuls, que nous prenions en horreur les prétendus apôtres, les missionnaires, les prêcheurs de toute sorte, que nous soyons nos propres guides et que nous cherchions en nous-mêmes la révélation. Il n'y a plus de Christ ; que chacun de nous soit son Christ à lui-même, se relie à Dieu comme il voudra et comme il pourra, ou même renie Dieu ; que chacun conçoive l'univers sur le type qui lui semblera le plus probable, monarchie, oligarchie, république ou chaos ; toutes ces hypothèses peuvent se soutenir, elles doivent donc être soutenues. Bienheureux donc aujourd'hui ceux à qui un Christ pourrait dire : *Hommes de peu de foi* !... si cela signifiait : Hommes sincères qui ne voulez pas leurrer votre raison et ravaler votre dignité d'êtres intelligents, hommes d'un esprit vraiment scientifique et philosophique qui vous défiez des apparences, qui vous défiez de vos yeux et de vos esprits, qui sans cesse recommencez à scruter vos sensations et à éprouver vos raisonnements ; hommes qui seuls pourrez posséder quelque part de la vérité éternelle, précisément parce que vous ne croirez jamais la tenir tout entière ; hommes qui avez assez de la véritable *foi* pour chercher toujours, au lieu de vous reposer en vous écriant : J'ai trouvé ; hommes courageux qui marchez là où les autres s'arrêtent et s'endorment : vous avez pour vous l'avenir, c'est vous qui façonnerez l'humanité des âges futurs ».

Guyau montre que la morale de notre époque a elle-même d'avance et compris « son impuissance partielle à régler absolument *toute* la vie humaine » : elle laisse une plus large place à la liberté individuelle ; « elle ne menace que dans un nombre de cas assez restreint et où se trouvent engagées les conditions *absolument nécessaires* de toute vie sociale ». Les philosophes n'en sont plus « à la morale rigoriste de Kant, qui réglementait tout dans le for intérieur, interdisait toute transgression, toute interprétation libre des commandements moraux ». Guyau compare cette morale aux religions ritualistes, pour qui telle et telle cérémonie manquée constitue un sacrilège et qui finissent par oublier le fond pour la forme. « C'était une sorte de despotisme moral, s'insinuant partout, voulant tout gouverner. » Guyau rappelle à ce sujet que, selon une loi de la physique, plus un mécanisme est grossier, plus il a besoin, pour être mis en branle, d'un moteur violent et grossier lui-même ; « avec un mécanisme plus délicat, il suffit du bout du doigt pour produire des effets considérables : ainsi en est-il dans l'humanité ». Cette loi explique, selon Guyau, l'évolution de la morale vers la plus grande liberté individuelle, en même temps que vers une règle sociale volontairement acceptée.

« Pour mettre en mouvement les peuples anciens, il a fallu d'abord que la religion leur fît des promesses énormes et dont on leur garantissait la véracité : on leur parlait de montagnes d'or, de ruisseaux de lait et de miel. » Plus tard encore, la religion leur montrait du *certain* : « On touchait du doigt son dieu, on le mangeait et on le buvait ; alors on pouvait tranquillement mourir pour lui, avec lui. » Plus tard encore, le *devoir* a semblé et semble encore à beaucoup « une chose divine, une voix d'en haut qui se fait entendre en nous, qui nous tient des discours, nous donne des ordres. Il fallait cette conception grossière pour triompher d'instincts encore bien grossiers ». Aujourd'hui, « une simple hypothèse, une simple possibilité suffit pour nous attirer, nous fasciner... L'enthousiasme remplace la *foi* religieuse et la *loi* morale. La *hauteur de l'idéal à réaliser* remplace l'énergie de la croyance en sa réalité immédiate ».

Guyau prévoyait comme terme idéal du progrès une sorte d'*an-archie* métaphysique et religieuse, c'est-à-dire une liberté absolue pour tout ce qui dépend des hypothèses et croyances métaphysiques ou religieuses; mais, en même temps, il prévoyait une *socialisation* progressive de la morale positive et scientifique. « C'est, disait-il, la liberté en morale, consistant non dans l'absence de tout règlement, mais dans l'abstention du règlement scientifique toutes les fois qu'il ne peut se justifier avec une suffisante rigueur » (1).

Nietzsche dira à son tour : « On relie la bonne conscience à une vision *fausse*, on exige qu'aucune autre sorte d'optique n'ait de valeur, après avoir déclaré sacro-sainte la sienne propre, avec les noms de *Dieu*, de *salut*, d'*éternité* ». Il protestera, lui aussi, contre les dogmatismes qui enferment la conscience dans des formules étroites et intolérantes; il sera d'accord en cela avec Guyau. Mais il n'y a pas là, quoi qu'en dise Nietzsche, une réelle « transmutation de valeurs »; c'est une élévation des vraies valeurs intérieures au-dessus des dogmes, des formules et des rites : l'irréligion de l'avenir n'est pas l'immoralité de l'avenir.

« Un mot encore contre Kant en tant que moraliste, s'écrie Nietzsche; une vertu doit être *notre* invention, *notre* défense et *notre* nécessité personnelles; prise dans tout autre sens, elle n'est qu'un danger. Ce qui n'est pas une condition vitale est *nuisible* à la vie : une vertu qui n'existe qu'à cause d'un sentiment de respect pour l'idée de *vertu*, comme Kant la voulait, est dangereuse. La *vertu*, le *devoir*, le *bien en soi*, le bien avec le caractère de l'impersonnalité, de la valeur générale,

---

(1) *Esquisse d'une morale*. Préface.

sont des chimères où s'exprime la dégénérescence, le dernier affaiblissement de la vie, la chinoiserie de Kœnigsberg. Les plus profondes lois de la conservation et de la croissance exigent le contraire : que chacun s'invente *sa* vertu, son impératif catégorique (1). » — Guyau, lui aussi, veut que, là où cessent les nécessités sociales positives, chacun s'invente sa vertu et son impératif, mais il ne croit pas pour cela, comme Nietzsche, que cette vertu demeure individuelle : il croit que, plus elle sera profondément individuelle, plus elle sera largement sociale. C'est pourquoi, dans son *Irréligion de l'avenir*, il nous montre toutes les associations libres qui couvriront et transformeront la terre.

II. — Comme Nietzsche, Guyau fut ennemi du pessimisme, où il voyait le fléau de notre temps. Se plaçant au point de vue de l'évolution, il montra que le maintien même de la vie implique une certaine plus-value du bien-être sur la peine. Si, dans les êtres vivants, les sentiments de malaise l'emportaient réellement sur ceux de bien-être, la vie serait impossible. En effet, « le sens vital ne fait que nous traduire en langage de conscience ce qui se passe dans nos organes. Le symptôme subjectif de la souffrance n'est qu'un symptôme d'un mauvais état objectif, d'un désordre, d'une maladie qui commence : c'est la traduction d'un trouble fonctionnel ou organique. Au contraire, le sentiment de bien-être est comme l'aspect subjectif d'un bon état objectif. Dans le rythme de l'existence, le bien-être correspond ainsi à l'évolution de la vie ; la douleur, à sa dissolution ». De plus, non seulement la douleur est la conscience d'un trouble vital, mais elle tend à augmenter ce trouble même. Elle ne nous apparaissait tout à l'heure que comme la *conscience* d'une désintégration partielle ; elle nous apparaît maintenant elle-

---

(1) *L'Antéchrist*, § 11.

même, dit Guyau, « comme un *agent* de désintégration ». L'excès de la douleur sur le plaisir dans l'espèce est donc « incompatible avec la conservation de l'espèce ». Une race pessimiste n'aurait pas besoin, pour en finir avec la vie, du coup de théâtre burlesque, du suicide collectif dont parle M. de Hartmann ; elle s'éliminerait par un affaissement lent et continu de la vie : « une race pessimiste et réalisant en fait son pessimisme, c'est-à-dire augmentant par l'imagination la somme de ses douleurs, une telle race ne subsisterait pas dans la lutte pour l'existence ». Si l'humanité et les autres espèces animales subsistent, c'est précisément que la vie n'est pas trop mauvaise pour elles. « Ce monde n'est pas le pire des mondes possibles, puisqu'en définitive il est et demeure. Une morale de l'anéantissement, proposée à un être vivant quelconque, ressemble donc à un contresens. Au fond, c'est une même raison qui rend l'existence possible et qui la rend désirable ».

C'était là une réfutation décisive des exagérations du pessimisme. Nietzsche dira la même chose en termes presque semblables : au lieu de « désintégration vitale », il dira « décadence vitale » ; lui aussi, il considérera le pessimisme comme à la fois effet et cause de dégénérescence, comme une doctrine de « nihilisme ».

III. — Dans les *Problèmes de l'Esthétique contemporaine*, Guyau avait surtout insisté sur le caractère *vital* du beau et sur la *profondeur* de l'art, qui, à ses yeux, n'est pas un « jeu », mais un sens intime de la vie et de ses plus secrètes puissances, les plus nécessaires à la conservation de l'individu et de l'espèce. Comme Guyau, Nietzsche placera la beauté dans le sentiment de la vie intense et saine. « Rien n'est laid, dira-t-il, si ce n'est l'homme qui *dégénère*... Nous entendons le laid comme un signe et un symptôme de la dégénérescence ; ce qui rappelle de près ou de loin la dégénérescence provoque en nous le jugement du laid. Chaque indice d'épuisement, de lourdeur, de vieillesse, de fatigue, toute espèce de contrainte, telle que la crampe, la paralysie, avant tout l'odeur, la couleur, la forme de la décomposition, — serait-ce même dans sa dernière atténuation, sous forme de symbole, — tout cela provoque la même réaction, le même jugement : laid. Une haine jaillit ; qui l'homme hait-il ici ? — Mais il n'y a à cela aucun doute : l'abaissement de son type. Il hait du fond de son plus profond instinct de l'espèce ; dans cette haine il y a un frémissement de la prudence, de la profondeur, de la clairvoyance ; — c'est la haine la plus profonde qu'il y ait. C'est à cause d'elle que l'art est profond » (1).

Le sérieux de l'art, par opposition à la théorie du jeu dans l'art, voilà donc encore une croyance commune à Guyau et à Nietzsche. Tous deux, en conséquence, ont combattu l'art pour l'art, soutenu l'art pour la vie et par la vie. « Lorsque l'on a exclu de l'art le but de moraliser et d'améliorer les hommes, dit Nietzsche, il ne s'ensuit pas encore que l'art doive être absolument sans fin, sans but et dépourvu de sens, en un mot, *l'art pour l'art* — un *serpent qui se mord la queue.* — « Plutôt pas de but du tout, qu'un but moral ! » — ainsi parle la passion pure. Un psychologue demande, au contraire : que fait toute espèce d'art ? ne loue-t-elle point ? ne glorifie-t-elle point ? n'isole-t-elle point ? Avec tout cela, l'art *fortifie* ou *affaiblit* certaines évaluations… N'est-ce là qu'un accessoire, un hasard ? Quelque chose à quoi l'instinct de l'artiste ne participerait pas du tout ? Ou bien la faculté de *pouvoir* de l'artiste n'est-elle pas la condition première de l'art ? L'instinct le plus profond de l'artiste va-t-il à *l'art*, ou bien n'est-ce pas plutôt au *sens* de l'art, à la *vie*, à un *désir de vie ?* L'art est le grand stimulant à la vie : comment pourrait-on l'appeler sans fin, sans but, comment l'appeler *l'art pour l'art ?* » (2).

Guyau, après avoir démontré, dans les *Problèmes de*

---

(1) *Crépuscule des Idoles*, § 20.
(2) *Crépuscule des Idoles*, § 24.

l'Esthétique contemporaine, le caractère *vital* et, jusqu'à un certain point, individualiste de l'art, démontra avec la même force, dans l'*Art au point de vue sociologique*, le caractère social de l'art, qui n'empêche pas ce dernier de rester éminemment *vital* : la vie n'atteint son maximum d'intensité que par le maximum d'extension sociale. Selon cette théorie profonde et neuve, à laquelle Tolstoï devait bientôt faire des emprunts, l'art est sociologique non pas seulement par son but et ses effets, comme l'avaient montré Villemain et Taine, mais il l'est par son *essence* même et sa *loi* première, qui est, dit Guyau, « de faire rayonner la sympathie en s'inspirant d'elle et en l'inspirant ».

Les rapports entre les idées de Guyau et diverses doctrines de Tolstoï ne sont pas moins manifestes que les rencontres de Nietzsche avec Guyau. En ce qui concerne, notamment, la théorie de l'art, Tolstoï a suivi Guyau. Dans son livre, Tolstoï le mentionne, mais il ne cite que quelques passages des *Problèmes de l'Esthétique contemporaine* qui n'ont aucune importance ; il se tait sur tout ce qui annonce sa propre doctrine ; il se tait aussi sur le livre qui a précédé immédiatement le sien, sur l'*Art au point de vue sociologique*. Guyau avait dit que la beauté de l'œuvre d'art se mesure à la profondeur et à l'étendue de la « communion sociale qu'elle réalise et qu'elle excite ». Le moyen propre de cette « communion », ajoutait-il, c'est la « suggestion des sentiments », qui établit ainsi une société entre les hommes en les faisant « *sentir* de même », comme la science les fait *penser* de même, et la morale, *vouloir* de même. Et Tolstoï nous montre à son tour que « l'art est un moyen de communion entre les hommes », dont la particularité est « de transmettre les sentiments, tandis que celle de la parole est de transmettre la pensée ». Guyau avait dit que le sens de la *solidarité* est le principe même de l'émotion esthétique, que l'émotion d'art la plus élevée « est celle qui résulte de la solidarité la plus vaste, de la solidarité sociale ou, pour mieux dire, universelle ». Tolstoï reproduit presque sa définition, mais en la rapetissant, lorsqu'il dit : « L'art est une activité qui permet à l'homme d'agir sciemment sur ses semblables au moyen de certains signes extérieurs, afin de faire naître ou de faire revivre en eux les sentiments qu'il a éprouvés. Il constitue un moyen de communion entre les hommes s'unissant par les mêmes sentiments ».

Les idées de Tolstoï sur le rapport de l'art à la religion ont aussi leur antécédent dans celles beaucoup mieux raisonnées et plus profondes, qu'avait soutenues Guyau. Selon ce dernier, on s'en souvient, l'homme devient religieux « quand il superpose à la société humaine où il vit une autre société plus puissante et plus élevée, d'abord restreinte, puis de plus en plus large, — société universelle, cosmique ou supra-cosmique, — avec laquelle il est en rapport de pensées et d'actions ». La religion « a un *but*, à la fois spéculatif et pratique ; elle tend au *vrai* et au *bien* »; elle n'anime pas toutes choses uniquement pour satisfaire l'imagination et l'instinct de sociabilité universelle ; « elle anime tout pour *expliquer* les grands phénomènes terribles ou sublimes de la nature ou même la nature entière, puis pour nous exciter à *vouloir* et à agir avec l'aide d'êtres supérieurs et conformément à leurs volontés ». Le but de la religion est donc « la satisfaction effective, *pratique*, de tous nos désirs d'une vie idéale, bonne et heureuse à la fois, — satisfaction projetée dans un temps à venir ou dans l'éternité ». L'essence de l'art, au contraire, ajoute Guyau avec profondeur, « est la réalisation immédiate en *pensée* et en *imagination* et immédiatement *sentie*, de tous nos rêves de vie idéale, de vie intense et expansive, de vie bonne, passionnée, heureuse, sans autre but et sans autre loi que l'intensité même et l'harmonie nécessaires pour nous donner l'actuel sentiment de la plénitude dans l'existence ». L'art est donc vraiment une réalisation immédiate de son objet par la représentation même ;

« et cette réalisation doit être assez intense, dans le domaine de la représentation, pour nous donner le sentiment sérieux et profond d'une vie individuelle accrue par la relation sympathique où elle est entrée avec la vie d'autrui, avec la vie sociale, avec la vie universelle ». Ainsi se révèle, pour Guyau, l'identité foncière entre ces termes : « vie, moralité, société, art, religion ». Comme la morale et la religion, l'art a pour dernier objet « d'enlever l'individu à lui-même et de l'identifier avec tous ». « Les plaisirs qui n'ont rien d'impersonnel, dit magnifiquement Guyau, n'ont aussi rien de durable ; le plaisir, au contraire, qui aurait un caractère tout à fait universel, serait éternel. C'est dans la négation de l'égoïsme, négation compatible avec l'expansion de la vie même, que l'esthétique, comme la morale, doit chercher ce qui ne périra pas. »

Tolstoï rattache à son tour l'art à la religion, qui est, dit-il, « l'exposé de la conception la plus haute de la vie » et qui, selon lui, « sert de base à l'appréciation des sentiments humains ». Il nous montre que l'art traduit en sentiments les conceptions religieuses d'une époque, et que notre époque, en particulier, poursuit « la vie heureuse par l'union avec tous », qui, en conséquence, devient l'objet même de l'art. Mais Tolstoï s'en tient là-dessus à des vues confuses, sans réussir à systématiser philosophiquement cette doctrine, comme l'avait fait Guyau.

Selon ce dernier, « le grand art est celui où se maintient et se manifeste » l'unité de la vie individuelle avec la vie sociale et religieuse. L'art des « décadents » et des déséquilibrés », — auxquels Guyau a consacré un de ses plus beaux chapitres, — est « l'art où cette unité disparaît au profit des jeux d'imagination et de style, du culte exclusif de la forme » ; c'est l'art « individuel » ou même « aristocratique », l'art « insociable ». Guyau voit dans le génie même « une puissance supérieure de *socialité* » capable de créer par l'imagination un « nouveau milieu social ». Il montre que le

« grand art » n'est pas celui « qui se confine dans un petit cercle d'initiés », de gens du métier ou d'amateurs : c'est celui qui exerce son action sur une société entière, qui renferme en soi « assez de simplicité et de sincérité » pour émouvoir tous les hommes intelligents, et aussi (ce que Tolstoï néglige de dire) assez de profondeur pour fournir substance aux réflexions d'une élite. En un mot, « le grand art se fait admirer à la fois de tout un peuple (même de plusieurs peuples) et du petit nombre d'hommes assez compétents pour y découvrir un sens plus profond ». Le grand art est donc « comme la grande nature ». Selon Guyau, la caractéristique même de l'art maladif des décadents, c'est « la dissolution des sentiments sociaux, le retour à l'*insociabilité* ». Vous reconnaissez la thèse de Tolstoï, qui reproche à l'art décadent son « isolement », son égoïsme, sa séparation aristocratique d'avec la société universelle, et qui invoque bien souvent les mêmes exemples qu'avait déjà donnés Guyau. Mais Tolstoï mêle à ces grandes vérités des exagérations paradoxales et des boutades inadmissibles ; ses doctrines sentent l'amateur et révèlent l'insuffisance de son éducation philosophique. Si l'on voulait faire dans son livre sur l'art le partage des vérités et des erreurs, le moyen le plus simple et le plus court serait de le comparer à l'*Art au point de vue sociologique*. Le livre de Guyau renferme toutes les idées essentielles de la thèse sur l'art social ; Tolstoï en a brillamment exprimé les idées accessoires. Le grand écrivain russe se laisse aller à une foule d'impressions personnelles, souvent inexactes, qui font trop de son livre, consacré pourtant à l'art impersonnel, une œuvre encore individualiste et, par cela même, entachée d' « isolement ». En philosophie et en sociologie, Tolstoï demeure un impressionniste, au moment même où il voudrait être un apôtre de l'humanité. C'est ce que nous constaterons aussi trop souvent chez Nietzsche, qui s'est fait le grand adversaire de Tolstoï, mais qui partageait les communes idées de Tolstoï et de Guyau sur les marques de dégénérescence vitale dans l'art décadent.

Selon nous, on peut distinguer trois périodes dans l'art. Dans la première période, l'art fut collectif et encore utilitaire ; dans la seconde, il est devenu de plus en plus individuel et dégagé de toute fin extérieure à lui ; mais on doit admettre, avec Guyau, une troisième période synthétique de l'évolution, où l'art, sans cesser d'offrir l'empreinte profonde de l'individualité, essentielle au génie, offrira aussi en même temps un autre trait non moins essentiel : l'universalité et la *socialité* de l'inspiration. C'est l'idéal que Wagner, si mal compris de Tolstoï, si admiré d'abord et ensuite si blâmé par Nietzsche, proposait à la musique et ne se flattait pas d'avoir pleinement réalisé lui-même. La grande musique, sans cesser d'être individuelle par le génie du musicien et nationale par l'influence du milieu, deviendra de plus en plus internationale, humaine, universelle. Il en sera de même des autres arts, comme Guyau l'a prouvé avant Tolstoï. Quoi qu'en puisse dire Ibsen, dont la thèse est précisément tout opposée à celle de Guyau et analogue à celle de Nietzsche, « l'homme fort » n'est pas « l'homme seul » ; il est l'homme uni par la pensée et par le cœur à tous les autres hommes, l'individualité en qui vit l'humanité entière. Et il en est de même du grand artiste.

IV. — Les idées de Guyau sur la religion — exposées par lui dans un livre que Nietzsche avait lu et annoté, *l'Irréligion de l'avenir* — ne sont pas moins originales ni moins importantes que ses idées sur la morale et l'art.

Pour Guyau, la conception d'un « lien de société » entre l'homme et l'univers se retrouve au fond de toutes les doctrines religieuses, et c'est ce qui en fait l'unité. La *religion* est la *société universelle*. Ses origines sont avant tout sociologiques. Les religions particulières, fondées sur des dogmes, des mythes et des rites, sont destinées à disparaître. C'est en ce sens que, selon

Guyau, il y aura dans l'avenir *irréligion*, puisque toute religion, au sens ordinaire du mot, est plus ou moins dogmatique, mythique et rituelle, sous peine de se confondre avec la philosophie et la morale. Mais l'individualisme même des croyances produira peu à peu l'union des croyances, une espérance commune dans l'avenir de l'humanité. Les lois sociologiques, qui sont au fond des lois psychiques et cosmiques, enveloppent, selon Guyau, plus que nous ne pouvons concevoir, et c'est cette pensée d'une œuvre universelle à laquelle nous coopérons, d'une société universelle dont nous sommes déjà membres, qui doit soutenir le sage mourant.

Grâce à l'accent de sincérité émue qui fait que sous l'écrivain on sent toujours l'homme, les œuvres de Guyau, où la forme était à la hauteur de la pensée, exercèrent une notable influence non seulement en France, mais à l'étranger ; ses principaux livres furent traduits en allemand et en anglais, ses œuvres complètes en russe. Nous verrons plus loin l'impression profonde que ses idées firent sur Nietzsche et les réflexions qu'elles lui inspirèrent. C'est un privilège de Guyau que d'avoir inspiré partout des sympathies.

Les anarchistes et les socialistes ont eux-mêmes essayé de tirer à eux la doctrine morale et religieuse de Guyau, comme étant à la fois la plus libérale et autonome dans son principe, la plus sociable et la plus solidariste en ses applications. Mais ce serait faire tort à une grande pensée que de vouloir l'emprisonner dans des systèmes étroits et exclusifs, dont les prétentions sont opposées et même contradictoires. De ce que la conscience individuelle doit, comme conscience, avoir son autonomie et même, en un sens profond, son *anomie*, de ce qu'elle doit se faire à elle-même sa loi, être à soi-même sa loi, les anarchistes concluent que l'homme en société doit être sans loi ; nous avons vu, au contraire, que Guyau considère la loi comme l'expression nécessaire des conditions de la vie en société, et la sanction comme le maintien défensif ou préventif de ces conditions contre ceux qui les méconnaissent dans leurs actes antisociaux. De même, si Guyau a indiqué, dans l'*Irréligion de l'avenir*, le grand rôle que le socialisme est appelé à jouer de plus en plus dans la société future, il eût cependant refusé de s'enfermer dans des systèmes de réforme étroits et utopiques, surtout dans le marxisme. Cette âme sereine et aimante est demeurée en dehors et au-dessus de tout ce qui rétrécit la pensée et divise les volontés.

Ce n'est pas seulement un instinct généreux qui retint Guyau sur une pente aboutissant aux excès de l'anarchisme et du socialisme, comme aussi aux outrances de Stirner ou de Nietzsche; c'est sa raison, c'est sa profondeur d'intelligence, qui lui faisait voir dans la vie bien comprise un principe d'union et de paix avec autrui, non de lutte et de guerre, une source de générosité toujours grandissante, de solidarité et de sociabilité, non d'emprisonnement dans le moi, non d'insociabilité orgueilleuse et tyrannique. C'est par voie démonstrative qu'il a établi la « fusion croissante des sensibilités, des intelligences et des volontés », qui se manifeste en raison directe de l'intensité et de l'extension de la vie chez les êtres supérieurs. Il ne disait pas, avec les anciens et avec Nietzsche : « *Suivez* la nature » ; il ne disait pas non plus, avec l'ascétisme odieux à Nietzsche : « *Renversez* la nature » ; il disait : Approfondissez la nature, et de son expansion même vous verrez sortir une direction; car la pensée, qui conçoit une nature meilleure, fait elle-même partie de la nature. « La vie luxuriante et tropicale » que Nietzsche célébrera, loin de sembler à Guyau la vraie vie intensive, lui en aurait paru une déformation. Nietzsche croira être un avancé, il eût semblé à Guyau un retardé ; ses idées et sentiments lui eussent offert le caractère essentiel qui distingue les décadents : l'« insociabilité » et l'« isolement » (1).

(1) *L'Art au point de vue sociologique*, conclusion.

LIVRE PREMIER

LE PRINCIPE DE LA PHILOSOPHIE DE NIETZSCHE VOLONTÉ DE PUISSANCE

CHAPITRE PREMIER

LA VOLONTÉ DE PUISSANCE ET LE VOULOIR-VIVRE

Toute la doctrine de Nietzsche repose sur la conception et l'adoration d'une sorte de déité métaphysique qu'il appelle la puissance. A la volonté de vie que Schopenhauer avait placée au cœur de l'être, il substitue « la volonté de pouvoir et de domination ». Nous retrouvons, dans cette idée de puissance en déploiement, la vieille notion romantique dont s'étaient nourris tous les littérateurs depuis Schlegel jusqu'à Victor Hugo, tous les philosophes depuis Fichte, Schelling et Hegel jusqu'à Schopenhauer. Des forces qui se répandent sans autre but qu'elles-mêmes ou pour des buts qu'il leur plaît de poser, n'est-ce pas l'idée fondamentale par où le romantisme s'oppose à l'intellectualisme classique, aux notions d'ordre, de loi, d'harmonie, d'intelligibilité et, en un seul mot, d'intelligence ? La puissance de l'orage et de la tempête qui tourbillonne sans raison, la puissance de l'océan qui se soulève sans rien atteindre, la puissance de la montagne qui se dresse sans rien poursuivre, la puissance de l'homme de génie, qui s'épand comme un nouvel océan et au besoin déborde en renversant tous les obstacles, les « droits du génie », la morale particulière des grands hommes, les « droits mêmes de la passion », de la simple passion brutale, géniale à force de violence, — amour, haine, colère, vengeance, tout ce qui est déchaîné au point de ne plus connaître de loi : — voilà ce dont le romantisme s'est enivré et nous a enivrés tous au XIXᵉ siècle.

Zarathoustra commence par nous dire, en faisant allusion à Schopenhauer, son devancier : « Celui-là n'a assurément pas rencontré la vérité, qui parlait de la volonté de vie ; cette volonté n'existe pas. Car ce qui n'est pas ne peut pas vouloir, et comment ce qui est dans la vie pourrait-il encore désirer la vie ? » — On peut répondre à Nietzsche : — Ce qui est dans la vie désire la continuation de la vie ; il désire aussi l'accroissement de la vie sous toutes ses formes et notamment l'accroissement de la conscience de vivre. — Mais alors, objectera Nietzsche, le vrai principe n'est pas la volonté de vie ; « il est, — ce que j'enseigne, — la volonté de puissance. » Et nous répliquerons à notre tour : — La puissance est un simple extrait de la vie, sans laquelle elle ne serait pas.

Reste donc à dire en quoi consiste la vie. Zarathoustra répond : — « La vie elle-même m'a confié ce secret. — Voici ! dit-elle, je suis *ce qui doit toujours se surmonter soi-même*.

« Assurément vous appelez cela volonté de créer, ou instinct du but, du plus sublime, du plus lointain, du plus multiple : mais tout cela n'est qu'une seule chose et un seul secret. »

Ainsi reparaît chez Nietzsche l'idée de finalité ou son équivalent. Ce que d'autres appellent l'instinct du but, Zarathoustra l'appelle l'instinct de se surmonter sans cesse. Mais se surmonter implique une comparaison entre ce qui est atteint et ce qui est à atteindre, entre l'état actuel et l'état idéal qui est posé par la volonté même comme sa fin. Comment donc la vie se surmonte-t-elle ? Est-ce en vivant *plus ?* en vivant *mieux ?* Pour Nietzsche, cela veut simplement dire : en acquérant plus de puissance et de domination.

« Partout, dit-il, où j'ai trouvé ce qui est vivant, j'ai entendu la parole d'obéissance. Tout ce qui est vivant est une chose obéissante.

« Et voici la seconde chose. On commande à celui qui ne sait pas *s'obéir à lui-même*. C'est là la coutume de ce qui est vivant.

« Voici ce que j'entendis en troisième lieu : — Commander est plus difficile qu'obéir. Car celui qui commande porte encore le poids de tous ceux qui obéissent, et cette charge l'écrase facilement.

« Commander m'est toujours apparu comme un danger et un risque (1). Et toujours, quand ce qui est vivant commande, ce qui est vivant risque sa vie.

« Et quand ce qui est vivant se commande *à soi-même*, il faut encore que ce qui est vivant expie son autorité. Il faut qu'il soit *juge, vengeur* et *victime* de ses propres lois.

« Comment cela arrive-t-il donc ? me suis-je demandé. Qu'est-ce qui décide ce qui est vivant à obéir, à commander et à être obéissant même en commandant ?

« Écoutez donc mes paroles, vous, les plus sages ! Examinez sérieusement si je suis entré au cœur de la vie, jusqu'aux racines de son cœur !

« Même dans la volonté de celui qui obéit j'ai trouvé la volonté d'être *maître*.

« Que le plus fort domine le plus faible, c'est ce que veut la volonté, qui veut être maîtresse de ce qui est plus faible. C'est là la *seule* joie dont il ne veuille pas être privé.

« Et, comme le plus petit s'abandonne au plus grand, — car le plus grand veut jouir du plus petit et le dominer, — ainsi le plus grand s'abandonne encore et risque sa vie *pour la puissance*.

---

(1) Cf. Guyau, sur le *risque* (Voir plus loin).

« C'est là l'abandon du plus grand : qu'il y ait témérité et danger et que le plus grand joue sa vie.

« Et où il y a *sacrifice* et *service rendu* et *regard d'amour*, il y a aussi la volonté d'être *maître*. C'est sur des chemins détournés que le plus faible se glisse dans la forteresse et jusque dans le cœur du plus puissant — c'est là qu'il vole *la puissance* (1). »

Qu'est-ce donc que cette puissance dont parle si poétiquement Zarathoustra ? Nulle part elle n'est définie, elle est partout représentée comme une sorte de fuite perpétuelle au-dessus de soi-même et aussi au-dessus des autres ; mais qu'est-ce que cet « au-dessus » ?

« Il y a bien des choses que le vivant apprécie *plus haut que la vie elle-même ;* mais c'est dans ces *appréciations* elles-mêmes que parle la volonté de *puissance!* »
Donc, selon Nietzsche, en appréciant quelque chose au-dessus de la vie, on place la puissance au-dessus de la vie. Que peut être, encore une fois, cette puissance, sinon la vie universelle elle-même, puissance qui s'agite éternellement dans le monde, qui va toujours plus loin et plus haut que tout individu et toute valeur particulière ?

« En vérité, je vous le dis : le bien et le mal qui seraient impérissables n'existent pas. Il faut qu'ils se surmontent toujours de nouveau eux-mêmes.

« Mais une puissance plus forte grandit de vos valeurs et une nouvelle victoire sur soi-même, qui brise les œufs et les coquilles d'œufs. »

On voit qu'il s'agit, en dernière analyse, d'une force de progrès que rien n'arrête, et que rien aussi ne peut définir. Chaque être dit : Je veux pouvoir; pouvoir quoi ? je l'ignore, mais partout où il y a pouvoir à exercer, je l'exerce, et quand je l'ai exercé, je veux pouvoir plus encore. Ce principe fondamental de Nietzsche, cette insatiable « faim » de puissance ressemble fort à l'antique « soif de l'infini ».

---

(1) *Ainsi parla Zarathoustra*, trad. Albert. *De la victoire sur soi-même*, p. 157 et suiv.

Comme Malebranche, avec les platoniciens, retrouvait partout, jusque dans les passions et les vices, la volonté de l'être et de l'être infini, ainsi Nietzsche retrouve partout la volonté de puissance. Si vous aimez quelqu'un, c'est ou pour étendre sur lui votre puissance, ou pour lui ôter la sienne en pénétrant dans son cœur et pour partir de là vers une puissance plus haute. Selon Malebranche comme selon Pascal, nous aimons l'être universel dans les individus eux-mêmes. Prenez, avec Spinoza et Schopenhauer, l'idée de Malebranche dans un sens *immanent* et vous aurez l'analogue du système de Nietzsche. Ce système est une sorte de panthéisme phénoméniste où la volonté de puissance remplace la substance et où les phénomènes de toutes sortes remplacent les modes. Nietzsche n'est pas sorti du spinozisme de Schopenhauer, il a seulement adoré ce que Schopenhauer condamnait sous le nom de vouloir-vivre.

Le mot *puissance*, *Macht*, n'est d'ailleurs pas plus clair que celui de vouloir-vivre, puisqu'il reste toujours à dire ce qu'on peut, ce qu'on veut, ce qu'on doit. Le *pouvoir* est, comme la possibilité, une abstraction qui ne se laisse saisir qu'en se déterminant à quelque réalité. L'homme qui *peut* comprendre ce que les autres ne comprennent pas, l'homme qui *peut*, par la science, saisir la vérité, celui-là aussi a de la *puissance*. L'homme qui peut aimer les autres, sortir de soi et de ses limites propres pour vivre de la vie d'autrui, celui-là aussi a de la puissance. N'appellera-t-on puissant ou fort que celui qui a des bras vigoureux ? Il est fort physiquement, cela est certain ; il amènera, comme s'en vantait Théophile Gautier, le chiffre 100 au dynamomètre ; mais Gautier se vantait aussi de pouvoir faire des métaphores qui se suivent, et il considérait cela comme une sorte de puissance. Enchaîner des *idées* qui se suivent, c'est encore une force. Régler ses sentiments et y mettre de l'ordre, c'est encore une force. Comment donc édifier une doctrine de la vie, et une doctrine prétendue nouvelle, sur une entité aussi vide que celle de la *puissance*?

Cette conception soi-disant moderne est aussi scolastique que la foi à la *puissance dormitive* de l'opium. La transmutation de toutes les valeurs en valeurs de puissance est une transmutation de toutes les réalités en vapeurs de possibilités; ce n'est pas de la chimie scientifique, c'est de l'alchimie métaphysique. A un mot déjà vague, le vouloir-vivre, mais exprimant du moins une réalité qui se sent, on substitue un terme, le vouloir-pouvoir, qui n'exprime plus que la pure virtualité.

Répondrez-vous que la puissance est la « domination » ? — La domination sur qui ? — Sur soi et sur autrui. — Mais qu'indique la domination sur soi ? Une force de volonté, — en supposant que nous ayons une volonté, ce que par ailleurs vous niez; — et il reste toujours à savoir ce que nous voulons, ce que nous faisons ainsi *dominer* sur nos autres instincts. La volonté, direz-vous, n'est qu'un instinct plus fort qui s'assujettit le reste; — mais alors on vous demandera : — Quel est ou quel doit être cet instinct dominateur ? — Répondre : « L'instinct de domination, » c'est répondre par la question. Ici encore, vous vous payez de mots abstraits et vides.

Serez-vous plus heureux avec la domination sur autrui? Il y a cent manières d'entendre cette domination. Un brutal qui vous renverse d'un coup de poing vous domine. Un argumentateur qui vous réfute par de bonnes raisons vous domine. Celui qui vous persuade en se faisant aimer vous domine. Si Samson dominait avec sa force, Dalila dominait avec sa beauté. Les cheveux de Dalila étaient plus forts que ceux de Samson. Il y a eu, dans le monde, des victoires de douceur plus triomphantes que toutes celles de la force. Qu'est-ce donc que votre volonté de domination? Encore un cadre vide qui attend qu'on le remplisse, et ce n'est pas avec d'autres mots que vous le remplirez. La domination du plus *fort* ne signifie rien, parce qu'il reste toujours à déterminer la nature et l'espèce de sa force.

Philosophiquement et scientifiquement, la force est le pouvoir de causer des mouvements et d'introduire des changements dans le monde, elle est pour ainsi dire la causalité en action. S'il en est ainsi, soutiendrez-vous que vos modèles, les « Napoléon » et les « Borgia », soient les seuls à introduire des changements dans le monde ? Le Christ, pour la faiblesse et la bonté duquel vous avez du dédain, n'a-t-il pas introduit, non seulement à la surface de la terre, mais au fond des cœurs, plus de changements que n'en ont causés les victoires éphémères d'un Bonaparte et surtout les orgies ou assassinats d'un Borgia ? Qui fut le plus fort de César même ou de Jésus ? Si le premier conquit les Gaules, le second conquit le monde.

Pauvre psychologie que celle qui s'écrie : — « Qu'est-ce que le *bonheur ?* Le sentiment que la *puissance* grandit, qu'une résistance est surmontée. » D'abord, vous reconnaissez là vous-même la relativité de la puissance par rapport à la résistance, comme dans un levier ; mais la résistance, à son tour, n'est que ce qu'est l'objet qui résiste. Surmonter une résistance peut causer un plaisir, ce n'est pas le bonheur. Avoir conscience de la puissance, ce n'est pas non plus le bonheur :

O Seigneur, j'ai vécu puissant et solitaire !

Reste toujours à savoir à quoi les Moïses emploient leur puissance, l'effet qu'elle produit hors de nous et surtout en nous. — « Non le *contentement*, s'écrie Nietzsche, mais encore de la puissance ! » et il ne voit pas qu'il est lui-même *content* de sa puissance, qu'il est ivre de sa puissance ; que, si l'on supprime le contre-coup de l'activité sur l'intelligence et sur la sensibilité, il n'y aura plus de bonheur. — « Non la paix avant tout, mais la guerre ! » — Et, là encore, Nietzsche oublie que la puissance qui rencontre un obstacle et est obligée de lutter est par cela même diminuée, tandis que la puissance qui s'épand sans obstacle et sans lutte a un sentiment plus grand de plénitude. La paix dans la plénitude n'a-t-elle pas, elle aussi, sa joie, qui vaut bien la joie du conflit et de la mêlée ? Comment donc un philosophe qui entreprend de restituer à l'âme humaine toute sa richesse commence-t-il par l'appauvrir en lui retirant la joie de triompher sans combat, le droit d'aimer et de se faire aimer, de vivre en autrui comme en soi, de multiplier ainsi sa propre vie par celle de tous ? Zarathoustra chantera lui-même, il est vrai, d'admirables hymnes d'amour :

> Il fait nuit, voici que s'élève plus haut la voix des fontaines jaillissantes. Et mon âme, elle aussi, est une fontaine jaillissante.
> Il fait nuit : c'est maintenant que s'éveillent tous les chants des amoureux. Et mon âme, elle aussi, est un chant d'amoureux.
> Il y a en moi quelque chose d'inapaisé et d'inapaisable qui veut élever sa voix. Il y a en moi un désir d'amour qui parle lui-même la langue de l'amour...

Malheureusement, nous l'avons vu, l'amour n'est encore pour Zarathoustra que le désir d'épandre sa puissance sur autrui ; il est une des formes du *Wille zur Macht*. Est-ce bien là le véritable amour ?

La religion de la puissance pure, que prêche Zarathoustra, nous ramène à l'antique culte du Père, aux dépens du Fils et surtout de l'Esprit. Si le Fils symbolise la vérité et l'Esprit la bonté, il est à craindre que vérité et bien ne soient rejetés au second plan et même niés par tout adorateur de la pure puissance. C'est en effet, comme nous allons le voir, ce qui arrive à Zarathoustra.

CHAPITRE II

LE VRAI COMME VOLONTÉ DE PUISSANCE

Nietzsche rejette « la connaissance pure, la connaissance immaculée », la connaissance contemplative, où il ne voit qu'hypocrisie. Pour lui, la vraie connaissance est pratique et agissante : elle est désir de créer, elle est amour fécond, qui veut élever jusqu'à soi. Cette idée inspire à Nietzsche de superbes pages (1).

« En vérité, vous n'aimez pas la terre comme des créateurs, des générateurs, joyeux de créer !

« Où y a-t-il de l'innocence ? Où il y a la volonté d'engendrer. Et celui qui veut créer au-dessus de lui-même, celui-là a pour moi la volonté la plus pure.

« Où y a-t-il de la beauté ? Là où *il faut que je veuille* de toute ma volonté ; où je veux aimer et disparaître, afin qu'une image ne reste pas seulement image.

« Aimer et disparaître, c'est ce qui s'accorde depuis des éternités. Vouloir aimer, c'est aussi être prêt à la mort.

« Déjà l'aurore monte ardente. *Son* amour pour la terre approche ! Tout amour de soleil est innocence et désir de créateur.

« Regardez donc comme l'aurore passe impatiente sur la mer ! Ne sentez-vous pas la soif et la chaude haleine de son amour ?

---

(1) *Ainsi parla Zarathoustra*, tr. fr., p. 150.

« Elle veut aspirer la mer et boire ses profondeurs : et le désir de la mer s'élève avec mille mamelles.

« Car la mer *veut* être baisée et aspirée par le soleil ! elle *veut* devenir air et hauteur et sentier de lumière, et lumière elle-même !

« En vérité, pareil au soleil, j'aime la vie et toutes les mers profondes.

« Et ceci est pour *moi* la connaissance. Tout ce qui est profond doit monter à ma hauteur.

« Ainsi parlait Zarathoustra. »

Avec Schopenhauer, Nietzsche retrouve encore sous la volonté de vérité la volonté de vivre, mais il ne se la figure toujours que comme volonté de puissance.

« Vous appelez *volonté de vérité* ce qui vous pousse et vous rend ardents, vous les plus sages.

« *Volonté d'imaginer* l'être : c'est ainsi que j'appelle votre volonté.

« Vous voulez *rendre* imaginable tout ce qui est : car vous doutez, avec une juste méfiance, que ce *soit* déjà imaginable.

« Mais tout ce qui est, vous voulez le *soumettre* et le *plier à votre volonté*. Le rendre poli et soumis à l'esprit comme son miroir et son image.

« C'est là toute votre volonté, vous les plus sages, c'est là votre volonté, même quand vous parlez du bien et du mal et des appréciations de valeurs.

« Vous voulez encore créer le monde devant lequel vous pouvez vous agenouiller ; c'est là votre dernier espoir et votre dernière ivresse. »

La volonté de puissance est donc représentée par Nietzsche comme faisant le fond des valeurs de bien ou de mal, comme de celles de vrai et de faux. La volonté de puissance est « la volonté vitale, inépuisable et créatrice ».

Nietzsche dit encore ailleurs :

« Et toi aussi, qui cherches la *connaissance*, tu n'es que le sentier et la piste de ma volonté : en vérité, ma volonté de puissance marche aussi sur les traces de ta volonté du vrai (1). » La connaissance n'est donc que le moyen, que le « sentier » de la volonté, qui d'ailleurs va devant soi sans avoir aucun objet fixe.

Dans cette théorie sur les rapports de la connaissance et de la puissance, Nietzsche s'est souvenu du « monde comme représentation », décrit par Schopenhauer et, avant Schopenhauer, par Kant. Nietzsche n'aperçoit dans l'intelligibilité que ce qu'on pourrait appeler l'*imaginabilité* ou la possibilité d'être *représenté*. Dès lors, sa thèse devient facile à soutenir. Nous voulons *imaginer* l'être, or il est certain que l'être n'est pas imaginable, puisqu'il n'entre pas du dehors en nous par les sens et la perception : il n'a donc jamais été imaginé et ne le sera jamais.

On peut accorder à Nietzsche que la volonté de vérité a été d'abord un besoin d'imaginer, sinon l'être, du moins les actions des êtres, des êtres utiles ou malfaisants. Le sauvage de l'âge de pierre se représentait l'ours des cavernes bondissant sur lui pour l'étrangler. Toutes les représentations primitives étaient sous la norme de l'utilité vitale. Et comment l'ensemble de ces représentations aurait-il pu vraiment représenter l'*être ?* Pourtant, elles en représentaient une partie, le petit coin de l'univers où le sauvage vivait, agissait, jouissait, souffrait, désirait. En ce sens, quoi qu'en puisse dire Zarathoustra, elles avaient déjà leur vérité, précisément parce qu'elles avaient leur réalité.

Dans notre *Critique des systèmes de morale contemporaine* (1883, pp. 298-306), nous avions fait nous-même une critique analogue de l'idée de vérité et du caractère de bien en soi attribué à cette idée ; nous avions même fait la critique du caractère de bonté attribué à l'intelligence comme telle. Nous avions dit en propres termes, avant Nietzsche, ces mots (qu'il a peut-être lus) : « Le plaisir de savoir est au fond le plaisir de la difficulté

---

(1) *Ainsi parlait Zarathoustra*, tr. fr., p. 156, chapitre de la *Victoire sur soi-même*.

vaincue, le plaisir même de la victoire, le plaisir de la *puissance* exercée et accrue. » (P. 303.) Mais peut-être avions-nous aussi d'avance répondu à Nietzsche en ajoutant : « Soutiendrons-nous donc que la puissance, la force, est le bien ?... Ce serait encore là confondre des idées très différentes. La vérité est essentiellement un rapport de principe à conséquence, une identité totale ou partielle, une forme logique ; la force est essentiellement un rapport de cause à effet, un principe de mouvement et de changement, une forme de la réalité. Ceci entendu, nous demanderons ce qu'il y a de bon à ce que la cause produise son effet, à ce que la force engendre le mouvement, et, si cette nécessité réelle est plus digne de s'appeler le bien que la nécessité logique, dont nous parlerons tout à l'heure. Tout dépend de la nature de l'effet produit ; la force est bonne si l'effet est bon, mauvaise si l'effet est mauvais. Et par quel moyen, à ne consulter que l'expérience, jugerez-vous que l'effet est bon ou mauvais ? Vous serez encore obligé de recourir à l'idée d'une *augmentation ou d'une diminution de vie*, qui, empiriquement, ne *vaut* que comme augmentation ou diminution de l'intime *félicité*. » (P. 303.) Nous ajoutions que, dans la conscience immédiate, « il n'y a plus ni connaissance, ni intelligence proprement dite ; il n'y a plus ni vérité, ni intelligible ; il y a sentiment de la vie, et ce qui fait qu'un sentiment est bon, c'est au fond qu'il est agréable. Supprimez la joie d'être et d'agir, le sentiment obscur, mais profond, de la volonté satisfaite, du désir uni à son objet, qu'y aura-t-il de bon dans la conscience » (p. 302) ?

Guyau, lui aussi, avait montré avant Nietzsche, dans le désir de connaître, le désir fondamental de vivre et d'aller toujours plus avant :

Vivre, c'est avancer.

L'école anglaise, d'ailleurs, n'avait-elle pas établi le caractère primitivement pratique et *vital* des opérations de l'esprit, devenues plus tard spéculatives? Schopenhauer, enfin, n'avait-il pas reconnu au-dessus de l'intelligence le vouloir-vivre?

La grande différence entre Schopenhauer et son disciple, c'est que Nietzsche supprime tout ce qui n'est pas le pur « devenir » ; au delà du monde des phénomènes, il ne laisse plus rien, et la volonté elle-même ne constitue plus un fond différent de la surface. Nietzsche est partisan du réalisme absolu. Comme Gœthe, il dit au philistin : Tu cherches le cœur de la nature, mais, aveugle, tu y es toujours, au cœur de la nature; il n'y a pas de réalité distincte du phénomène, il n'y a pas d'au-delà. Le monde « vrai », imaginé par Platon, est le même que le monde réel. — « Grand jour, déjeuner, retour du bon sens et de la gaieté, rougeur éperdue de Platon ; sabbat de tous les libres esprits. Nous avons supprimé le *vrai monde*; quel monde reste-t-il donc? Serait-ce le monde des *apparences*? Mais non, en même temps que le monde vrai, nous avons supprimé le monde des apparences. Midi. Instant de l'ombre la plus courte; fin de la plus longue erreur; apogée de l'humanité. INCIPIT ZARATHOUSTRA. » Tel est le grand dogme, la grande découverte. Le phénoménisme, cependant, n'était pas étranger aux devanciers de Platon, et ce dernier, en retrouvant Héraclite dans Zarathoustra, n'aurait eu au front aucune rougeur éperdue. « Midi » aura beau resplendir et l'ombre aura beau être la plus courte, il y aura toujours une ombre ; on se demandera toujours si la pensée humaine est égale à la réalité radicale et universelle, si le monde représenté et le monde réel sont absolument identiques. S'ils ne le sont pas, il y a donc un ensemble d'apparences qui peut n'être pas la révélation complète du réel, qui peut, en certains cas, se trouver vrai, en d'autres cas, se trouver faux.

Mais Nietzsche, lui, espère être monté *par delà* le vrai et le faux, comme *par delà* le bien et le mal. Pour lui, les prétendus « libres penseurs » sont loin de penser librement, car « ils croient encore à la vérité » ! Lorsque les Croisés, ajoute Nietzsche, se heurtèrent en Orient « sur cet invincible ordre des Assassins, sur cet ordre des esprits libres par excellence, dont les affiliés des grades inférieurs vivaient dans une obéissance telle que jamais ordres monastiques n'en connurent de pareille, ils obtinrent, je ne sais par quelle voie, quelques indications sur le fameux symbole, sur le principe essentiel dont la connaissance était réservée aux dignitaires supérieurs, seuls dépositaires de ce secret ultime : « Rien n'est vrai, tout est permis. » C'était enfin là, dit Nietzsche, « la liberté d'esprit, une parole qui mettait en question la foi même en la vérité ! » Le savant moderne qui se croit un esprit libre, le Darwin ou le Pasteur qui, par une sorte de stoïcisme intellectuel, se soumet aux faits et aux lois en s'oubliant lui-même, qui finit par s'interdire tout aussi sévèrement le non que le oui, qui s'impose une immobilité voulue devant la réalité, qui pratique ainsi un nouvel ascétisme, ce savant a une volonté absolue de la vérité, et il ne voit pas que cette volonté est la foi dans l'idéal ascétique lui-même. « N'est-ce pas, en effet, la foi en une valeur métaphysique, en une *valeur par excellence de la vérité*, valeur que seul l'idéal ascétique garantit et consacre (elle subsiste et disparaît avec lui (1) ? » L'homme véridique, « véridique dans ce sens extrême et téméraire que suppose la foi dans la science », affirme par là « sa foi en un autre monde que celui de la vie, de la nature et de l'histoire (2) », en un monde *vrai*, qui s'oppose aux apparences ! Le savant est donc encore un homme religieux, puisqu'il a la religion de la vérité ; il dirait volontiers que la vérité est Dieu et, en conséquence, que Dieu est vérité, λόγος. Fût-il athée comme Lagrange ou Laplace, il ne se croit pas permis de violer la vérité, ni en pensées, ni en actions. Nietzsche, lui, demande avec Ponce-Pilate, qui était déjà un esprit libre : « Qu'est-ce que la vérité ? » et il finit par répondre

---

(1) *Généalogie de la morale*, tr. fr., p. 261.
(2) *Le gai savoir*, V, aphor. 344.

avec le chef des Assassins : « Rien n'est vrai » ; d'où résultera, par une conséquence nécessaire : tout est permis.

Ceux qui attaquent Dieu et l'Église au nom de la vérité, de la morale et de la justice, avait déjà dit Stirner, en appellent à une autorité qui est extérieure à la volonté égoïste de l'individu, et cette autorité, en dernière analyse, est la volonté d'un Dieu: « Nos athées sont de pieuses gens » ! Nietzsche répète la même chose et montre que les athées qui croient au vrai et au bien croient en Dieu.

Les pages qu'on vient de lire sont parmi les plus profondes de Nietzsche, car il a bien vu que la vérité, la science et la moralité se tiennent comme par la main, que toutes trois sont une affirmation d'un monde autre que celui de nos sens et même de notre pensée. A cet autre monde, Nietzsche déclare une guerre sans trêve et sans merci. C'est qu'il se le représente comme opposé à la réalité, comme ennemi de la réalité même, comme je ne sais quel abîme insondable où on veut nous faire adorer la divinité. Spencer lui-même ne nous invite-t-il pas à nous agenouiller devant le grand point d'interrogation? C'est à cette conception que Nietzsche oppose le phénoménisme absolu de l'école ionienne.

— Mais, demanderons-nous, la vérité que recherche la science est-elle donc aussi mystique et aussi ascétique que Nietzsche se plaît à l'imaginer ? Selon nous, le monde vrai n'est pas distinct du monde réel ; il est le monde réel lui-même, le monde tel qu'il est, tel qu'il se fait, tel qu'il devient et deviendra. Toute la question est de savoir si nos *sens* incomplets et inexacts nous révèlent, ne disons plus la vérité, mais la « réalité », si même nos facultés *intellectuelles* sont adéquates, ne disons plus à la vérité, mais à la réalité. A ce problème, philosophes et savants ont-ils donc tort de répondre : Non ? Avant la découverte de l'électricité, nos sens ne pouvaient nous faire séparer cette force des autres forces de la nature ; avant la découverte des rayons X, nos yeux ne pouvaient nous les faire pressentir. Nietzsche sait tout cela, comme le premier élève venu d'un gymnase; il a, lui aussi, mis en avant ce principe, soutenu par l'école anglaise, par Guyau, par nous-même (1), que nos sens sont primitivement des instruments d'utilité vitale, non de connaissance désintéressée et, par conséquent, ne peuvent nous renseigner sur ce que sont les choses indépendamment de nos propres besoins. Comment donc oublie-t-il maintenant ce même principe, au point de vouloir nous persuader qu'un monde n'est pas plus vrai que l'autre, que le monde de Copernic n'est pas plus vrai, disons plus *réel*, que celui de Ptolémée, que les livres de physique aux mains de nos étudiants ne mirent pas mieux la réalité que ceux de Thalès? « Rien n'est vrai », cela veut dire, en dernière analyse : rien n'est réel. Au delà de la sensation présente et de l'apparence fugitive, il n'y a rien ; non seulement « l'homme est la mesure de tout » ou encore le *moi unique* de Stirner est la mesure de tout, mais la sensation actuelle est la mesure de tout, elle est tout le réel. Si nos savants n'admettent pas une telle aberration de la pensée, ils ne sont pour cela ni des ascètes, ni des mystiques ; ils ont, au contraire, le pied appuyé sur la terre ferme, et c'est Nietzsche qui est le jouet d'un mirage aérien. Point n'est donc besoin, à notre avis, de supposer un monde *vrai* derrière le monde réel, mais, dans le monde réel lui-même, il y a un monde total qui déborde l'homme, et il y a un monde purement humain qui est celui de nos sensations et même de nos connaissances, simple fragment du réel, partie que nous ne devons pas confondre avec le tout. C'est le tout qui est *vrai*, parce que seul il est totalement *réel*; et plus, par la science (que Nietzsche veut en vain rabaisser), nous embrassons de rapports, de connexions de faits, de lois, plus nous nous rapprochons du tout, de la vérité identique à la réalité. Dans notre conduite même, nous pouvons aller en un sens conforme ou contraire à la vérité

---

(1) Voir notre *Psychologie des Idées-forces*, t. I.

et à la réalité tout ensemble, à la « vie », pour parler comme Guyau et comme Nietzsche. Et Nietzsche lui-même d'ailleurs, après avoir nié la vérité, est-ce qu'il ne distingue pas une vie plus vraie ou plus réelle, une autre plus fausse et comme moins vivante ? Il croit donc, lui aussi, à une vérité ! Tout en raillant le vrai, il passe ses jours et ses nuits dans la recherche du vrai ; il pratique lui-même ce noble ascétisme dont il se moque : il veut, lui aussi, se mettre en présence de ce qui est, sans y mêler rien qui altère ni la limpidité du regard, ni la limpidité de la lumière.

— Soit, dira Nietzsche, il y a de l'erreur et de l'apparence ; mais l'apparence n'est pas là où on la place d'ordinaire, dans le monde du devenir ; c'est, au contraire, le prétendu monde de l'être qui n'est qu'apparent. Les idées mêmes de cause et d'effet, d'espace et de temps, d'unité, d'identité, de similitude ou de dissimilitude, toutes les catégories et formes nécessaires de nos pensées ne sont que des illusions nécessaires. — Cette idée de l'illusion innée à l'homme, déjà exprimée par Platon dans son allégorie de la caverne, a hanté plus que jamais les esprits depuis Kant. Dans la pièce de vers intitulée *Illusion féconde*, Guyau avait montré, lui aussi, quelle part d'erreur se mêle à toutes nos vérités, à toutes nos croyances, à toutes nos espérances et même à tous nos amours :

> Cesser de se tromper, ce ne serait plus vivre !
> . . . .
> La nature à mon œil crédule se déguise :
> Tout ce qui tombe en moi s'y réfracte, je vois
> Se déformer soudain tout ce que je perçois ;
> Mon cœur profond ressemble à ces voûtes d'église
> Où le moindre bruit s'enfle en une immense voix.
> L'erreur de toutes parts m'enveloppe et m'enserre :
> Vouloir, illusion ! aimer, illusion !
> . . . .
> Nous donnons de notre âme à ce que nous aimons,
> Et c'est cette parcelle à notre cœur ravie
> Qui, s'attachant à tout, rend tout digne d'envie.

Seulement Guyau ne s'en tenait pas à l'idée d'une illusion universelle et irrémédiable :

> Chaque progrès au fond est un avortement,
> Mais l'échec même sert...
> De nos illusions se fait la vérité.
> Chaque homme pris à part est le jouet d'un rêve,
> Et cependant ce rêve un jour surgit réel ;
> L'œuvre que j'ai manquée un jour sans moi s'achève ;
> Las, épuisé, je tombe au moment où se lève
> L'aube que j'appelais en vain du fond du ciel.

Nietzsche, à son tour, adopte l'idée de l'universelle illusion, mais en l'exagérant jusqu'à supprimer tout ce qu'on appelle « vérité », et il se persuade que l'idée est neuve. « Établissons, dit-il, de quelle façon nous (je dis « nous » par politesse...) concevons le problème de l'erreur et de l'apparence. » Nietzsche se croit donc le premier à concevoir le « devenir » comme la seule réalité, l'unité et l'identité comme des illusions ; il ne sait plus qu'il y a eu avant lui un Héraclite, un Hume et tant d'autres ; il a inventé le phénoménisme, il a découvert cette Méditerranée !

Accordons-lui cependant son dogme prétendu nouveau du phénoménisme absolu et de l'illusionnisme absolu ; il n'y gagnera qu'une contradiction de plus avec les autres dogmes de sa religion. Si, en effet, il n'y a que devenir et phénomènes *sans lois* (et c'est ce que soutient Nietzsche, qui raille l'idée humaine de loi), comment admettre cependant des *nécessités* et professer le fatalisme absolu ? Nécessité, c'est retour *identique* des mêmes phénomènes, c'est unité. Et nous verrons plus loin l'importance qu'a prise dans la religion de Nietzsche l'idée de « l'éternel retour ». Comment donc peut-il nier toute loi, lui qui fait du retour circulaire la loi des lois ? Il ne s'imagine pas, sans doute, que philosophes et savants entendent encore par loi une législation de quelque *volonté*, et non une nécessité fondée dans la nature même des choses (1) !

(1) La pensée de Nietzsche, d'ailleurs, est en flottement perpétuel.

De plus, comment Nietzsche pourra-t-il concilier un phénoménisme et un réalisme aussi absolus avec ses propres efforts pour pousser l'humanité vers l'idéal du surhomme? — « Personne, dit-il, ne donne à l'homme ses qualités, ni Dieu, ni la société, ni ses parents et ses ancêtres, ni *lui-même*... La fatalité de son être n'est pas à séparer de la fatalité de tout ce qui fut et de tout ce qui sera. L'homme n'est *pas* la conséquence d'une intention propre, d'une volonté, d'un but, — avec lui, on ne fait pas d'écart pour atteindre un *idéal d'humanité*, un *idéal de bonheur*, ou bien un *idéal de moralité;* il est absurde de vouloir faire *dévier* son être vers un but quelconque (1). »

Son amour de la puissance vivante et indépendante lui fait, dans certains passages, rejeter le déterminisme proprement dit, le déterminisme de l'intelligence et de ses lois appliquées aux choses mêmes. « Le déterminisme, dit Nietzsche, est une mythologie; dans la vie il n'y a que des *volontés fortes* et des *volontés faibles*. C'est presque toujours un symptôme de ce qui lui manque, quand un penseur dans tout enchaînement causal éprouve quelque chose comme de la contrainte, un besoin, une obligation, une pression, un manque de liberté. C'est une révélation de sentir ainsi; la personne se trahit... elle trahit sa faiblesse, son besoin de servitude. » *Par delà le Bien et le Mal*, § 21. — « Il convient, dit encore Nietzsche, de ne se servir de la « cause » et de « l'effet » que comme de simples conceptions, de fictions conventionnelles pour l'indication et la nomenclature, — non pour l'explication. »

Ainsi Nietzsche veut, — non sans raison, — que nous ayons le sentiment d'agir et non d'*être agis*, de déterminer et non d'être déterminés, d'être causes pour notre part et non pas seulement effets. Il n'admet pas pour cela que nous soyons libres; au contraire : il ne rejette que cette forme particulière de déterminisme qui aboutit à un abus du sens des mots *cause* et *effet*. « Il ne convient pas, dit-il, de réunir faussement cause et effet à des *substances*, comme le font les naturalistes et quiconque fait du naturalisme dans la pensée, conformément à la dominante balourdise mécaniste, qui laisse la cause presser, pousser, heurter, jusqu'à ce qu'elle agisse. » (*Ibid.*)

Dans *l'en soi*, conclut Nietzsche avec Kant et Schopenhauer; « il n'y a pas de *lien causal*, de *nécessité*, de *déterminisme psychologique;* l'effet ne suit *point* la cause, et il ne règne pas de *loi* ».

Nous voilà revenus à *l'en soi*, que Nietzsche niait tout à l'heure comme une illusion! Au fond, il n'admet que des puissances, et des puissances supérieures contraignant les puissances inférieures; mais, par cela même, il professe plus que du déterminisme, il professe un nécessitarisme de puissance, un fatalisme dynamiste.

(1) *Crépuscule des Idoles*, p. 155.

Mais est-ce que Nietzsche, lui aussi, ne veut pas faire « dévier notre être » vers un but, et vers un but surhumain ? « Il n'y a rien, dit-il encore, qui pourrait juger, mesurer, comparer notre existence, car ce serait là juger, mesurer, comparer et condamner le tout... Mais il n'y a rien en dehors du tout. » — Pourquoi donc va-t-il juger lui-même que les « maîtres » sont supérieurs aux « esclaves », les nobles et les forts aux vilains et aux faibles, le surhomme à l'homme ? Pourquoi les compare-t-il ? — « Faites comme le vent quand il s'élance des cavernes de la montagne ; élevez vos cœurs, haut, plus haut ! Ainsi parla Zarathoustra. » — A quelle mesure Zarathoustra reconnaîtra-t-il ce qui est plus *haut* ? L'antinomie éclate dans le système de Nietzsche. Entre son fatalisme et sa morale ou surmorale, — que nous apprécierons plus loin, — il y a entière contradiction.

Non moins grande est la contradiction entre le mépris de la pensée que professe Nietzsche et l'admiration de la pensée dont il fait également preuve. Il a beau se moquer du matérialisme, toutes les vieilleries et banalités du gros matérialisme à la mode il y a cinquante ans se retrouvent chez lui, présentées comme idées neuves : « Nous ne faisons plus descendre l'homme de l'*esprit*, de la *divinité*, dit-il, nous l'avons replacé parmi les animaux. Il est pour nous l'animal le plus fort parce qu'il est le plus rusé : notre *spiritualité* en est une suite. » L'intelligence n'est qu'une forme de la ruse, qui est elle-même une forme de la force. « Nous nous défendons, d'autre part, contre une vanité qui, là aussi, voudrait être la voie : comme si l'homme avait été la grande pensée de derrière la tête de l'évolution animale ! » Evolution n'est pas finalité, développement n'est pas recherche intentionnelle de la perfection. « L'homme n'est absolument pas le couronnement de la création ; chaque être se trouve à côté de lui au même degré de perfection (1). »

---

(1) *L'Antéchrist*, § 14.

Ici Nieztsche « dévie » et ne comprend plus même la doctrine évolutionniste. Pour celle-ci, une huître ne vaut pas un homme : l'huître a une organisation moins diversifiée et moins unifiée ; elle sent moins, elle agit moins, elle pense moins que l'homme ; aussi Darwin et Spencer, tout en la trouvant peut-être parfaite en son genre et à sa place, trouveront l'huître moins parfaite que Newton ou Laplace. Si tous les types se valent, pourquoi Nietzsche adore-t-il un type d'homme supérieur, à savoir le plus fort, le plus rusé, le plus au-dessus de tout scrupule ? Après l'inconséquence, voici le paradoxe : « En prétendant cela (que l'homme n'est pas plus parfait qu'un autre animal), nous allons encore trop loin : l'homme est relativement le plus manqué de tous les animaux, le plus maladif, celui qui s'est égaré le plus dangereusement loin de ses instincts ; — il est vrai qu'avec tout cela il est aussi l'animal le plus *intéressant*. » En ce qui concerne les animaux, et par conséquent l'homme, « c'est Descartes qui, le premier, a eu l'admirable hardiesse de considérer l'animal en tant que machine ». Et Nietzsche ajoute des moqueries peu originales sur le libre arbitre, sur la volonté, qui « n'*agit* pas ». Il a lu Maudsley et M. Ribot. Il va même, comme Maudsley, jusqu'à considérer la conscience comme une imperfection de mécanisme. « L'*esprit*, la *conscience*, nous semblent précisément être les symptômes d'une relative imperfection de l'organisme, une expérience, un tâtonnement, une méprise, une peine qui use inutilement beaucoup de force nerveuse ; — nous nions qu'une chose puisse être faite dans la perfection, tant qu'elle est faite consciemment. » On reconnaît la bonne vieille théorie de la conscience épiphénomène, de la conscience indice d'imperfection mécanique, n'ayant d'autre but que de s'éliminer elle-même en faveur de l'automatisme ».

Comment la conscience, épiphénomène *inutile*, n'est-elle cependant explicable qu'en vertu de son *utilité* et

---

(1) Voir sur ce point notre *Evolutionnisme des idées-forces*.

parce qu'elle supplée à un mécanisme marchant tout seul, c'est ce que ni Maudsley ni Nietzsche ne nous expliquent. En outre, pourquoi Nietzsche veut-il *amplifier* la conscience même, la conscience de la vie, de la force, du mouvement, de la puissance, de la ruse, de la joie débordante? Si l'être *conscient* n'a pas plus de valeur que l'être insconscient, si l'homme qui pense est une machine moins parfaite qu'un infusoire sans pensée, pourquoi poursuivre un type d'intelligence supérieure et de conscience supérieure?

Il est clair que Nieztsche n'a su ni harmoniser ni dépasser les théories qui étaient en faveur de son temps. Il est contradictoire de rabaisser, comme il le fait, la pensée au rang de mal nécessaire ou de pis-aller, et de s'écrier ensuite : « Mieux vaut faire mal que penser petitement », comme si la grandeur de la pensée dépassait tout et ne pouvait s'acheter assez cher. Et il n'est pas moins contradictoire de s'imaginer que celui qui pense grandement sera porté à agir en « homme de proie » ; on ne voit pas que les Néron et les Borgia aient pensé si grandement.

Nietzsche a supprimé tout but et tout sens de l'existence universelle, et cependant, comme nous le verrons, il prétendra conserver l'idée du « héros », qui, se donnant à lui-même un but, le donne aussi à tout le reste. Comment le héros déterminera-t-il un tel but, sinon par un acte de l'intelligence qui peut toujours se juger, ou par un élan du cœur qui peut toujours s'apprécier? Et qu'importe, d'ailleurs, le but que se posera le surhomme, si la Nature, — comme Nietzsche le prétendra lui-même, — oppose à ce but un *non* inflexible et écrase le Surhomme avec tout le reste?

LIVRE DEUXIÈME

L'IMMORALISME INDIVIDUALISTE ET ARISTOCRATIQUE

Nietzsche a beau se déclarer « immoraliste », il a lui-même une morale, comme nous verrons que cet athée qui se croit déicide a une religion. C'est la morale aristocratique, poussée jusqu'à la prétention de s'élever par delà le bien et le mal humains pour puiser aux sources éternelles de la vie et de la nature. L'éthique de Nietzsche est utile à étudier comme signe des temps. Nous l'avons déjà remarqué, elle est une réaction violente contre ce vague sentimentalisme qui, chez beaucoup de démocrates, de socialistes, d'anarchistes même, tend, sous les noms de « religion de la souffrance » ou « morale de la pitié », à remplacer toute doctrine rationnelle des devoirs et des droits.

Négation de la morale, idée du Surhomme amoral, qui est un antéchrist, formation d'une aristocratie de maîtres, renversement de la justice et de la pitié, tels sont les principaux points qui doivent attirer notre attention. Les religieux de l'ordre de Nietzsche ne nous promettent rien moins qu'une culture nouvelle fondée sur la culture antichrétienne ; nous aurons donc à nous demander s'il y a dans l'immoralisme de Nietzsche « l'inouï », qu'il se flattait d'y mettre et que ses adeptes veulent nous y faire admirer. Nietzsche se croyait « inactuel », perdu dans notre époque de christianisme comme un représentant anticipé du plus lointain avenir. En réalité, nous allons le voir rempli des préjugés les plus présents et même les plus passés. Il est bien un des derniers échos du siècle des Fourier, des Proudhon, des Renan, des Taine, des Feuerbach, des Heine et des Schopenhauer. En même temps, quand il parle, on croit tour à tour entendre les vieux sophistes grecs, les vieux sceptiques grecs, puis Machiavel, Hobbes, Helvétius, Mandeville, Diderot, la jeune Allemagne, Stirner, Bakounine, Kropotkine, toutes les voix des deux siècles passés. Les vices moraux de la démocratie ont leur Némésis dans le rêve aristocratique qui oppose à la « morale des esclaves » la « morale des maîtres ». Pendant la seconde moitié du XIX° siècle, ce rêve avait bercé Renan, Taine, Flaubert ; chez Nietzsche, il a engendré la vision hallucinatoire du Surhomme. Ce qui n'avait été chez Renan que dilettantisme devient chez Nietzsche un véritable fanatisme. Quoique le penseur allemand se soit souvenu du penseur français, le tempérament enthousiaste de Nietzsche lui inspire pour Renan une profonde antipathie. En revanche, Taine ne pouvait manquer de plaire à ce dogmatique caché sous la peau d'un sceptique. Avec Taine, Nietzsche considérera la vertu et e vice comme des produits naturels, sucre ou vitriol ; seulement, Taine avait cru (avec l'humanité entière) que c'est le sucre qui est nutritif, le vitriol qui est un poison ; Nietzsche va entreprendre de nous montrer le contraire. Pour lui, la morale est une « empoisonneuse. » Si l'humanité n'a pas fait plus de progrès, c'est la faute des vertus et de la moralité. Sa doctrine n'est donc pas seulement un scepticisme moral, elle est un dogmatisme antimoral : comme Nietzsche est antichrétien, « antéchrist », ainsi il est ou croit être antimoraliste.

En étudiant la doctrine des mœurs que prêche le chantre de Zarathoustra, nous essaierons de lui appliquer la règle de critique qu'il a lui-même posée : le philosophe, dit-il, comme une fourmi patiente et attentive, doit tâter toutes choses, même les plus poétiques, « avec les antennes de la pensée froide et curieuse ».

CHAPITRE PREMIER

LA CRITIQUE DE LA MORALE

On sait ce que Nietzsche exige avant tout du philosophe : se placer par delà le bien et le mal. Prise en un bon sens, cette règle est admissible. Il est certain que le philosophe remonte aux premiers principes, aux premières raisons des choses ; dès lors, il doit rechercher les principes et raisons du bien moral ou du mal moral; pour cela il doit franchir la limite de la morale et se demander, non pas tout d'abord ce qui est bien ou mal, mais ce que c'est qu'*être*, vivre, — vivre seul et vivre en société, — ce que c'est que *vouloir, aimer, être heureux*, etc. C'est seulement après s'être posé toutes ces questions qu'il en doit venir à examiner les impératifs de la conduite, à se demander s'ils sont nécessaires ou contingents, s'ils sont catégoriques ou hypothétiques.

Nietzsche s'imagine être le premier qui ait suivi cette méthode. Elle fut pourtant, entre autres, celle de Guyau. Bien que Nietzsche ait médité le chapitre de Guyau sur Kant, il se représentera plus tard, dans sa *Généalogie de la morale*, comme le seul philosophe qui ait fait de la morale même un *problème*, de l'idée du devoir un problème, et qui ait conçu la nécessité de se placer d'abord *au delà* de nos notions de bien et de mal pour pouvoir ensuite en apprécier l'origine, la légitimité et la valeur (1). Nietzsche se prend un peu trop lui-même

(1) Nous sera-t-il permis de rappeler que, dans un livre intitulé

pour « un premier commencement », il se fait illusion sur le caractère « créateur » de son génie. Que dirait Schopenhauer d'une pareille prétention, lui qui avait déjà si brutalement morigéné Kant et son impératif.

Nietzsche n'en répète pas moins qu'on ne s'est jamais demandé la valeur objective de l'impératif catégorique (1); que, de plus, on n'a jamais mis en doute la valeur d'*utilité* des préceptes moraux pour l'homme et pour l'humanité. « La morale a été, au contraire, dit-il, le terrain neutre où, après toutes les méfiances, les dissentiments et les contradictions, on finissait par tomber d'accord, le lieu sacré de la paix, où les penseurs se reposent d'eux-mêmes, où ils respirent et revivent (2). » Comme s'il n'y avait pas eu, en morale comme ailleurs, les plus nombreuses contradictions entre les philosophes, soit de principes, soit d'applications! — « Je ne vois personne qui ait osé une *critique des évaluations morales* », — comme si les écoles sceptique, épicurienne, utilitaire, évolutionniste, n'avaient pas soumis tous les devoirs et le principe même du devoir à leur critique! — Non, répond Nietzsche; les Anglais ont fait seulement une *histoire des origines* de ces sentiments, ce qui est tout autre chose qu'une « critique ». Ces historiens de la morale commettent la faute « d'admettre une sorte de consentement entre les peuples, au moins entre les peuples domestiqués, au sujet de certains préceptes de la morale, et d'en conclure à une obligation absolue,

---

Critique des systèmes de morale contemporains (1883), l'auteur avait essayé de démontrer tout au long que Kant n'a pas vraiment fait la *critique* de la raison pratique, bien qu'il l'eût annoncée, et qu'il a, au contraire, érigé l'idée de devoir en « fait » premier de la raison, en principe premier, sans examen suffisant ni véritable doute méthodique? Mêmes objections, en ce même livre, étaient dirigées soit contre le criticisme de M. Renouvier, qui s'est encore plus dispensé que Kant de critiquer l'impératif, soit contre la philosophie inconséquente de Charles Secrétan, qui pose le devoir en « fait » expérimental!

(1) *Le gai Savoir*, 345.
(2) *Ibid.*

même pour les relations entre individus. » — Obligation *absolue*, non pas, répliquerons-nous, mais obligation relative aux nécessités sociales ou aux nécessités personnelles. Il est clair que le vol paraît à Spencer inadmissible dans une société organisée et que l'alcoolisme lui paraît fatal à l'individu comme à sa race ; qu'est-ce que Nietzsche — grand ennemi de l'alcoolisme, lui aussi, — peut changer à ces nécessités ? — Après que les historiens, avoue-t-il lui-même, « se sont rendu compte de cette vérité que, chez les différents peuples, les applications morales sont *nécessairement* différentes, ils veulent en conclure que *toute* morale est *sans obligation*. Les deux points de vue sont également enfantins. » Voilà donc Nietzsche qui admet à son tour des obligations et nécessités sociales, une autorité nécessaire et un nécessaire commandement au sein des hommes. Dès lors, que veut-il ? Il va tâcher de s'expliquer mieux. « La faute des plus subtils, dit-il, c'est de découvrir et de critiquer les *opinions*, peut-être erronées, qu'un peuple pourrait avoir *sur la morale* ou bien les hommes sur *toute morale humaine*, soit les opinions sur l'*origine* de la morale, la *sanction religieuse*, le préjugé du *libre arbitre*, etc., et de croire qu'ils ont, de ce fait, critiqué cette morale elle-même. Mais la valeur du précepte *tu dois* est profondément différente et indépendante de pareilles *opinions sur* ce précepte, et de l'ivraie d'erreurs dont il peut être couvert. » Nietzsche répète ici ce qui est dans tous les cours élémentaires de philosophie : que les erreurs sur le devoir ne prouvent pas qu'il n'existe aucun devoir et prouvent, au contraire, que tous les hommes ont admis un devoir, sauf à le mal déterminer.

Reste donc à savoir s'il y a réellement un *tu dois* impératif et un devoir absolu, si le devoir a théoriquement une *valeur objective* et, pratiquement, une valeur de *nécessité* ou d'*utilité*. Eh bien ! Nietzsche persiste à croire qu'il est le premier à s'être posé cette question !

Comme une telle prétention serait cependant par trop outrecuidante en ce qui concerne la valeur *objective* du devoir (après les travaux des sceptiques et ceux de la critique kantienne, d'ailleurs insuffisante), Nietzsche est forcé, en dernier ressort, de prendre le mot de valeur au sens purement pratique : nécessité ou utilité de la morale. « L'efficacité d'un médicament sur un malade, dit-il, n'a aucun rapport avec les *notions médicales* de ce malade, qu'elles soient scientifiques ou qu'il pense comme une vieille femme. Une morale pourrait même avoir son origine dans une *erreur*, cette constatation ne ferait même pas toucher au problème de sa *valeur*. » — Si fait, dirons-nous, de sa valeur objective et théorique, mais non pas, il est vrai, de sa valeur pratique d'utilité ou de nécessité. « La valeur », — entendez la valeur *pratique*, — « de ce médicament, le plus célèbre de tous, de ce médicament que l'on appelle morale, n'a donc été examinée jusqu'à présent par personne; il faudrait pouvoir, avant toute autre chose, qu'elle fût *mise en question*. Eh bien, c'est là précisément notre œuvre (1). » Enfin nous tenons le point de *départ* de Nietzsche, sa grande et mémorable découverte : il a *mis en question*, et ensuite *nié* la valeur pratique, la nécessité et même l'utilité de la morale pour l'homme et les hommes. En dépit des apparences de clarté qu'offre cette formule, il reste encore un mot vague : *la morale*. La morale absolue, impérative, obligatoire, Nietzsche ne peut plus dire qu'il soit le premier à l'avoir mise en question. S'il s'agit d'un ensemble quelconque de prescriptions hypothétiques ou relativement utiles et même nécessaires dans des conditions de vie données, Nietzsche prétendra-t-il qu'on peut toujours s'en passer, qu'il n'y a aucune règle quelconque pour les hommes, qu'ils doivent vivre dans la complète *anarchie*? — Non, Nietzsche est le premier à reculer d'horreur devant les *anarchistes*, devant cette « canaille » qui ose vouloir secouer tout joug, alors que la vie a pour essence d'*obéir* et de *commander*. Ce n'est donc

---

(1) *Le gai Savoir. Ibid.*

plus toute éthique qui est niée par Nietzsche. Il met simplement en question la *valeur* pratique des évaluations morales aujourd'hui reçues, notamment des évaluations chrétiennes qui élèvent la pitié au-dessus de la dureté, l'amour et le respect des faibles au-dessus de la force, etc. C'est à cette œuvre modeste, — revision et correction d'un certain nombre de règles aujourd'hui admises, — que Nietzsche aboutit. Mais comme ce serait peu original, peu digne d'un génie « créateur », il prend enfin le parti, — après avoir lui-même admis une éthique et même deux, celle des maîtres et celle des esclaves, — de prétendre qu'il a complètement brisé *toutes* les tables des valeurs reçues, que le décalogue de Zarathoustra sera le contrepied exact de tous les autres décalogues. Au lieu de « soyez pitoyables », soyez durs; au lieu de « aimez-vous les uns les autres », luttez les uns contre les autres, etc. Cela va bien pour quelques préceptes, qui même ne sont pas dans le *Décalogue;* mais, pour être conséquent, il faudrait que Nietzsche en vînt, au lieu de « tu ne prendras pas le bien de ton prochain », à dire : tu voleras; au lieu de « tu ne prendras pas la femme de ton prochain », tu seras adultère ; au lieu de « tu ne tueras point », tue! — Il le dit bien pour la guerre, mais il n'a pas prêché ouvertement l'assassinat dans toutes les circonstances. Au fond, il n'est donc qu'un faux immoraliste; il est encore *empoisonné* lui-même de cet alcaloïde vénéneux, de cette morphine mentale qu'il nomme *moraline !*

Nous venons, par une analyse et une dissection régulière des textes mêmes de Nietzsche, de faire s'évanouir son originalité prétendue ou, du moins, de l'acculer à une fâcheuse originalité ; car, prétendre que toutes les règles de la société entre les hommes sont malfaisantes, ce serait le délire porté à son comble. Nietzsche est donc pris dans ce dilemme : lieu commun ou insanité.

Il croit cependant innover en énonçant ce paradoxe : « Je suis arrivé à la conclusion qu'il n'y a pas du tout de faits moraux ; le jugement moral a cela de commun avec le jugement religieux de croire à des réalités qui n'en sont pas (1) ». Il oublie derechef que le scepticisme moral est vieux, très vieux, et par conséquent peu original.

En définitive, pour Nietzsche comme pour beaucoup d'autres philosophes, le mot de *moral* n'est qu'une façon humaine de qualifier certains faits *naturels* ou *sociaux*, certaines manières d'être, de sentir et d'agir auxquelles on prête par erreur un caractère de libre arbitre, de responsabilité, de « péché », de bonté en soi ou de méchanceté en soi ; en réalité ce sont simplement des phénomènes déterminés par les lois de l'universelle causalité, mais qui offrent un caractère d'utilité ou de rationalité, soit pour l'individu, soit pour la société. La thèse était familière à Guyau comme à tous les philosophes ; elle avait été longuement exposée et appréciée, d'abord dans la *Morale anglaise contemporaine*, puis dans l'*Esquisse d'une morale sans obligation ni sanction*. Ici encore, l'originalité échappe à Nietzsche.

Ce dernier s'efforce pourtant de mettre à part sa doctrine en l'opposant à celle de La Rochefoucauld. L'auteur des *Maximes* avait nié la *réalité* de l'intention morale ; Nietzsche, lui, en nie la *vérité*. Je crois, dit-il, « que ce sont des erreurs, fondements de tous les jugements moraux, qui poussent les hommes à leurs actions morales. Je nie la moralité comme je nie l'alchimie. Je nie de même l'immoralité. Je nie, non qu'il y ait une infinité d'hommes qui se sentent immoraux, mais qu'il y ait en vérité une raison pour qu'ils se sentent ainsi. Je ne nie pas, ainsi qu'il va de soi (en admettant que je ne sois pas insensé), qu'il faut éviter et combattre *beaucoup d'actions* que l'on dit *immorales*, de même qu'il faut encourager et exécuter *beaucoup* de celles que l'on dit *morales* ; mais je crois qu'il faut faire l'une et l'autre chose *pour d'autres raisons* qu'on ne l'a fait jusqu'à présent. Il faut que nous changions *notre façon de voir*, pour arriver enfin, peut-être très tard, à

---

(1) *Le Crépuscule des idoles*, trad. fr., p. 156.

changer notre façon de sentir (1). » Ainsi donc, selon Nietzsche, il faut éviter *beaucoup* des actions dites immorales et accomplir *beaucoup* des actions dites morales ! Nous voilà loin maintenant de cette complète « transmutation des valeurs » que Nietzsche avait tout à l'heure soutenue, et qui aboutissait à rejeter « toutes » les prétendues vertus. Zarathoustra se borne désormais à cette assertion anodine, que, parmi nos raisons de faire bien, il y en a de fort incertaines, par exemple la terreur de l'enfer, la crainte de désobéir à la Divinité, la peur de commettre un péché, la résistance à la tentation du diable, ou encore la nécessité morale de se conformer à un « impératif catégorique », l'existence d'un *liberum arbitrium indifferentiæ* qui nous permettrait de faire juste le contraire de ce que nous faisons, et cela dans les mêmes circonstances, pile ou face, enfin l'existence d'une moralité *pure* et *absolue*. Il est bien clair qu'un Spinoza ou un Gœthe ne blâmeront pas un homicide de la même manière ni pour les mêmes raisons qu'un Napolitain adorateur de saint Joseph, qui brûle un cierge pour obtenir la grâce de bien enfoncer son couteau dans le dos de son ennemi. Comte, Spencer ou Guyau recommanderont vraisemblablement le respect du bien d'autrui pour d'autres raisons que l'espoir du paradis ; ils feront, nous venons de le rappeler, intervenir les conditions essentielles de la vie sociale. Que nous apprend donc Nietzsche ? Qu'il n'y a aucune espèce de morale, valable à aucun titre, pas plus qu'il n'y a d'alchimie valable ? Ce serait jouer sur les mots : la chimie a remplacé l'alchimie, la vraie science morale remplacera la fausse morale, voilà tout. Lui-même vient de reconnaître que beaucoup de choses *doivent* être évitées, que beaucoup *doivent* être faites, en vertu de certaines *raisons*. Eh bien, ces raisons (qu'il tire, comme Guyau, des instincts primitifs de la vie et du besoin qu'a la vie de se dépasser), ces raisons sont les principes

(1) *Aurore*, p. 103.

d'une morale, aboutissant à des *doit*, à des impératifs. — Hypothétiques ! — Peut-être, mais enfin à des impératifs, dont il faut discuter la valeur. Pourquoi donc Zarathoustra se croit-il « unique », comme Max Stirner ? Nous prétendons tous, nous autres moralistes, rectifier tant que nous pouvons, les jugements de l'humanité sur la meilleure conduite à suivre ; nous admettons tous, par cela même, qu'il y a des choses meilleures que d'autres. Si Nietzsche parle comme tout le monde, il n'y a pas lieu, comme il le propose, d'inaugurer une hégire par son nom.

Où donc, où donc enfin commencera l'originalité de Nietzsche ? — Il ne lui reste absolument plus qu'une seule chose à faire : oublier ce qu'il vient de dire et prendre *en tout* le contrepied des jugements moraux de l'humanité, soutenir que *tout* ce qu'elle appelle le bien est précisément mauvais, que tout ce qu'elle appelle le mal est précisément bon. L'humanité doit brûler toutes les prétendues vertus qu'elle avait adorées et adorer tous les prétendus vices, « haine, cruauté, violence, orgueil, etc. ». Changement à vue. « Au fond, *toutes* les grandes passions sont *bonnes*, pour peu qu'elles puissent se donner carrière brusquement, que ce soit la colère, la crainte, la volupté, la haine, l'espérance, le triomphe, le désespoir ou la cruauté (1). » — Mais d'abord, comment Nietzsche peut-il concilier cette thèse absolue avec l'aveu de tout à l'heure, qu'une foule d'actions réputées mauvaises sont en effet mauvaises, quoique pour des raisons autres que les raisons mystiques ou les raisons superstitieuses ? Si « la volupté, le désir de domination et l'égoïsme » sont « les biens par excellence », comme Zarathoustra le soutient, *aucune* action mauvaise n'est plus à éviter, car on pourra justifier toute action mauvaise au nom de ces trois principes. Ce n'est pas seulement le « christianisme », ce sont toutes les grandes morales et toutes les grandes philosophies

---

(1) *Généalogie de la morale*, pp. 15-20.

qui, en chœur, ont condamné l'égoïste, le voluptueux et le violent. Aussi, pour soutenir sa radicale « transmutation des valeurs », Nietzsche va-t-il être obligé d'aller jusqu'au bout et de changer l'originalité en excentricité, pour ne pas dire en extravagance.

Déjà M. de Hartmann, si méprisé de Nietzsche, avait dit : « Faust appelle du nom de Méphistophélès cette puissance qui éternellement veut le mal et qui éternellement engendre le bien. Gœthe a trouvé en cet endroit la meilleure expression pour rendre le rôle de ce Diable absurde dont parle la légende allemande, qui est toujours déçu par les buts qu'il se propose et dont les efforts aboutissent au contraire de ce qu'il a voulu. Chaque volonté perverse individuelle doit aussi être regardée comme une partie de cette puissance qui éternellement veut le mal et perpétuellement engendre le bien..... La volonté perverse ne joue pas dans l'univers un rôle purement négatif; elle n'est pas un accident qu'il faille éliminer. Mais elle est quelque chose de positif et représente un facteur essentiel du procès téléologique inconscient... Pour celui qui est habitué à ce point de vue d'une téléologie inconsciente, d'après les conceptions de Schelling et de Hegel, pour celui-là il est indubitable que les conséquences utiles indirectes du mal ne sont qu'un cas particulier de la loi historique générale qui veut que les hommes sachent rarement et obscurément les buts auxquels ils tendent et que ces buts se transforment dans leurs mains en fins toutes différentes. Cela peut être appelé l'ironie de la nature et n'est qu'une suite des ruses de l'Idée inconsciente (1)... » Nietzsche ira plus loin : il verra dans le mal une utilité *directe* et *vitale*. Son volume, interrompu par la folie, sur la *Volonté de puissance*, devait être l'essai promis d'une transmutation absolue des valeurs. Le troisième livre de cet ouvrage était intitulé : *L'immoraliste, critique de*

---

(1) Au fond, c'est une providence sous un autre nom et une paraphrase du *felix culpa !*. Voir Hartmann, *Das sittliche Bewusstsein*, p. 589.

l'espèce d'ignorance la plus néfaste, la morale. « Un spectacle douloureux et épouvantable s'est élevé devant mes yeux : j'ai écarté le rideau de la *corruption* des hommes. » Et, ce mot de corruption pouvant faire croire qu'il s'agit de la corruption déplorée par les moralistes ou les prédicateurs, par Pascal ou Massillon, Nietzsche s'empresse d'ajouter : « Ce mot, dans ma bouche, est au moins à l'abri d'un soupçon, celui de contenir une accusation *morale* de l'homme. J'entends ce mot, — il importe de le souligner encore une fois, — dépourvu de *moraline* : et cela au point que je ressens cette *corruption* aux endroits où, jusqu'à nos jours, on aspirait le plus consciencieusement à la *vertu*, à la *nature divine*. J'entends corruption, on le devine déjà, au sens de décadence : je prétends que les valeurs qui servent aujourd'hui aux hommes à résumer leurs plus hauts devoirs sont des valeurs de décadence. J'appelle *corrompu*, soit un animal, soit une espèce, soit un individu, quand il choisit et *préfère* ce qui lui est désavantageux. Une histoire des *sentiments les plus élevés*, des *idéaux de l'humanité* — et il est possible qu'il me faille la raconter, — donnerait presque l'explication *pourquoi* l'homme est si corrompu (1). »

« Quel type d'homme doit-on *élever*, doit-on *vouloir*, quel type aura la plus grande valeur, sera le plus digne de vivre, le plus certain d'un avenir ? Ce type de valeur supérieure s'est déjà vu souvent, mais comme un hasard, une exception, jamais comme type *voulu*. Au contraire, c'est lui qui a été le plus craint ; jusqu'à présent, il fut presque la chose redoutable par excellence ». — On a craint, en effet, les Néron, les Caligula, les Borgia, les Malatesta, les Bonaparte ; — « et cette crainte engendre le type contraire, voulu, visé, atteint : la bête domestique, la bête de troupeau, la bête malade qu'est l'homme, — le chrétien. »

« Considérez dans son histoire l'humanité : elle ne re-

---

(1) *L'Antéchrist*, § 6.

présente *pas* un développement vers le mieux, vers quelque chose de plus fort, de plus haut, ainsi qu'on le pense aujourd'hui. Le *progrès* n'est qu'une idée *moderne*, c'est-à-dire *fausse*. Dans sa valeur, l'Européen d'aujourd'hui reste bien au-dessous de l'Européen de la Renaissance. Se *développer* ne signifie absolument pas nécessairement s'élever, se surhausser, se fortifier. Par contre, il existe une continuelle réussite de cas isolés, sur différents points de la terre, au milieu des civilisations les plus différentes. Ces cas, — les Borgia et les Napoléon, — permettent, en effet, d'imaginer un type *supérieur*, quelque chose qui, par rapport à l'humanité entière, constitue une espèce d'hommes surhumains. De tels coups de hasard, de pareilles réussites furent toujours possibles et le seront peut-être toujours. Et même des races entières, des tribus, des peuples souvent, dans des circonstances particulières, représentent de pareils *coups* heureux ». Or, qu'a fait le christianisme, comme d'ailleurs toutes les morales? « Il a mené une guerre à mort contre ce type supérieur de l'homme, il a mis au ban tous les instincts fondamentaux de ce type, il a distillé de ces instincts le mal, le *méchant*, l'homme fort, type du *réprouvé*. » Satan était le vrai type idéal de l'homme ; le christianisme lui a préféré le *bon Dieu !*

Retourner ainsi toutes les vérités reçues, transmuer toutes les valeurs admises, c'est le jeu du paradoxe, qui est lui-même presque aussi vieux que le monde. Zarathoustra le renouvelle. Il brise en se jouant les tables de la loi, où se trouvent inscrites nos valeurs morales, et il suspend au-dessus de nos têtes les tables des valeurs nouvelles :

« O mes frères, chez qui est donc le plus grand danger de tout avenir humain? N'est-ce pas chez les bons et les justes ?

« Chez ceux qui parlent et qui sentent dans leur cœur : — Nous savons déjà ce qui est bon et juste, nous le possédons aussi ; malheur à ceux qui veulent encore chercher ici !

« Et quel que soit le mal que puissent faire les méchants, le mal que font les bons est le plus nuisible des maux.

« *Il faut* que les bons crucifient celui qui s'invente sa propre vertu ! Ceci *est* la vérité !...

« C'est le *créateur* qu'ils haïssent le plus : celui qui brise des tables et de vieilles valeurs, le briseur, c'est lui qu'ils appellent criminel.

« Brisez, brisez-moi les bons et les justes !

« O mes frères, avez-vous compris cette parole ? Vous fuyez devant moi ? Vous êtes effrayés ? Vous tremblez devant cette parole ? O mes frères, ce n'est que lorsque je vous ai dit de briser les bons et les tables des bons que j'ai embarqué l'homme sur sa pleine mer ! »

Toute cette page poétique est un nouvel exemple de la banalité prête à se changer en insanité. Si, d'une part, il s'agit des vrais *bons* et des vrais *justes*, qui sont les premiers à ne pas se croire bons et à ne pas se déclarer bons, les premiers à ne pas vouloir imposer aux autres leurs croyances propres ; si, d'autre part, il s'agit des vrais « criminels », de ceux qui foulent aux pieds ce que leur dit leur propre conscience, abstraction faite de toutes les lois humaines ou autres, alors l'attribution aux bons et aux justes des maux du genre humain est une insanité gigantesque. Mais, s'il s'agit des pharisiens de bonté et de justice, comme cela ressort du texte même, alors nous retombons dans la plus banale des banalités, — depuis l'Évangile ! Le malheur est que, tout le long de ses œuvres, Nietzsche profite de la vérité banale pour essayer de faire passer le monstrueux paradoxe : c'est là la « ruse inconsciente » dont se sert perpétuellement ce cerveau malade. Il a toujours soin de ne pas ajouter le petit correctif qui changerait l'erreur en vérité. Mettez : « Ceux qui *se disent* bons et justes », et tout ce bel édifice s'écroule d'un coup dans les lieux communs que Nietzsche reprochait amèrement à Victor Hugo. Être original aux dépens du sens commun, n'est-ce point vraiment trop facile ?

Jusqu'à présent on a attribué au bon, poursuit Nietzsche, et cette fois en prose ordinaire, « une valeur supérieure à celle du méchant, supérieure au sens du progrès, de l'utilité, de l'influence féconde pour ce qui regarde le développement de l'homme en général (sans oublier l'avenir de l'homme). Que serait-ce si le contraire était vrai ? Si, dans l'homme bon, il y avait un symptôme de déclin, quelque chose comme un danger, une séduction, un poison, un *narcotique* qui fait peut-être vivre le présent aux dépens de l'avenir !... En sorte que, si *le plus haut degré de puissance et de splendeur* du type homme, possible en lui-même, n'a jamais été atteint, la faute en serait précisément à la morale ! En sorte que, entre tous les dangers, la morale serait le danger par excellence ! (1) »

Après avoir ainsi posé le problème, Nietzsche l'aborde hardiment. Qu'est-ce qui est vraiment bon, se demande-t-il, bon au sens naturel, non moral ? Et il répond : « Tout ce qui exalte en l'homme le sentiment de puissance, la volonté de puissance, la puissance elle-même. » — Qu'est-ce qui est mauvais ? — « Tout ce qui a sa racine dans la faiblesse. » Qu'on ne nous parle donc pas de vertu, mais « de valeur, — vertu dans le style de la Renaissance, *virtù*, vertu dépourvue de *moraline*. » — (Nietzsche, nous l'avons vu, dit dédaigneusement *moraline* comme on dit nicotine.) « Où manque la volonté de puissance, il y a déclin. Je prétends que cette volonté manque précisément dans *toutes* les plus hautes valeurs de l'humanité, — que les valeurs de déclin, les valeurs *nihilistes* règnent sous les noms les plus sacrés. » Le christianisme, où se résume le mouvement moral de l'humanité jusqu'à nos jours, « dit *non* à tout ce qui représente le mouvement ascendant de la vie, à tout ce qui est l'affirmation de soi sur la terre (2). » Le christianisme *dénature* toutes les valeurs naturelles.

---

(1) *Généalogie de la morale*, tr. fr., p. 18.
(2) *L'Antéchrist*, tr. fr., p. 273.

Par opposition au christianisme, nous voyons Nietzsche, dans son sermon sur *les Trois Maux,* proclamer vertus souveraines : la *volupté,* le *désir de domination* et l'*égoïsme.* Les péchés capitaux du chrétien deviennent les vertus capitales de l'antéchrist. « *S'il m'est démontré,* s'écrie Nietzsche en une page célèbre, que la dureté, la cruauté, la ruse, l'audace téméraire, l'humeur batailleuse, sont de nature à augmenter la vitalité de l'homme, je dirai *oui* au mal et au péché... Et si je découvre que la vérité, la vertu, le bien, en un mot toutes les valeurs révérées et respectées jusqu'à présent par les hommes sont nuisibles à la vie, je dirai *non* à la science et à la morale. »

S'il m'est démontré ! — Vous admettez donc des démonstrations, vous qui avez soutenu que les *valeurs* ne se démontrent pas. Vous croyez aux raisons scientifiques, vous qui avez persifflé la science ? Mais, précisément, ce qui se démontre, par raisons psychologiques et par raisons sociologiques, c'est le contraire même de votre « découverte » que la dureté, la cruauté et les mauvaises passions sont de bonnes passions. Vous parlez comme quelqu'un qui déclarerait : — « Je dirai oui au typhus, à la lèpre, au choléra, à la peste, à la syphilis et à la débauche, à l'absinthisme et à l'ivrognerie, à l'épilepsie, à la folie, à toutes les maladies et à tous les vices, s'il m'est démontré qu'ils sont propres à augmenter la vitalité de l'homme. » En entendant une telle déclaration de foi, tous les physiologistes et tous les hygiénistes s'écrieraient : « Malheureux, avec cette manière d'accroître la vitalité, vous n'en avez pas pour quinze jours à vivre ! » D'ailleurs, si Nietzsche parvenait en effet à démontrer que ce qu'on a nommé le bien est le mal, il s'ensuivrait simplement qu'on s'est trompé jusqu'ici sur la détermination du bien, de la vertu et de la santé morale ; il n'en résulterait pas que le bien par lui-même *soit* le mal, ni que la santé soit la maladie.

« Comme si l'humilité, s'écrie Nietzsche, comme si la chasteté, la pauvreté, en un mot la *sainteté,* n'avaient pas fait jusqu'à présent plus de mal à la vie que n'importe quelles choses épouvantables, que n'importe quels vices (1) ! » — Dites : la fausse humilité, la chasteté mal entendue, la pauvreté vile, insoucieuse et dégradante, en un mot la fausse sainteté ; mais ces maux eux-mêmes, êtes-vous sûrs qu'ils ont fait plus de mal à la vie que l'orgueil insolent, la débauche effrénée, la richesse égoïste et l'amour insatiable de l'or ? Je comprends qu'un moine ne soit pas l'idéal ; mais je comprends encore moins qu'un *condottiere* le soit.

« Christianisme, alcoolisme, dit Nietzsche à la fin de l'*Antéchrist*, les deux *grands* moyens de corruption ! » De quel droit blâme-t-il l'homme qui s'enivre, lui qui a fait du plaisir et de la volupté une vertu ? Puisqu'il *transmute* toutes les valeurs, au lieu de : Soyez tempérants, il doit dire : Soyez intempérants !

« On se méprend profondément, s'écrie-t-il encore, sur les bêtes de proie et sur l'homme de proie, par exemple sur César Borgia ; on se méprend sur la *nature* tant qu'on cherche une disposition maladive ou même un enfer inné au fond de toutes ces manifestations monstrueuses et tropicales, *les plus saines qui soient ;* comme l'ont fait jusqu'à présent les moralistes. Les moralistes nourrissent-ils une haine à l'égard de la forêt-vierge et des tropiques ? L'*homme des tropiques* doit-il à tout prix être discrédité, soit comme maladie et comme décadence de l'homme, soit comme son propre enfer et sa propre torture ? Pourquoi donc ? Au profit des *zones tempérées* ? Au profit des hommes modérés, des *moralisateurs*, des médiocres ? Cela pour le chapitre : « La morale comme une forme de la timidité (2). » — Nietzsche aurait pu ajouter un autre chapitre : la morale comme forme du courage et de la maîtrise de soi. Si un homme de tempérament tropical acquiert assez de raison et de force d'âme pour résister à ses passions brutales, l'appellerez-

---

(1) *Antéchrist*, § 8.
(2) *Par delà le Bien et le Mal*, § 195.

vous de ce fait un timide ? Régulus et Thraséas furent-ils des timides? On peut d'ailleurs se demander ce qu'il y avait de si tropical et de si héroïque en un Borgia, monstre tortueux, venimeux, empoisonné et empoisonneur, encore plus rusé et faux que violent. Il avait partout avec lui son poison tout prêt, et aussi son bourreau. Mais que l'empoisonnement, que la débauche qui énerve, appauvrit, tarit la vie dans ses sources mêmes, fait mourir l'homme avant l'âge dans la pourriture, que tout cela soit ce qu'il y a de plus sain pour l'homme, on peut se permettre là-dessus quelques doutes. La vie luxurieuse n'est pas toujours la vie luxuriante. Les moralistes, certes, n'ont aucune « haine contre la forêt vierge », mais que l'homme raisonnable du xxe siècle doive ressembler à l'anthropophage de la forêt vierge, il est encore permis d'en douter. Nietzsche lui-même, au fond, ne l'admettait pas; pourquoi donc ces hyperboles enflammées en l'honneur du crime ?

Ces pages tant vantées de Nietzsche, avec toute leur éloquence, sont un tissu de contradictions, qui viennent se suspendre à cette inconséquence fondamentale : pourquoi désirez-vous vous-même si passionnément et si noblement l'élévation de la vie, sinon parce que c'est à vos yeux *le bien ?* Dès lors, au lieu de nier le bien, la vertu, la vérité, contentez-vous de dire que l'humanité se trompe à chaque instant dans leur définition et leur détermination; qu'il y a une justice mal comprise qui aboutit à des injustices ; qu'il y a une charité mal éclairée qui fait plus de mal que de bien... Il est vrai que ce serait là un lieu commun : les paradoxes prêtent mieux à la poésie satanique. Mais dire non à la morale sous prétexte qu'elle n'est pas favorable à l'élévation de l'humanité, c'est dire simplement que la morale fausse n'est pas la morale vraie. De même, dire non à la science sous prétexte qu'elle « déprime la puissance humaine et la vitalité humaine », c'est faire retomber les erreurs de la fausse science sur la vraie, pour accuser ensuite la vérité même de mensonge. Proudhon avait énoncé comme un suprême paradoxe : Dieu, c'est le mal ; Nietzsche va plus loin et dit : Le bien, c'est le mal ; le vrai, c'est le faux ; la moralité, c'est l'immoralité. Il n'est enfin original qu'au prix de l'absolue contradiction.

Au reste, cette contradiction même, il va la contredire à son tour. « Tout naturalisme dans la morale, dit-il, c'est-à-dire toute *saine* morale est dominée par l'instinct de vie ; un commandement de la vie quelconque est rempli par un canon déterminé d'*ordres* et de *défenses* ; une entrave ou une inimitié quelconque sur le domaine vital est ainsi écartée. La morale *antinaturelle*, c'est-à-dire *toute* morale qui jusqu'à présent a été enseignée, vénérée et prêchée, se dirige, au contraire, précisément *contre* les instincts vitaux ; elle est une condamnation, tantôt secrète, tantôt bruyante et effrontée, de ces mêmes instincts... Le saint qui plaît à Dieu, c'est le castrat idéal. La vie prend fin là où commence le *royaume de Dieu* (1). » Nietzsche confond ainsi sophistiquement *toute* morale avec un ascétisme ennemi de la nature et de la vie, qui défendrait de boire et de manger, d'avoir des enfants, d'aimer, de se réjouir, de vivre. Et il lui est facile alors d'anathématiser la morale comme négation de la vie. Mais lui-même, dans la même page, il reconnaît que tout commandement de la vie et de l'instinct vital est rempli par un canon déterminé d'*ordres* et de *défenses* ; or, ces ordres et ces défenses sont une morale, celle de la vie ; il y a donc toujours une morale ! Il faut toujours déterminer le *summum* de la vie, c'est-à-dire, au fond, de l'existence et du vouloir. Nous voilà revenus aux éternels problèmes, que Nietzsche se flattait tout à l'heure d'avoir pour jamais anéantis.

De contradiction en contradiction, notre philosophe poursuit son chemin. Tantôt, en vue de la vie pleine et

---

(1) *Crépuscule des idoles* : *la morale en tant que manifestation contre la nature.*

débordante, il veut que nous lâchions la bride à tous nos instincts, à toute la *nature* tropicale qui demande expansion ; tantôt il veut que nous refrénions nos instincts. « Ces instincts », dit-il en effet (conformément à la plus antique sagesse), « se contredisent, se gênent et se détruisent réciproquement. La raison de l'éducation exigerait que, sous une contrainte de fer, un de ces systèmes d'instincts au moins fût *paralysé*, pour permettre à un autre de manifester sa force, de devenir vigoureux, de devenir maître. Le contraire a lieu, la prétention à l'indépendance, au développement libre, au *laisser aller*, est soulevée avec le plus de chaleur précisément par ceux pour qui aucune bride ne serait assez sévère. » Ainsi parle Nietzsche dans le paragraphe du *Crépuscule des idoles* qu'il intitule, par ironie à l'égard d'un couplet de la *Marseillaise* : *Liberté, liberté pas chérie !* Cet autoritaire ne veut la liberté que pour lui-même et ses pareils, non pour les autres ; liberté aux maîtres, esclavage aux esclaves. Ascétique pour le peuple, il est ennemi de toute entrave pour les aristocrates. Quel est donc le sceau que les maîtres portent au front, et comment empêchera-t-il les esclaves d'essayer, eux aussi, de se faire maîtres à leur tour ?

Dans son *Crépuscule des idoles*, Nietzsche nous annonçait qu'il allait nous montrer comment on « philosophe à coups de marteau. » Mais frapper et briser tout, à tort et à travers, ce n'est pas faire œuvre de science. En prétendant abattre, avec la morale, la dernière des idoles, Nietzsche s'est bien gardé de rien définir. Il s'est borné, nous venons de le voir, à confondre la morale avec le christianisme, qu'il a lui-même confondu avec la « religion de la pitié » ; puis, à la faveur du vague et de l'obscur, il a fini par représenter la morale même comme le bouc émissaire sur lequel l'humanité doit se décharger, non pas de tous ses péchés, mais de tous ses maux. Il a d'ailleurs pris soin ici, comme toujours, de se réfuter lui-même et de donner des coups de marteau dans sa propre doctrine. « Il y a dans l'homme, dit-il magnifiquement, une *créature* et un *créateur;*... il y a dans l'homme quelque chose qui est matière, fragment, superflu, argile, boue, non-sens, chaos : mais, dans l'homme, il y a aussi quelque chose qui est créateur, dureté de marteau, contemplation d'artiste, allégresse du septième jour. » Que nous apprennent ces belles paroles, sinon ce que les grandes philosophies et les grandes religions nous enseignent depuis des siècles : l'opposition de la volonté et de l'appétit, de la pensée désintéressée et des sens, de la moralité et de l'instinct ? Seulement, si cette opposition se comprend dans le platonisme ou dans le christianisme, que peut-elle bien signifier dans une doctrine qui vient de poser en principe que toute morale est un préjugé et même un « poison » ?

Au nom de cette même opposition entre la volonté active et la passion, Nietzsche fait un admirable éloge de la souffrance, à laquelle il attribue (thèse bien connue d'ailleurs) les progrès de l'humanité. Il parle en platonicien, il parle en stoïcien, il parle en chrétien. « Hédonisme, Pessimisme, Utilitarisme, Eudémonisme, toutes ces manières de penser qui mesurent la valeur des choses d'après le plaisir et la peine, c'est-à-dire d'après des circonstances accessoires, des détails secondaires, sont des manières superficielles, des naïvetés sur lesquelles quiconque a conscience en soi de forces *créatrices* et artistiques ne pourra jeter les yeux sans dédain ni même sans pitié. Pitié pour *vous !* Ce n'est sans doute pas la pitié comme vous l'entendez, ce n'est pas la pitié pour la *misère* sociale, pour la *société*, ses malades et ses victimes, pour ses vicieux et ses vaincus dès l'origine, tels qu'ils gisent autour de nous brisés; c'est encore moins la pitié pour ces couches sociales d'esclaves murmurants, opprimés et rebelles, qui tendent tous leurs efforts vers la domination, qu'ils appellent *liberté*. Notre pitié est une pitié plus haute, à l'horizon plus vaste : nous voyons comme l'*homme* s'amoindrit, comme *vous* l'amoindrissez ! (1). » Toute vraie valeur, en effet, est dans l'effort et le déploiement de puissance, dans la création, dans l'enfantement de l'art supérieur, qui pousse l'humanité en haut par le moyen d'hommes toujours plus hauts. Nietzsche dit en parlant de lui-même : « Nous autres derniers stoïciens » (2). Continuant donc de s'adresser aux rêveurs de plaisir et de bien-être : « Vous voudriez si possible — et ce « si possible » est la plus insigne folie — abolir la souffrance ! Et nous ? — nous voulons, semble-t-il, la vie plus dure, plus mauvaise qu'elle ne l'a jamais été ! Le bien-être tel que vous le comprenez, mais ce n'est pas un but, c'est pour nous une *fin ;* — un état qui ferait aussitôt de l'homme un objet de risée et de mépris, qui rendrait sa disparition souhaitable ! C'est à l'école de la souffrance, de la *grande* souffrance — ne le savez-vous donc pas ? — c'est sous ce dur maître seulement que l'homme a accompli tous ses progrès. Cette tension de l'âme qui sous le poids du malheur se raidit et apprend à devenir forte, ce frisson qui la saisit en face des grandes catastrophes, son ingéniosité et sa vaillance à supporter, à endurer, à interpréter, à utiliser l'infortune, et tout ce qui lui fut jamais donné de profondeur, de mystère, de dissimulation, de sagesse, de ruse, de grandeur : — tout cela ne l'a-t-elle pas acquis à l'école de la souffrance, formée et façonnée par la grande souffrance ? *Votre* pitié va à l'homme-*créature*, à ce qui doit être taillé, brisé, forgé, déchiré, brûlé, passé au feu, purifié, — à tout ce qui *nécessairement* doit souffrir, est fait pour souffrir ! — Et *notre* pitié — ne comprenez-vous pas à qui elle va, inversement, notre pitié à nous, quand elle se met en garde contre votre pitié comme contre la pire des faiblesses et des lâchetés ? — Ainsi donc : pitié *contre* pitié (3). »

(1) *Par de là le Bien et le Mal*, § 225.
(2) *Ibid.*, § 227.
(3) *W.* VII, 180 s. Traduit par M. Lichtenberger.

Un éloge si enflammé de la douleur, quelque beau qu'il soit d'inspiration *morale*, ne se comprend guère dans une doctrine qui n'admet aucun bien réel, aucune vraie fin en vue de laquelle la douleur puisse servir de moyen. Car nous répéter encore : « De la puissance, plus de puissance ! » ce n'est rien dire, ce n'est rien poser, ce n'est rien *créer*. Nietzsche, nous l'avons vu, méprise la raison, il traite Descartes de « superficiel » pour avoir fait de la raison autre chose qu'un simple instrument ; mais la douleur, qu'il glorifie, n'est elle-même qu'un instrument. Le « contentement » est aussi un instrument et ne vaut pas par soi. Où trouverons-nous donc enfin quelque chose qui ne soit pas un instrument ? — « La puissance », répète Nietzsche à satiété. — C'est là, au contraire, l'instrument des instruments, c'est même un nom abstrait pour désigner l'instrument ! Pouvoir, c'est *avoir le moyen de...* Zarathoustra ne nous a jamais dit de quoi, et c'est là ce qui importait. De plus, si la souffrance est bonne, si nous devons « dire oui à la souffrance », pourquoi Nietzsche prétend-il que nous disions non à la souffrance d'autrui, que nous refusions de mettre la souffrance en commun pour la combattre en commun ? Enfin, le chantre de la vie veut voir se réaliser toutes les formes de la vie ; pourquoi donc, parmi ces formes, attaque-t-il avec tant d'acharnement celles dont l'humanité a précisément vécu : les formes morales, non seulement la justice, mais la bonté, la charité, la pitié même ? Le stoïcisme de Nietzsche n'a ni base rationnelle, ni base expérimentale. Ce grand ennemi de tout ascétisme et de tout mysticisme finit par parler comme un ascète et un mystique, pour qui la douleur est le moyen de quelque grand œuvre dont un Dieu seul aurait le secret ; lui aussi il parle comme s'il croyait à la Providence !

CHAPITRE II

L'IDÉE DE LA VIE INDIVIDUELLE
NIETZSCHE ET L'ÉCOLE ANGLAISE

I. — Selon M. Tille, auteur du livre intitulé *De Darwin à Nietzsche* (1895, Leipsig), Nietzsche serait le premier moraliste qui de l'évolution et de la sélection naturelle a su tirer des conséquences logiques pour la conduite de la vie. Darwin, dit M. Tille, regardait sa doctrine comme compatible avec « la morale chrétienne, humanitaire et démocratique »; mais une série de penseurs anglais et allemands ont peu à peu battu en brèche cette affirmation de Darwin, jusqu'à Nietzsche, qui l'a remplacée hardiment par une négation. Les penseurs français, dont M. Tille (selon l'habitude allemande) se garde de parler, n'ont pas suivi les aventureux égarements des Anglais et des Allemands depuis Darwin. C'est en France que l'on a surtout protesté, que l'on proteste encore et que, pour notre part, nous continuons de protester (comme l'avait fait aussi Guyau) contre les prétendues conclusions tirées des principes darwiniens par ceux qui adorent l'éternelle inégalité, l'éternelle oppression, la guerre éternelle. Examinons donc s'il est vrai que la morale de Nietzsche soit la vraie expression du darwinisme.

Nietzsche, qui, en bon Allemand, a toujours soin de représenter sa doctrine comme absolument nouvelle, sans prédécesseurs et sans maîtres, n'a pas manqué de se donner lui-même comme antidarwiniste. Et il est certain que, d'une manière générale, il a fait opposition à la morale anglaise, aux doctrines de Darwin et de Spencer, mais c'était pour y revenir par un détour.

La philosophie de Nietzsche, comme celle de Schopenhauer, est un véritable dynamisme, et c'est par là qu'elle contraste avec « ce mécanisme à l'anglaise qui, dit-il, fait du monde une machine brute ». Outre l'influence de Schopenhauer, il est facile aussi de reconnaître combien Nietzsche s'est inspiré du physiologiste allemand Rolph. D'après ce dernier (*Biologische Probleme*), ce n'est pas la lutte pour la vie, telle que l'a entendue Darwin, qui est le ressort premier du développement ; c'est l'abondance. Toute race d'animaux grandit lorsque l'animal s'approprie plus de nourriture qu'il n'en a besoin pour se conserver et que, par suite, il peut réaliser un surcroît de développement ; le besoin et la lutte n'interviennent qu'ensuite et se bornent à produire une sélection parmi les variations préexistantes. Comment donc se sont produites ces variations elles-mêmes ? C'est seulement, dit Rolph, par l'effet d'une nourriture plus abondante qu'il ne serait nécessaire pour l'entretien de la vie ; or, l'assimilation de cette surabondance de nourriture ne peut avoir lieu que lorsque les besoins de l'individu vont beaucoup plus loin que le nécessaire pour vivre. Dès lors, la lutte pour l'existence n'est pas une lutte pour satisfaire les besoins qui *maintiennent* simplement la vie, c'est une lutte pour *augmenter* la réception de nourriture et l'intensité de la vie. Dans le domaine animal, il n'y a pas seulement une lutte de défense, mais encore et surtout « une lutte *d'attaque*, qui ne prend que sous certaines conditions la forme de la défense » (1). Nietzsche a adopté ces vues de Rolph. « Où il y a lutte, dit-il, c'est pour la *puissance*... Il ne faut pas confondre Malthus avec la nature. » La lutte darwinienne pour la simple vie lui semble plutôt affir-

---

(1) Voir Alex. Tille, *Von Darwin bis Nietzsche*, p. 221.

mée que démontrée, du moins en tant que loi universelle. « Elle se présente, à coup sûr, dit-il, mais comme exception (1). » Selon Nietzsche comme selon Rolph, l'aspect général de la vie n'est point l'indigence, la famine ; c'est, tout au contraire, la richesse, l'opulence, l'absurde prodigalité même (2). Rolph avait exprimé la tendance fondamentale de l'être par « l'insatiabilité » ; Nietzsche l'exprime aussi, nous l'avons vu, par une volonté de puissance « insatiable ».

Comme l'avait fait Guyau, Nietzsche critique les principes de l'école anglaise, et il trouve contre elle plus d'un bon argument, sans d'ailleurs en trouver de neuf, ni qui ait échappé à Guyau. Il reproche aux Anglais de considérer surtout les réactions de l'homme sur son milieu et de négliger les *actions* spontanées de l'homme sur son milieu. C'est la grande objection que tous, en somme, nous autres philosophes français, nous avons dirigée contre les disciples de Darwin et de Spencer. Nietzsche reproche à la physiologie et à la biologie darwiniennes d'avoir escamoté le concept fondamental d'activité. La théorie du milieu, dit-il, est une théorie de neurasthénique (3). L'école anglaise est, selon lui, sous la pression d'une sorte d'« idiosyncrasie » : l'aversion pour tout ce qui commande et veut commander ; elle met en avant, au lieu de l'activité et de la puissance, ce mécanisme qu'elle appelle la « faculté d'adaptation... » Or, ajoute Nietzsche, — et ici il touche bien, comme l'avait fait avant lui l'auteur de la *Morale anglaise contemporaine*, au défaut essentiel du darwinisme et du spencérisme, — la faculté d'adaptation n'est qu'une activité de second ordre, une simple « réactivité ». Bien plus, Spencer a défini la vie elle-même « une adaptation intérieure, toujours plus efficace, à des circonstances extérieures » (4). Nous avons répondu

---

(1) *Crépuscule des idoles*, § 14.
(2) *Ibid.*
(3) *Ibid*, § 44.
(4) *La Généalogie de la morale*, tr. fr., p. 126.

nous-même à Spencer, dans la *Critique des systèmes de morale contemporains*, que pour s'adapter il faut commencer par être et par agir, par vouloir quelque chose. Tout mécanisme d'adaptation est un procédé secondaire et ultérieur de la vie. Nietzsche aperçoit cette vérité, mais il tombe dans une erreur du même genre que Spencer lorsqu'il définit l'activité immanente, qui est la vie, « une volonté de puissance et de domination ». La domination n'est-elle même, à notre avis, qu'une *adaptation* d'autrui à soi, qu'un mécanisme dérivé et secondaire, une sorte de pis-aller qu'on emploie parce qu'on y est obligé en face d'une résistance.

Étant donnée comme point de départ l'objection juste qu'il avait faite à Spencer, Nietzsche va, avec son art habituel, changer la vérité qu'elle renfermait en une grosse erreur. — Les émotions actives, dit-il, sont les émotions « agressives » (1). — Où a-t-il découvert cette étrange identité ? En quoi agir est-il synonyme d'attaquer ? — C'est, diront peut-être les Nietzschéens, que, pour agir, il faut agir *contre* un obstacle, donc attaquer cet obstacle et lutter. — Oui, je vous comprends, l'*acte pur* d'Aristote étant interdit à l'homme, il ne lui reste plus que l'*effort* des stoïciens, qui suppose résistance. Mais, ceci admis, il n'en est pas moins facile de mettre le doigt sur la plaie du système. Agir *contre* quelque chose, est-ce nécessairement agir *contre d'autres hommes ?* Ne puis-je agir contre un milieu extérieur, par exemple soulever un fardeau, sans vous attaquer, vous ou tout autre ? Ne puis-je agir contre un milieu intérieur, par exemple contre ma colère ou mon instinct de vengeance, sans vous attaquer, alors que j'en aurais peut-être le désir ? Ne puis-je faire effort pour résoudre un problème de géométrie sans agir contre quelqu'un ? Ne pouvons-nous agir tous les deux ensemble contre un obstacle

---

(1) *L'Antéchrist*, p. 117 ; trad. Albert.

différent de nous ? Ne pouvons-nous enfin agir l'un *pour* l'autre et nous rendre des services réciproques ? Oui, Nietzsche a raison d'admettre « la prééminence fondamentale des forces d'un ordre spontané », mais il n'a pas le droit, dans la même phrase, d'ajouter qu'elles sont « d'un ordre agressif, conquérant, usurpant ». Il a raison d'affirmer la souveraineté des fonctions les plus nobles de l'organisme, fonctions où la volonté de vie se manifeste « active et formative » ; mais toute activité informante n'est pas par essence agressive, quoique, en un monde où les forces sont en lutte, la lutte soit l'accident qui s'ajoute presque toujours à l'essence de la vie, du moins dans l'ordre matériel. Le vrai philosophe est précisément celui qui sait distinguer le fond même de l'activité des formes extérieures que les circonstances du dehors lui imposent. Nietzsche a-t-il vraiment compris la vie, dont il parle sans cesse ? A-t-il vraiment compris « la puissance » et « l'activité insatiable » qui est le cœur toujours palpitant de l'être ? L'être ne veut-il pouvoir que pour pouvoir, sans qu'il soit besoin d'ajouter : pouvoir *quoi ?* L'être est-il indifférent à pouvoir *jouir*, à pouvoir *penser*, à pouvoir *aimer ?* Nietzsche reproche à Spencer le vide de son mécanisme, et il y voit même un nihilisme ; mais lui-même, en répétant sans cesse : *puissance, puissance*, répète un mot qui, par définition, équivaut à *rien ;* Nietzsche est, sans le vouloir, un nihiliste. Fasciné, comme nous l'avons vu plus haut, par l'idée de force en exertion, il ferme les yeux au but que la puissance poursuit, qui est toujours une forme quelconque de jouissance, ne fût-ce que la jouissance de soi et de son propre déploiement. « La vie elle-même, dit-il, est pour moi l'instinct de croissance, de durée, d'accumulation de forces, l'instinct de puissance. » Définition incomplète : vivre n'est pas seulement, même chez les animaux, instinct de croissance, car la nutrition, qui est proprement le moyen de la croissance, n'est qu'une des fonctions primordiales, la centripète, et elle n'empêche pas l'instinct de reproduction, qui est, comme Guyau l'a soutenu, la fonction centrifuge, orientée vers autrui, toute prête à devenir amour.

S'il en est ainsi, peut-on borner la « vie débordante » à ses manifestations agressives et guerrières, comme un barbare qui s'imaginerait que la chasse aux bêtes ou à l'homme est la seule forme possible de vie supérieure? Une mère qui prend soin de son enfant, qui s'en occupe tout le jour, qui le veille la nuit, qui est attentive à son moindre cri et à son moindre geste, qui se donne tout entière pour lui, qui se dévoue au besoin pour lui, une telle mère est sans doute « active » : en quoi est-elle « aggressive » ? Lors donc que Nietzsche identifie action et aggression, il se moque de nous, ou plutôt il se moque de lui-même, comme il arrive à toute raison déraisonnante. C'est à ce prix qu'il définit les émotions actives par « l'action de subjuguer », par l'« exploitation », l'« ambition », la « cupidité », la « cruauté » même, le plaisir de faire le mal pour faire le mal, de détruire pour détruire, de dominer pour dominer. C'est à ce prix que toutes les passions tenues jusqu'ici pour mauvaises changent enfin de « valeur » et de signe, deviennent les expressions de la foncière activité vitale, les vraies valeurs bonnes, — avantageuses à la vie et à son déploiement, — les moyens d'ascension vitale par opposition aux émotions dépressives et descendantes, aux valeurs de dégénérescence (1). Le tigre déchire sa proie et dort, voilà le modèle fourni par la nature; l'homme fort et cruel tue son semblable, cela est dans l'ordre, cela est digne du tigre; mais l'homme « veille », voilà le mal, voilà la décadence, l'infériorité du « domestiqué » par rapport au tigre sauvage ou au grand fauve des bois, au vieux Germain destructeur, ou encore à l'anthropophage qui ne connaît pas « la mauvaise conscience ».

(1) *L'Antéchrist*, p. 117.

En somme, de ce que toute activité rencontre résistance, Nietzsche a non seulement conclu qu'elle est travail et lutte, mais qu'elle est lutte contre autrui, ce qui constitue le plus manifeste paralogisme. Les cas d'antagonisme entre une activité et d'autres activités sont sans doute extrêmement nombreux, mais ils ne sont pas tous les cas possibles ou réels d'activité. En outre, au lieu de constituer le fond même de l'activité, le combat n'en est qu'une limitation extérieure. Ce n'était pas la peine de s'élever contre Darwin pour être à la fin plus darwiniste que Darwin même.

Je ne sais si Nietzsche avait lu Blanqui ; à coup sûr, ce dernier est un de ses ancêtres. Non seulement Blanqui a soutenu l'« éternel retour » et l'existence d'une infinité de Blanquis dans l'infinité de l'espace (1), mais il a soutenu aussi la théorie de « la volonté insatiable de domination. » Écoutez-le, et dites si vous ne croyez pas entendre Nietzsche en personne : « Il y a chez l'homme une tendance native, une *force d'expansion et d'envahissement* qui le pousse à *se développer aux dépens de tout ce qui n'est pas lui. (Wille zur Macht!)* Ainsi pour les plantes, ainsi pour les animaux, ainsi pour les hommes... Faible, l'homme se laisse réduire à un minimum qui est en raison même de sa faiblesse (morale des esclaves). Fort, il *empiète* et dévore dans la mesure de sa force (morale des maîtres). Il ne s'arrête qu'aux barrières infranchissables (*insatiabilité* de Nietzsche). « *Le pouvoir est oppresseur par nature.* Le sentiment de *justice* développé par l'instruction n'est lui-même qu'un assez frêle obstacle. L'*instinct envahisseur* perce et pénètre dès qu'il ne sent plus de résistance, et se fait illusion de la meilleure foi du monde, avec les plus beaux prétextes... La *fraternité* n'est que l'impossibilité de tuer son frère. » C'est devant toute cette page que Nietzsche, s'il l'a lue, a dû mettre : *Moi!* L'aveugle de l'évan-

---

(1) Voir plus loin, livre IV.

gile voyait les hommes comme des arbres en marche ; Nietzsche voit les hommes comme des fauves toujours prêts à fondre sur leurs compagnons. Mais si, comme nous l'avons vu, agir n'est pas nécessairement attaquer autrui, si même c'est souvent aider autrui, s'il faut autant et plus d'activité pour rendre service que pour nuire, pour guérir que pour blesser, pour aimer que pour haïr, pour pardonner que pour se venger, pour rendre le bien que pour rendre le mal ; alors tout l'édifice de Nietzsche s'écroule par la base, toute la prétendue supériorité des mauvaises passions sur les bonnes, des mauvaises actions sur les bonnes, n'apparaît plus que comme une gigantesque mystification, vainement dissimulée sous le flamboiement du style.

II. — Pour démontrer que la « volonté de puissance » manque dans les plus hautes valeurs de l'humanité, dans les valeurs morales, Nietzsche est obligé de soutenir que sagesse, maîtrise de soi, courage, tempérance, justice, bienfaisance, bonté, sont des signes d'impuissance, des stigmates de faiblesse et de dégénérescence, de vie descendante et de « nihilisme ». Mais est-ce que le juste qui domine ses instincts animaux, en vue d'une loi commune à tous les êtres raisonnables, est un impuissant? Est-ce que le bienfaisant qui se dévoue et même se sacrifie au bonheur de ses semblables est un « anémique », exsangue, épuisé, voisin de l'anéantissement? Nietzsche a lui-même, avec une admirable poésie, comparé le méchant à une grappe de serpents entrelacés, sifflants et toujours prêts à mordre. Comment veut-il maintenant nous faire croire que ces serpents, qui vont jusqu'à se mordre entre eux, que ces passions contradictoires et en lutte mutuelle sont préférables à la bonté ?

C'est que Nietzsche attribue une utilité fondamentale, non pas seulement aux instincts normaux, — ce qui serait admis de tous les philosophes, — mais aux *mauvaises* passions. A l'en croire, les *vices* de toutes sortes sont des « ouvriers cyclopéens » qui servent à bâtir le nouvel édifice. L'« homme de rapine », l'« homme de proie », dit-il dans *la Gaie science* (une science dont la gaîté est lugubre) peut se permettre « l'acte terrible et toute la somptuosité de la destruction, de l'analyse, de la négation ; il semble autorisé au mal, à l'irrationalité, au blâme, en raison d'un excès de ces forces génératrices et fécondes qui savent transformer tout désert en un paradis luxuriant. » Cette conception romantique du vice et du crime est en contradiction avec toute la criminologie scientifique de notre époque. Le type criminel est très rarement le type de la vie débordante ; il est le plus souvent celui de la vie appauvrie et dégénérée. Ce qui frappe tous les observateurs des jeunes criminels, en particulier, c'est le manque de volonté et d'énergie qui les caractérise, c'est leur « veulerie », leur anémie intellectuelle et morale, — cette anémie que Nietzsche attribue si étrangement aux « bons » et aux « vertueux » ! La dégénérescence, avec toutes ses tares, est la grande source de la criminalité, qui n'a absolument rien de la vie tropicale célébrée par Nietzsche. Celui-ci en est encore aux brigands d'opéra ou de drame, aux bandits héroïques de Schiller, de Byron, de Victor Hugo ou de Dumas, qui ont pu se rencontrer en pays barbares et en temps barbares, mais qui, en Allemagne comme en France, n'existent plus que sur la scène.

Nietzsche parle à plusieurs reprises des « crimes aux issues heureuses » comme de moyens que la vie emploie pour briser les formes trop étroites où on aurait voulu l'emprisonner. « Un constant travail de transformation s'opère sur la morale ; les *crimes aux issues heureuses* en sont les causes (j'y compte par exemple toutes les innovations dans les jugements moraux (1). » Dire : *Tuez*, au lieu de dire : *Ne tuez pas, Volez, soyez adultère, violez femmes et enfants*, au lieu de dire ; *Respectez le bien d'autrui, la femme d'autrui, la pureté de l'en-*

(1) *Aurore*, p. 310.

fance, voilà des innovations morales : reste à savoir si les issues en seraient heureuses. Le grand artifice de Nietzsche en ses éloges du crime, c'est de nous le représenter comme essentiellement novateur, puis, par une confusion d'idées, rénovateur. Que celui qui a le premier découpé une femme en morceaux ait été novateur, je le veux bien ; rénovateur, c'est une autre affaire. Tout ce qui est bon aujourd'hui, remarque Nietzsche, a dû commencer par être nouveau, donc insolite, contraire aux usages et aux coutumes, donc immoral; aussi « le bien a-t-il rongé comme un ver le cœur de son infortuné inventeur ». La « bonne conscience » d'aujourd'hui a sa racine dans la « mauvaise conscience » d'hier. — Il y a dans ces réflexions de Nietzsche, comme dans les autres, une part de vérité toute simple et une part d'erreur énorme. La vérité, c'est que les grands hommes de bien, les grands inventeurs moraux, les Socrate, les Moïse, les Jésus, ont dû lutter contre les préjugés de leur temps, ont été traités d'impies ou d'immoraux. D'où il suit, comme Guyau l'avait soutenu avec tant d'éloquence, qu'il faut se défier des opinions courantes, même en morale, et se demander si l'œil qui nous scandalise parce qu'il voit trop clair mérite bien d'être arraché, si l'action qui nous choque est une vraie reculade ou n'est pas un progrès. Mais soutenir pour cela que le bien a toujours commencé par être le mal, que la bonne conscience a commencé par être du remords, que les Socrate ou les Jésus ont été tourmentés par un ver rongeur qui leur reprochait de ne pas se conformer à l'opinion courante, c'est faire s'évanouir la vérité de tout à l'heure en sophisme. Il ne suffit pas de contrarier toutes les idées reçues et toutes les maximes de conduite régnantes pour introduire dans le monde un véritable bien : nouveau n'est pas toujours renouveau. Ni les Cartouche, ni, quoi qu'en pense Nietzsche, les Borgia même ou les Malatesta n'ont été des inventeurs de valeurs nouvelles. D'autre part, il ne suffit pas de contrarier les idées reçues pour éprouver du remords : tout dépend de la manière dont on les contrarie et du but que l'on poursuit. Celui qui a conscience d'être désintéressé et de prêcher par la parole ou par l'action une doctrine plus haute, celui-là éprouve-t-il du remords ? Il en éprouverait, au contraire, s'il refusait d'écouter sa propre conscience pour s'asservir à une opinion ou à des mœurs dont il sent l'erreur et le vice. C'est donc un pur jeu de logique que de dire : la bonne conscience *naît* de la mauvaise conscience et toute vertu a commencé par être un vice.

— « Ce ne sont pas les bons qui créent, » objecte Nietzsche : ils « crucifient quiconque inscrit de nouvelles promesses sur des tables nouvelles. » — Jésus, qui *créa* une morale, était-il donc un « méchant » ? Et, s'il fut réellement « bon », est-ce lui qui crucifia, ou est-ce lui qui fut crucifié ? L'histoire nous montre que ce sont les bons qui sont les seuls créateurs : seuls ils introduisent dans le monde une force nouvelle et durable, par exemple celle de l'amour, celle de la charité, celle même de la pitié, honnie de Zarathoustra.

Guyau avait déjà remarqué que, au fond de beaucoup de criminels, « on retrouve un instinct précieux au point de vue social et qu'il faudrait utiliser : l'instinct d'aventure. Cet instinct pourrait trouver son emploi aux colonies, dans le retour à la vie sauvage (1) ». On sait aussi que M. Durckheim, allant plus loin, admet comme Nietzsche le rôle utile du crime, rapproché du génie par Lombroso et d'autres. — Supposez par impossible, dira M. Durckheim, une société où il ne se commette plus un seul homicide, un seul vol, pas le moindre attentat contre les mœurs ; cela ne pourra tenir qu'à un excès d'unanimité et d'intensité de la conscience publique dans la réprobation de ces actes ; et la conséquence déplorable sera que, devenue plus exigeante à raison même des satisfactions reçues par elle, cette conscience collective se mettra à incriminer avec une sévérité extravagante les plus légers actes

---

(1) *Esquisse d'une morale*, p. 148 de la 2ᵉ édition.

de violence, d'indélicatesse ou d'immoralité ; ce sera comme dans un cloître où, faute de péchés mortels, on est condamné au cilice et au jeûne pour les plus vénielles peccadilles. Par exemple, les contrats indélicats ou indélicatement exécutés, qui n'entraînent aujourd'hui qu'un blâme public ou des réparations civiles, deviendront des délits. Si donc cette société se trouve armée du pouvoir de juger et de punir, elle qualifiera ces actes de criminels et les traitera comme tels. — Ainsi le crime prévient une pression trop tyrannique exercée sur l'individu par l'opinion publique et la conscience collective.

Je réponds que si, en effet, les choses réprouvées par une conscience sociale de plus en plus délicate sont réellement blâmables, il n'y a aucune utilité à se révolter contre des règles justes. En outre, la sévérité de l'opinion publique n'entraîne nullement la sévérité des sanctions légales ; au contraire, celles-ci deviennent de moins en moins nécessaires à mesure que celle-là acquiert plus d'empire. Il est possible que, dans un couvent, on vous condamne au cilice pour une peccadille, mais une société à la conscience délicate ne vous mettra pas en prison pour telle ou telle indélicatesse qu'elle blâmera sévèrement. Ce qui est vrai, ce que Guyau avait soutenu, ce que Nietzsche a poussé jusqu'à l'extrême, c'est que le groupe doit être tolérant pour l'individu, qu'il ne doit réprimer que les actes absolument contraires aux nécessités de la vie sociale, qu'il doit laisser les opinions absolument libres, la morale même aussi libre qu'il est possible. Ce qui est vrai encore, c'est qu'il ne faut pas prétendre juger les autres, mesurer leur responsabilité intérieure, viser à assurer l'expiation de leurs fautes. Mais l'utilité des faux crimes, comme ceux de Socrate, n'entraîne en rien celle des vrais crimes, comme ceux de Lebiez.

En somme, la psychologie de Nietzsche, malgré certaines observations justes ou pénétrantes, demeure paradoxale, et le principe qui fait de la méchanceté la fonction naturelle et normale de la vie semble le cauchemar d'un cerveau malade. Seul le ton apocalyptique de Nietzsche lui permet d'affirmer, sans la moindre preuve, que les bons travaillent à l'annihilation de l'individualité humaine ; en réalité, ce sont « les valeurs » qu'il met en avant, lui, qui sont « nihilistes ». Déchaînez sur la terre humaine l'égoïsme, l'esprit de domination, la volupté, la paresse, l'intempérance, l'orgueil, l'envie, l'avarice, la violence, le viol, la haine, la cruauté, et vous verrez si ces ouvriers cyclopéens bâtiront une tour de Babel capable de dépasser les nues, ou si, au contraire, ils ne feront pas crouler en ruines tout ce que l'humanité avait élevé à force de travail et de dévouement. Prétendre que toute morale, comme telle, rabaisse et affaisse l'homme, — et cela, en le rendant sociable, c'est-à-dire en centuplant ses forces par celles d'autrui, — c'est pousser un peu trop loin le désir de se singulariser. D'ailleurs, que va-t-il faire lui-même, cet « immoraliste », sinon de nous prêcher une nouvelle morale, — nouvelle *à ses yeux*, veux-je dire? Une fois mis de côté les paradoxes, les figures de rhétorique et les fleurs de poésie, le prétendu immoraliste redeviendra un moraliste, souvent très fin et profond, presque toujours austère, sévère et « dur ». Car il est de ceux qui sont persuadés que « qui aime bien châtie bien ». Ce chantre de la « volupté » a fini par faire, nous l'avons vu, un magnifique éloge de la « souffrance », et l'apparent épicurien s'est métamorphosé en stoïque à l'œil sec. Après avoir déclaré que tout idéal est une chimère antinaturelle et ennemie de la vie, il finira par nous proposer son Surhomme, qui est un homme idéal, plus ou moins bien conçu, mais enfin idéal.

CHAPITRE III

L'IDÉE DE LA VIE SOCIALE

L'erreur initiale de Nietzsche sur l'activité, confondue avec l'agression, entraîne sa théorie de la société humaine, aussi inexacte que son idée de la vie individuelle. Nietzsche prétend que « la société est, au fond, contre nature », parce qu'elle contrarie sur beaucoup de points l'expansion de la nature individuelle. Les forts, dit Nietzsche, « aspirent à se séparer, comme les faibles à s'unir » : si les premiers forment société, c'est « en vue d'une action agressive commune, pour la satisfaction commune de leur volonté de puissance ». « Leur conscience individuelle, ajoute Nietzsche, répugne beaucoup à cette action en commun. » Les faibles, eux, se mettent en rangs serrés pour le plaisir qu'ils éprouvent à ce groupement, et par là leur instinct est satisfait; tout au contraire, l'instinct des « *maîtres* de naissance (c'est-à-dire de l'espèce homme, animal de proie et solitaire) est irrité et foncièrement troublé par l'organisation (1). » Ainsi, serait renversée, selon Nietzsche comme selon Stirner, la vieille définition d'Aristote qui croyait que, pour vivre seul et unique, il faut être une brute ou un dieu. Au

---

(1) *Généalogie de la morale*, IIIe dissertation, § 18. Page 237 de la trad. française.

lieu de dire : l'homme est naturellement sociable, Nietzsche a découvert qu'il est naturellement insociable.

Rousseau avait prétendu que l'homme qui pense est un animal dépravé ; Nietzsche prétend, à son tour, que l'homme qui aime la société de ses semblables est un animal dépravé. Ce continuateur de Rousseau égaré à notre époque nous annonce, comme une nouveauté, que c'est la civilisation qui, en faisant de l'homme une bête de troupeau et surtout une bête morale, a produit la décadence de l'espèce humaine. « De tout temps, dit-il, on a voulu *améliorer* les hommes ; c'est cela, avant tout, qui s'est appelé la morale. La *domestication* de la bête humaine, tout aussi bien que l'*élevage* d'une espèce d'hommes déterminée, est une *amélioration*. » En parlant ainsi, Nietzsche assimile deux choses opposées : la culture de l'homme dans l'intérêt de l'homme, et la domestication de l'animal pour le service de l'homme. Il y a cependant quelque différence, semble-t-il, entre élever des hommes selon des règles rationnelles et humaines, ou domestiquer des chats, des chiens, des lions et des tigres pour des besoins qui n'ont plus rien de canin ou de félin et qui sont les besoins d'un autre animal, d'une autre « bête », si l'on veut parler comme Nietzsche. Ce dernier n'en confond pas moins la domestication de l'animal et la civilisation de l'homme. « Qui sait ce qui arrive dans les ménageries ? dit-il ; mais je doute bien que la bête y soit améliorée. On l'affaiblit, on la rend moins dangereuse, par le sentiment dépressif de la crainte, par la douleur et les blessures ; on en fait la bête *malade*. Il n'en est pas autrement de l'homme apprivoisé. » Et Nietzsche en revient à son éternel culte de la noble « bête blonde », — traduisez le « vieux Germain ». Il nous peint un de ces Germains rendu *meilleur* par la morale chrétienne, c'est-à-dire affaibli et amolli, ce qui est pour lui synonyme d'adouci. Heureusement, nous avons eu des Borgias, mais en quantité insuffisante, si bien que les œuvres de ces « maîtres », de ces bienfaiteurs et régénérateurs, ont été contrariées et annulées par le troupeau servile (1).

Ainsi parle Nietzsche. S'il veut dire que la morale des civilisés affaiblit certaines énergies sauvages de l'homme, il dit une banalité ; et, s'il en veut conclure que l'homme, adouci dans ses énergies bestiales, n'a pas gagné par compensation certaines énergies supérieures, surtout d'ordre intellectuel et moral, il ne dit encore une prétendue nouveauté que sous la forme d'une insanité. De même, s'il soutient que la morale sociale, chrétienne ou autre, a parfois fait adopter telles ou telles « vertus », plus ou moins dignes de ce nom, aux dépens de certaines qualités naturelles et individuelles, il dit une banalité ; s'il ajoute que la morale sociale a eu ses erreurs et, sur bien des points, doit être rectifiée, il dit encore une banalité ; car qui prétendra que l'idéal d'un saint Siméon stylite, par exemple, soit, pour le chrétien même, le véritable idéal du xxe siècle ? Mais, s'il veut nous persuader que, dès qu'on moralise la bête humaine, on la fait dégénérer, que les Socrate, les Thraséas, les Helvidius Priscus, les Vincent de Paul sont des hommes « ratés » et « abâtardis », c'est délire pur et simple.

Quoique Nietzsche, alors même qu'il répétait Darwin, ait prétendu ne pas être darwiniste, il est de nouveau d'accord avec Darwin sur la nécessité de la *lutte* dans l'évolution animale et humaine. Ce fait que, à ses yeux, il ne s'agit pas seulement d'une lutte pour la simple préservation de la vie, mais bien d'une lutte pour l'accroissement indéfini de la puissance, ne change rien au résultat, qui est toujours l'apologie de la guerre universelle et de la concurrence acharnée. Nietzsche est un enthousiaste de la lutte : « Luttez toujours et sans cesse, enseigne Zarathoustra à ses disciples ; vous chercherez votre ennemi, vous combattrez votre combat, vous lutterez pour votre pensée.

(1) *Crépuscule des idoles*, tr. fr., p. 158.

et si votre pensée succombe, votre loyauté devra se réjouir de sa défaite... Vous aimerez la paix comme un moyen de guerres nouvelles, et la courte paix mieux que la longue... Je ne vous conseille pas le travail, je ne vous conseille pas la paix, mais la victoire. Que votre travail soit un combat, votre paix une victoire... Une bonne cause, dites-vous, sanctifie la guerre, et moi je vous dis : une bonne guerre sanctifie toute cause (1). » La guerre est donc bienfaisante pour l'humanité, bonne en elle-même ; aussi Nietzsche prédit-il que nous allons entrer dans une période de grandes guerres où les nations lutteront avec acharnement pour l'hégémonie du monde.

Pour lui, l'opposition à la lutte, la volonté d'union et de concorde, qui consiste à « s'abstenir réciproquement de froissements, de violences, d'exploitations, à coordonner sa volonté avec celle des autres, ne peut être ni le principe fondamental de la société, ni sa vraie loi. Si on la change en principe, elle se montre aussitôt, dit-il, ce qu'elle est réellement : « Volonté de négation de la vie, principe de dissolution et de déclin » (2). La vie elle-même, en effet, nous l'avons vu, est « *essentiellement* appropriation, agression, assujétissement de ce qui est étranger et plus faible, oppression, dureté, imposition de ses propres formes, incorporation et, tout au moins, dans le cas le plus doux, exploitation ». « Tout fait accompli dans le monde organique est intimement lié aux idées de *subjuguer*, de *dominer* (3). » Il en est de même dans le monde social. — On ne voit pas cependant, répondrons-nous, dans le domaine organique, que la respiration soit une domination, que le mouvement spontané de l'enfant qui joue soit une domination. On ne voit pas non plus que la génération soit une exploitation. Nietzsche fait de la faim l'unique moteur et oublie l'autre face de la vie

(1) *Also sprach Zarathustra*, seite 67.
(2) *Par delà le Bien et le Mal*, trad. française, p. 317.
(3) *Généalogie de la morale*, § 12.

physique, la génération, l'amour. Voilà qui efface d'un trait de plume, outre une moitié de la vie physique, toute la vie intellectuelle (penser n'est pas détruire), toute la vie morale et sociale (s'unir à autrui n'est pas détruire).

En vertu de ce système biologique et sociologique, Nietzsche n'a pas assez d'amère ironie pour tous ceux qui ont besoin du troupeau humain au lieu de s'enfermer dans leur moi ; il croit que ce sont là les faibles et les médiocres. Mais la science naturelle est la première à enseigner que les « bêtes de troupeau », dans la lutte pour la vie, ont vaincu les bêtes de proie solitaires, les grands pachydermes des temps héroïques, les lions ou tigres, des temps plus rapprochés. Encore les fauves admirés de Nietzsche ont-ils une famille, ce qui est un commencement de société. Les singes, qui ne passent pas pour être inférieurs en intelligence aux tigres et aux panthères, vivent en société ; les premiers hommes, aussi loin que la science peut atteindre leurs vestiges, vivaient eux-mêmes en société ; et Nietzsche espère nous faire croire, dans son romantisme de solitude, que l'*Homo* est un être essentiellement solitaire ! Il n'est pas exact que la force d'un être engendre par elle-même son insociabilité et que les vrais forts aiment l'isolement. Les éléphants sont forts, et ils aiment la société. Les hommes préhistoriques étaient forts, et eux aussi, nous venons de le dire, ils aimaient la société. Le maître final du globe, celui qui a triomphé et triomphe encore de toutes les espèces, c'est précisément la bête de troupeau par excellence, c'est l'homme. L'adorateur germanique des bêtes de proie ne voit pas que ses dieux animaux sont précisément ceux qui sont en voie d'extinction : nous assistons au crépuscule des grands félins, auxquels a manqué cet élément de durée si dédaigné de Nietzsche : la douceur.

Dans un de ces nombreux projets qui traversaient son cerveau en feu, Nietzsche voulait consacrer dix années de sa vie à étudier l'histoire naturelle pour corroborer son système moral et social. Que n'a-t-il commencé cette étude ? Au bout de quelques mois seulement, il aurait vu son système tomber devant les faits. Mais il en est resté à la période de l'ignorance, de cette ignorance qui fait les sybilles, les devins, — et même les poètes.

CHAPITRE IV

CONDAMNATION DE LA JUSTICE

I. — La théorie de la justice est-elle plus scientifique chez Nietzsche que ne l'est celle de la vie individuelle ou celle de la vie sociale?

Si le chef-d'œuvre poétique de Nietzsche est son *Zarathoustra*, sa principale œuvre théorique devait être la *Volonté de puissance, essai d'une transvaluation de toutes les valeurs*, travail inachevé, dont les Archives de Nietzsche à Weimar publient de longs et importants fragments (1).

Suivons Nietzsche dans ses efforts pour condamner l'idée de justice d'abord en elle-même, puis dans ses applications à la société, sous les formes diverses et, selon lui, également décadentes, de la démocratie, du socialisme, de l'anarchisme et du christianisme.

Au début de son ouvrage, Nietzsche accuse de nihilisme la société européenne, et, par nihilisme, il entend l'affaissement et l'annulation de la volonté de puissance, fond de la vie individuelle et sociale. A l'en croire, toute la société « moderne » est victime d'une immense

---

(1) *Der Wille zur Macht, Versuch einer Umwerthung aller Werthe. Studien und Fragmente*, herausgegeben von Peter Gast, Dr Ernst Horneffer und Dr August Horneffer, Archivaren am Nietzsche-Archiv zu Weimar (Leipzig, C.-G. Naumann), 1901, in-8.

erreur, qui est la cause de l'universelle décadence. Une société déchoit quand elle prend pour principes d'action des valeurs antivitales, c'est-à-dire contraires au sens même de la vie, qui est la recherche insatiable du pouvoir et de la domination. La maladie moderne, le mal des civilisés, selon Nietzsche, c'est l'affaissement et l'impuissance de la volonté. Saint Augustin disait : Aime et fais ce que tu voudras. Zarathoustra, lui, nous dit de vouloir et de faire ce que nous voudrons.

> Hélas ! que ne comprenez-vous ma parole ? Faites toujours ce que vous voudrez, mais soyez d'abord de ceux qui *peuvent* vouloir !
> Aimez toujours votre prochain comme vous-même, — mais soyez d'abord de ceux qui s'*aiment eux-mêmes !*
> — Qui s'aiment avec le grand amour, avec le grand mépris !
> Ainsi parle Zarathoustra, l'impie.
> Mais pourquoi parler quand personne n'a mes oreilles ? Il est encore une heure trop tôt pour moi (1).

La grande faute de la société moderne, qui a fait de la religion « une décadence », de la morale une décadence, de la philosophie une décadence, c'est d'avoir substitué au naturel déploiement de la vie et de la force la recherche artificielle et vaine de la justice pour tous et du bonheur pour tous.

On se rappelle ce sauvage à qui un missionnaire s'efforçait de persuader qu'il ne devait pas manger sa propre femme et qui répondit : — Est-ce que les gros poissons ne mangent pas les petits, est-ce que les forts ne mangent pas les faibles ? — Il invoquait la même leçon de la « nature » que Nietzsche. « Ce n'est, dit celui-ci, que depuis l'institution de la loi qu'il peut être question de justice ou d'injustice... Parler de justice ou d'injustice en soi n'a pas de sens ; une infraction, une violation, un dépouillement, une destruction en soi ne pouvant évidemment être quelque chose d' « injuste », attendu que la vie procède essen-

---

(1) P. 243.

tiellement, c'est-à-dire dans ses fonctions élémentaires, par infraction, violation, dépouillement, destruction, et qu'on ne saurait l'imaginer procédant autrement (1). » Calliclès et Darwin sont ainsi ramenés à l'unité. Mais, si la justice manque chez les plantes et chez les animaux inférieurs, est-ce donc une raison pour la considérer chez les hommes comme arbitraire et purement légale? Le « moderne » Nietzsche nous apprend, avec le vieil Hippias, que c'est par l'histoire qu'on peut déterminer ce qui est de droit; il nous apprend, avec Thrasymaque, qu'il n'y a d'autre droit naturel que la force. Il n'entrevoit même pas ce qu'entrevoyait déjà Calliclès : que les lois positives n'ont pu s'établir qu'en ayant la force pour elles, d'où il suit que ce sont précisément les lois positives qui sont les vraies lois naturelles, que la vraie force supérieure est donc la force sociale, non la force individuelle, qu'enfin cette force sociale est une force d'union et de coopération encore plus que de conflit et de lutte.

Nous avons vu l'originalité, chez Nietzsche, commencer presque toujours avec la perversion maladive d'idées banales; en voici un nouvel exemple. Que « tout rapport de droit se ramène aux formes primitives de l'achat, de la vente, de l'échange, du trafic en un mot », c'est une idée devenue banale en Allemagne depuis Karl Marx, et qui, d'ailleurs, n'en est pas moins fausse; Nietzsche s'empresse de la faire sienne. Que la « compensation équivalente », qui succéda au talion dans la justice barbare, allât jusqu'à imaginer une équivalence entre un dommage causé et une souffrance infligée à l'auteur du dommage c'est encore une idée non moins banale pour quiconque a lu la loi des Douze Tables ou connaît le Shylock de Shakespeare : le créancier était autorisé à couper un morceau de la chair du débiteur en échange de la dette: *si plus minusve secuerint, ne fraude esto.* Comment arriver à pervertir encore davan-

---

(1) *Généalogie de la morale*, trad. franç., p. 121.

tage cette justice déjà si pervertie? Nietzsche va y réussir en la présentant comme une belle application de sa doctrine du « droit des maîtres ». La satisfaction de « maître » accordée au créancier en compensation de sa perte, c'est cette joie supérieure qui consiste à « exercer en toute sécurité sa puissance sur un être réduit à l'impuissance », c'est « la volupté *de faire le mal pour le plaisir de le faire* (Nietzsche souligne lui-même ces mots), c'est enfin « la jouissance de tyranniser ». Et cette jouissance, à l'en croire, est d'autant plus vive que, sur l'échelle sociale, le rang du créancier est plus bas, que sa condition est plus humble; car alors le sentiment de supériorité sera plus grand chez le créancier, le morceau de chair « lui paraîtra plus savoureux et lui donnera l'avant-goût d'un rang social plus élevé ». Grâce au châtiment infligé au débiteur, le créancier « prend part au *droit des maîtres* »; il finit enfin, lui aussi, « par goûter le sentiment *anoblissant* de pouvoir mépriser et maltraiter un être comme quelque chose qui est *au-dessous de lui* ». Est-ce l'avant-goût du Surhomme? « La compensation consiste donc en une assignation et un droit à la cruauté. » — C'est ainsi qu'un lieu commun de l'histoire du droit aboutit, dans un cerveau dévoyé, à une sorte de sadisme juridique et philosophique. « Voir souffrir fait du bien, faire souffrir plus de bien encore, — voilà, dit-il, une vérité, mais une vieille et puissante vérité capitale, humaine, trop humaine. »

C'est, à en croire Nietzsche, dans cette sphère même du droit de compensation et de cruauté que « le monde des concepts moraux, *faute, conscience, devoir, sainteté du devoir*, a son foyer d'origine; à ses débuts, comme tout ce qui est grand sur la terre, il a été longuement et abondamment arrosé de sang ». Jusque chez le vieux Kant, « l'impératif catégorique a un relent de cruauté ». Quand il écrivit ces pages dans sa *Généalogie de la morale*, Nietzsche avait lu et annoté celles de Guyau sur la *Morale sans obligation ni sanction*; il avait lu l'analyse de Guyau qui ramène la sanction à l'expiation, l'expiation à une compensation mystique, à une sorte de balance établie entre des fautes et des peines ; mais, au lieu de dégager, comme Guyau, de toute idée de vengeance, de vindicte et d'expiation, un idéal de moralité supérieure pour laquelle le mal ne serait jamais une vraie compensation du bien, Nietzsche croit trouver dans la cruauté un développement de vie, une passion de « maître », dont une fausse morale aurait fait un sentiment bas au lieu d'un sentiment noble. « J'atteste ici expressément qu'au temps où l'humanité n'avait pas encore honte de sa cruauté, la vie sur terre s'écoulait avec plus de sérénité qu'à notre époque de pessimisme. » Et Nietzsche n'a pas assez d'ironie pour « le maladif aveulissement et le moralisme qui finissent par apprendre à l'animal *homme* à rougir de tous ses instincts », par exemple, de la cruauté ! — Une telle interprétation de la doctrine évolutionniste a-t-elle besoin d'être réfutée ? Si, aux yeux des darwinistes, la cruauté a pu être utile au début de l'humanité comme moyen d'assurer la survivance aux plus forts et aux plus durs, il est clair que ce rôle est passé depuis des siècles et qu'une telle survivance est aujourd'hui une tare ou une honte.

Là même où Tolstoï croirait reconnaître la pitié et ses effets bienfaisants, Nietzsche veut voir la cruauté. Presque tout ce que nous appelons culture supérieure, à l'en croire, repose sur « la spiritualisation et l'approfondissement de la cruauté ». — Cette « bête sauvage » n'a pas été tuée ; « elle vit, elle prospère, elle s'est seulement divinisée » (1). Elle s'est aussi, par une sorte de déviation et de maladie, tournée contre le moi, au lieu de se tourner vers autrui. L'abnégation, la contrition, le remords, qui tourmentent le chrétien, ne sont que cruauté. La recherche même de la connaissance, avec ses doutes et ses négations, est une violence faite au penchant naturel de la volonté, « qui voudrait affirmer, aimer, adorer ». Déjà toute tentative d'aller au fond des choses,

(1) *Par delà le Bien et le Mal*, § 228, trad. franç., p. 169.

d'éclaircir les choses, « est une violence, une volonté de faire souffrir la volonté essentielle de l'esprit, qui tend toujours vers l'apparence et le superficiel ; déjà, dans toute volonté de connaître, il y a une goutte de cruauté. » On voit l'altération que subissent les choses les plus simples dans le miroir déformé et déformant de Nietzsche : vous recherchez la vérité au prix du travail et de la peine, malgré la souffrance et en dépit des illusions perdues, Nietzsche prétend que vous recherchez la souffrance même, que vous voulez, non pas trouver la vérité, mais faire souffrir votre volonté naturelle, pour le plaisir cruel de la faire souffrir. De telles analyses, malgré ce qu'elles peuvent contenir parfois de spécieux ou même d'exact, — malgré les « gouttes » de vérité qui se mêlent à l'erreur, — n'en sont pas moins encore plus imaginaires que les analyses de La Rochefoucauld. Celui-ci voyait du moins dans la recherche de la vérité une recherche de son intérêt ou de son plaisir, — non de la souffrance ! Quant au remords de l'injuste, où Nietzsche trouve le plaisir de se faire souffrir soi-même, de s'offrir à soi-même en autodafé, qui acceptera qu'on en fasse une pure cruauté de bourreau ? Qu'un Spinoza, au point de vue de l'existence *rationnelle*, prétende que celui qui a péché est misérable et que celui qui se repent d'un repentir sensitif, au lieu de se transformer par la connaissance du vrai, n'est au fond que deux fois misérable, passe encore ; mais que celui qui éprouve du remords soit « méchant » envers soi et mû par le même sentiment de férocité qu'un Caligula, voilà qui pousse de nouveau le sophisme jusqu'aux confins du délire. « Toutes les religions, conclut Nietzsche, sont, en dernière analyse, des systèmes de cruauté (1). » Au lieu d'abandonner à sa naturelle direction l'instinct de cruauté, qui est « un des instincts de la vie », le christianisme l'a tourné contre le moi et l'a fait servir à l'abâtardissement du bon animal sauvage qu'eût été l'homme.

(1) *Généalogie de la morale*, trad. franç., p. 85.

Nietzsche n'admet pas la théorie, chère à l'école anglaise, qui fait sortir la justice de l'instinct de vengeance transformé ; mais c'est uniquement parce que, selon lui, l'instinct de vengeance n'est encore qu'une émotion « réactive », une réponse, une réplique, un choc en retour. Ce qu'il veut, lui, c'est le choc initial, l'agression et le sentiment spontané de la cruauté. La justice sociale n'est qu'un déclin de la force, une ressource des faibles, une ruse pour se défendre contre ceux à qui, par nature, appartient la domination.

II. — L'idée de justice et de droit enveloppe celle d'équité, qui elle-même enveloppe celle d'égalité, fondement de la démocratie ; l'équité a pour but de rétablir une certaine balance entre le fort et le faible au sein de la société humaine. La loi naturelle du triomphe des plus forts se trouve ainsi compensée par le principe rationnel et social de *l'égalité des droits* entre les faibles et les forts. — Le principe d'égalité ! Il n'y a pas pour Nietzsche « de poison plus empoisonné ».

Zarathoustra compare les prédicateurs de l'égalité aux tarentules qui veulent tout envelopper dans leurs pièges :

Regarde, voici le repaire de la tarentule ! Voici la toile qu'elle a tissée : touche cette toile, pour qu'elle se mette à trembler.

C'est ainsi que je vous parle en parabole, vous qui faites tourner l'âme, prédicateurs de l'égalité ! Vous êtes pour moi des tarentules assoiffées de vengeances secrètes !

C'est pourquoi je déchire votre toile pour que votre colère vous fasse sortir de votre caverne de mensonge, et que votre *vengeance* jaillisse derrière vos paroles de *justice*.

Car, que l'homme soit sauvé de la vengeance : c'est pour moi le pont qui mène aux plus hauts espoirs. C'est un arc-en-ciel après de longs orages.

Cependant les tarentules veulent qu'il en soit autrement... — Nous voulons, disent-elles, exercer notre vengeance sur tous ceux qui ne sont pas à notre mesure et les couvrir de nos outrages.

Et encore : — Volonté d'égalité, ceci même deviendra dorénavant le nom de la vertu ; et nous voulons élever nos cris contre tout ce qui est puissant.

Vanité aiguë, envie contenue, peut-être la vanité et l'envie de vos pères, c'est de vous que sortent ces flammes et ces folies de vengeance.

Ce que le père a tu, le fils le proclame ; et souvent j'ai trouvé révélé par le fils le secret du père.

Nietzsche a peur d'être pris lui-même pour un de ces démocrates qui veulent reconstruire la société sur la base nouvelle de l'égalité humaine :

Mes amis, je ne veux pas que l'on me mêle et que l'on me confonde.

Il y en a qui prêchent ma doctrine de la vie ; mais ce sont en même temps des prédicateurs de l'égalité et des tarentules.

C'est avec ces prédicateurs de l'égalité que je ne veux pas être mêlé et confondu. Car ainsi me parle la justice : — Les hommes ne sont pas égaux.

Ils ne doivent pas non plus le devenir ! Que serait donc mon amour du Surhomme si je parlais autrement ?

C'est sur mille ponts et sur mille chemins que les hommes doivent se hâter vers l'avenir, et il faudra mettre entre eux toujours plus de guerres et d'inégalités : c'est ainsi que me parle mon grand amour !

Zarathoustra compare ensuite magnifiquement la société humaine à un vieux temple dont il aperçoit les ruines et qui ne s'élève vers le ciel que grâce à la diversité de ses colonnes et aux forces contraires de ses arceaux.

En vérité, celui qui dressa jadis ses pensées, édifices de pierre, vers les hauteurs, celui-là connut le secret de la vie, comme le plus sage d'entre tous !

Que, dans la beauté même, il y ait encore de la lutte et de l'inégalité et une guerre de puissance et de suprématie, c'est ce qu'il nous enseigne ici dans le symbole le plus lumineux.

Comme les voûtes et les arceaux se brisent ici divinement dans la lutte ! Comme la lumière et l'ombre se combattent en un divin effort.

Ainsi, sûrs et beaux, soyons ennemis nous aussi, mes amis ! Efforçons-nous divinement les uns contre les autres (1) !

(1) *Zarathoustra*, trad. fr., 135-142.

La doctrine égalitaire de la Révolution semble, dit Nietzsche, « être prêchée par la justice en personne, alors qu'elle est la *mort* de toute justice... *Egalité pour les égaux, inégalité pour les inégaux*, voilà comment parle la vraie justice, et elle ajoute logiquement : *Ne jamais rendre égal ce qui est inégal* » (1). Ainsi raisonne Nietzsche, avec Renan et Taine. Et il ne voit pas que la doctrine qu'il croit opposer à la Déclaration des droits est celle même que contient cette Déclaration. Car il ne s'y est jamais agi que d'égalité de *droits* devant la *loi*. On y proclame que tous les citoyens doivent être traités « sans autre distinction que celle de leurs vertus et de leurs talents ». — Egalité pour les égaux, inégalité pour les inégaux, mais c'est le dogme même du droit démocratique, c'est la définition de la justice pour les Turgot et les Condorcet, tout comme pour Nietzsche ! Ne pas rendre égal ce qui est inégal, ni inégal ce qui est égal, mais c'est la condamnation même de l'inégalité devant la loi ! Si, à mérite égal ou à égal démérite, vous traitez le riche, le noble, « le maître » autrement que le pauvre, que l'homme du peuple, que « l'esclave », c'est alors que vous rendez artificiellement inégal ce qui est égal ! C'est alors que vous faussez les poids et mesures, en introduisant des inégalités factices et des castes forcées là où se valent les esprits, les cœurs, les volontés libres. Nietzsche a d'ailleurs raison d'opposer la justice au faux égalitarisme (qu'il confond à tort avec le vrai) ; mais alors, de son aveu même, il y a donc une « vérité » et une « justice », quoiqu'il nous ait répété sur tous les tons : « rien n'est vrai, tout est permis » ; quoiqu'il ait placé le « vrai », le « juste » parmi les valeurs de décadence qui précipitent l'humanité en bas au lieu de la faire monter vers le Surhomme ! Il aime à intituler ses chapitres : « L'immoraliste parle » ; au haut de la page qu'on vient de lire, il eût pu mettre, par une heureuse contradiction : « Le moraliste parle ! »

(1) *Ibid.*

Mais le moraliste ne parle pas longtemps, et Nietzsche revient à son idée favorite. L'Humanité entière avait jusqu'ici considéré la justice comme la condition la plus élémentaire de son existence et de son développement ; semblable au médecin de Molière, Nietzsche dit : nous avons changé tout cela. C'est, au contraire, l'injustice, l'inégalité, l'oppression qui font vivre la société ; c'est la justice qui tend à la faire mourir. Nietzsche n'a-t-il pas répété cent fois que la vie est essentiellement « infraction, violation, dépouillement et destruction » ? Elle est donc tout ce que nous appelons injustice. « Chaque instant dévore le précédent, chaque naissance est la mort d'êtres innombrables ; engendrer, vivre et assassiner ne font qu'un. Et c'est pourquoi aussi nous pouvons comparer la Culture triomphante à un vainqueur dégouttant de sang et qui traîne à la suite de son cortège triomphal un troupeau de vaincus, d'esclaves enchaînés à son char. »

Quelque vérité qu'il y ait dans tout tableau des tristes conditions de la vie animale, nous ferons cependant remarquer que l'« assassinat » est une métaphore pour les êtres sans intelligence, comme les plantes ou les animaux inférieurs. De plus, si la vie organique a pour base la nutrition au détriment d'autrui, la vie de relation se dégage de ces nécessités primitives : voir et entendre, ce n'est déjà plus dépouiller les autres ; penser et aimer, c'est encore moins assassiner. D'ailleurs, l'intelligence et la volonté ont été données à l'homme, sans doute, pour contrôler et diriger les instincts naturels de la vie, non pour les abandonner à leur libre cours. Le raisonnement de Nietzsche prouverait aussi bien en faveur de l'anthropophagie qu'en faveur de l'agression en général et de la guerre. Toute vie est nutrition : le sens de la vie, c'est de manger ; tout ce qui entrave ou affaiblit l'instinct de manger est une valeur de déclin et de décadence ; l'exaltation de cet instinct jusqu'à la férocité et à la cruauté est, au contraire, dans le sens de la vie : il y a donc quelque chose de grand, de « tropical » et de profondément vital dans une scène de cannibalisme. N'y voit-on pas l'homme, bête de proie, déchirer son semblable et affirmer la force de la vie par la destruction de ceux qui sont plus faibles ? Cette série de sophismes vaut celle de Nietzsche.

III. — Avec la persuasion que la justice est antivitale, Nietzsche ne pouvait manquer d'avoir en horreur tous les rêves de réorganisation selon la justice. On s'engoue maintenant partout, dit-il, « même sous le déguisement scientifique », pour un état futur de la société « auquel manquerait le caractère exploiteur ». — « Cela sonne à mon oreille comme si l'on promettait d'inventer une vie dépouillée de toutes fonctions organiques. » L'exploitation, encore un coup, n'est pas le simple résultat « d'une société corrompue, ou imparfaite et primitive », elle appartient à l'*essence* de la vie comme fonction organique fondamentale et est « une conséquence de la véritable volonté de puissance, qui est précisément la volonté de la vie ». Imaginez « une organisation juridique souveraine et générale », qui serait non pas « une arme *dans* la lutte des complexus de puissances », mais une arme « *contre* toute lutte générale », quelque chose enfin de conforme au « cliché communiste », une règle « qui ferait tenir toutes les volontés pour égales : » vous aurez « un principe *ennemi de la vie*, un agent de dissolution et de destruction pour l'humanité, un attentat à l'avenir de l'homme, un symptôme de lassitude, une voie détournée vers le néant (1) ».

Le sophisme, ici, côtoie comme toujours la vérité. L'organisation juridique ne doit pas, sans doute, empêcher toute rivalité juste, au sens de compétition et d'émulation ; mais elle peut et doit empêcher toute lutte violente et injuste, où ce serait le plus fort, le plus rusé, le moins scrupuleux et le plus méchant qui l'emporterait. La règle sociale doit tenir toutes les volontés pour « égales » en droits et en devoirs, mais non pas pour égales sous

---

(1) *Généalogie de la morale*, 2º dissertation, § 11.

les autres rapports; et Nietzsche commet encore ici la confusion banale de la vraie et de la fausse égalité. C'est par l'égalité même des droits qu'on assure la manifestation des inégalités naturelles ou acquises d'intelligence, de travail, de mérite, etc. La justice travaille donc, non à l'opposé de la vie, mais dans le sens de la vie même, en assurant le triomphe des meilleurs intellectuellement et moralement, non des plus forts matériellement.

M. Gumplowicz, avant Nietzsche, avait déjà poussé le darwinisme social jusqu'à l'absurde : après avoir posé que la sociologie a pour objet les mouvements des groupes humains et leurs influences réciproques, il avait prétendu conclure que le mouvement d'un groupe humain consiste à « s'assujettir d'autres groupes, afin d'améliorer par les services de ceux-ci son propre bien-être ». Tout se ramènerait, selon cette doctrine, aux actions et réactions des groupes conquérants et conquis, que M. Gumplowicz appelle abusivement du nom de *races*. Il était difficile d'imaginer un système plus unilatéral et, en dernière analyse, plus faux, puisqu'il méconnaissait tous les phénomènes d'attraction et de coopération entre les hommes pour ne voir que la conquête et la réduction en servitude. Nietzsche s'est empressé de reproduire ces théories.

Il prétend, avec Gumplowicz, qu'il y aura toujours lutte entre les hommes et avec subordination des faibles aux forts, parce qu'il y aura toujours entre eux diversité et qu'ils seront toujours autant de « volontés de puissance » distinctes, irréductibles. — Mais, peut-on répondre, la diversité n'est pas nécessairement et ne sera pas toujours l'hostilité ! Elle est même un moyen de répartir les biens et les trésors, d'empêcher que tous veuillent à la fois la même chose et se la disputent par la force. Nietzsche parle toujours comme si le seul point d'application possible de la puissance était les autres hommes, tandis qu'il est aussi les choses et avant tout nous-mêmes. Nous avons de quoi exercer notre puissance à l'intérieur de nous ; nous avons à lutter contre des penchants qui, quoi que Nietzsche prétende (sauf à dire ensuite le contraire), ont besoin d'être tantôt refrénés, tantôt dirigés et ordonnés. Se vaincre soi-même, il y a longtemps qu'on y a vu la plus belle et la plus difficile des victoires. Que les nieztschéens et darwinistes se rassurent donc : les hommes peuvent être en paix les uns avec les autres, ils auront encore de quoi lutter, soit avec la nature, soit avec eux-mêmes. La guerre intérieure de l'idée contre la passion se substitue de plus en plus à la guerre extérieure; n'y a-t-il pas là un élément de lutte suffisant ? Les partisans du conflit universel n'ont-ils pas là de quoi se satisfaire plus qu'à un choc de forces brutales ?

Nietzsche a beau dire que, dans les rapports des hommes entre eux, il faut prendre « les penchants haine, envie, cupidité, esprit de domination pour des tendances essentielles à la vie, pour quelque chose qui, dans l'économie générale de la vie, doit exister profondément, essentiellement (1) » ; il confond par là deux choses qu'on fait distinguer à tout élève de philosophie : les penchants naturels et les passions qui les poussent à l'outrance. — Qu'est-ce que l'indestructible et utile ambition, demandent les partisans de Nietzsche, sinon une forme de la volonté de puissance et de lutte ? — De la volonté de puissance, soit, mais de lutte, il faut s'entendre. — L'ambition ne suppose-t-elle pas « un obstacle à renverser, un adversaire à combattre .» ? — Un obstacle, oui ; un adversaire, pas toujours ni nécessairement. L'ambition d'être un grand poète, un grand philosophe, un grand savant, un homme juste et utile à tous, n'entraîne pas d'adversaires à anéantir.

L'évolution des sociétés, ajoutent les nietzschéens, — M. Simmel, M. Palante, — ne nous montre nullement une diminution d'égoïsme et d'antagonisme dans les rapports humains ; au contraire, la caractéristique de notre époque semble être une extrême intensification des

(1) Nietzsche, *Par delà le Bien et le Mal*, § 23.

égoïsmes collectifs, égoïsmes de races, de classes, de partis, de corporations, etc., qui sont des volontés collectives de puissance. « Qu'on médite l'exemple fourni par l'égoïsme anglais dans la guerre sud-africaine. Nous voyons que les égoïsmes de groupes n'ont jamais été plus armés qu'aujourd'hui. En admettant que les consciences individuelles se soient affinées au cours de l'évolution et soient devenues accessibles à des sentiments plus délicats et plus humains que ceux de l'humanité primitive, la conscience sociale reste aussi égoïste, aussi ambitieuse et cupide, à l'occasion, aussi tyrannique et oppressive que jamais » (1). Il est possible, répondrons-nous, que les égoïsmes collectifs s'intensifient *à notre époque*, et encore la chose est contestable. L'ancien égoïsme anglais à l'égard de l'Irlande fut-il moindre que l'égoïsme actuel à l'égard du Transvaal ? Les égoïsmes de classes, de partis, de corporations, n'aboutissent plus aussi souvent que jadis à la lutte armée. Si les Etats se battent encore entre eux, les provinces ne se battent plus. Il y a donc progrès.

On répliquera que, si la solidarité augmente dans chaque groupe, la rivalité et l'hostilité augmentent *pari passu* de groupe à groupe. — La rivalité, soit, l'hostilité, pas toujours. Encore la rivalité n'a-t-elle lieu que pour les objets où il y a rencontre de prétentions *semblables* et non différentes.

Il est fort juste de dire avec Nietzsche que l'état de rivalité entre les groupes est favorable à la liberté de l'individu : trouvant en face de lui plusieurs groupes en lutte, il peut trouver dans un de ces groupes « un recours contre l'autre ». Les influences de groupe étant souvent oppressives de l'individu, ce dernier a intérêt à voir les groupes en conflit : il peut ainsi les dominer ou du moins leur échapper. La vieille formule : *Divide ut imperes*, pourrait être transformée en celle-ci : *Divide ut liber sis* (2). Nous accordons donc volontiers que la multiplicité

---

(1) M. Palante, *Précis de sociologie*, p. 123.
(2) G. Palante, *Précis de sociologie*, p. 124.

et la rivalité des divers cercles sociaux auxquels un individu peut appartenir sont, pour l'individu même, un moyen d'affranchissement. L'ouvrier qui, jadis, était pris tout entier par sa corporation, n'avait pas la liberté de l'homme moderne, qui peut appartenir à vingt sociétés ou associations différentes, sans être absorbé par aucune. Mais, si cette diversité et cet équilibre des forces sont utiles, faut-il en conclure que l'élément de lutte proprement dite, surtout de lutte plus ou moins violente, soit lui-même à jamais nécessaire ? Cet élément ne va-t-il pas en diminuant, de manière à remplacer l'hostilité par l'émulation, la guerre par le concours ? Il y a là une loi sociologique qu'on peut admettre sans tomber pour cela dans le socialisme, que Nietzsche avait en horreur et où il voyait par excellence la doctrine de troupeau.

CHAPITRE V

MORALE DES MAITRES ET MORALE DES ESCLAVES
IDÉES SOCIALES DE NIETZSCHE
DÉMOCRATIE. — SOCIALISME. — ANARCHISME

I

Le système de Nietzsche revient à l'antique doctrine des « deux morales », l'une pour les forts, l'autre pour les faibles, l'une pour les maîtres, l'autre pour les esclaves. A la démocratie, qui s'inspire des idées chrétiennes d'égalité et de fraternité, Nietzsche oppose, par réaction, une aristocratie païenne fondée sur le despotisme et la dureté. Il veut qu'on travaille à l'élaboration d'une espèce humaine supérieure qui naîtra des hommes supérieurs; pour arriver à ce but, ceux-ci doivent fouler aux pieds tout ce qui leur peut faire obstacle, à commencer par les hommes inférieurs ou simplement ordinaires. Les héros de la pensée renieront la morale chrétienne, qui protège les humbles ou les petits et proclame tous les hommes égaux; ils renieront même toute morale, chrétienne ou non, et s'élanceront par delà le bien et le mal, sur le vaste océan de la vie. La morale, comme la religion, n'est bonne que pour le peuple; nous autres grands hommes, nous sommes au-dessus. Zarathoustra professe le plus souverain mépris pour ce qu'il appelle la canaille :

> La vie est une source de joie, mais, partout où la canaille vient boire, toutes les fontaines sont empoisonnées.

J'aime tout ce qui est propre ; mais je ne puis voir les gueules grimaçantes et la soif des gens impurs. Ils ont jeté leur regard au fond du puits ; maintenant leur sourire odieux se reflète au fond du puits et me regarde.

La flamme s'indigne lorsqu'ils mettent au feu leurs cœurs humides ; l'esprit lui-même bouillonne et fume quand la canaille s'approche du feu.

Le fruit devient douceâtre et blet dans leurs mains, leur regard évente et dessèche l'arbre fruitier.

Et plus d'un, qui se retira dans le désert pour y souffrir la soif avec les bêtes sauvages, voulait seulement ne point s'asseoir autour de la citerne en compagnie de chameliers malpropres (1).

Nietzsche oublie que la « canaille » est précisément le vaste champ de sélection où s'opère le triage, tandis que toute caste étroite et fermée est vouée à l'abâtardissement final. Tout ce faux darwinisme aristocratique, tout ce renanisme exaspéré et sans « nuances » mériterait à peine une mention sans le rayonnement de poésie qui, dans la tête ardente de Nietzsche, transfigure les idées les plus banales. Si l'esprit de troupeau existe dans les démocraties, n'existe-t-il donc point aussi dans les aristocraties ? La caste n'est-elle pas elle-même un troupeau ? Le mépris de la démocratie, c'est le mépris du peuple ; le mépris du peuple, c'est le mépris de l'humanité ! Et j'ajoute que le mépris de l'humanité, c'est le mépris de soi-même.

Dans notre temps, selon Nietzsche, domine une aversion pour tout ce qui commande et veut commander. Nous assistons à une espèce d'idiosyncrasie des démocrates, « le misarchisme moderne » (à chose barbare, nom barbare) s'est spiritualisé peu à peu jusqu'à s'infiltrer goutte à goutte jusque dans les sciences les plus exactes et, en apparence, les plus objectives ; il semble qu'il se soit déjà rendu maître de toute la physiologie et de la biologie, et cela à leur détriment, est-il besoin de le dire ? en ce sens qu'on en a banni un concept qui, pour elles, est fondamental : celui d'*activité*.

---

(1) *Ainsi parlait Zarathoustra*, trad. franç., p. 136 et suiv.

Voyez plutôt les Darwin et les Spencer! Ils ont introduit, en quelque sorte, l'esprit démocratique dans la science naturelle, puisqu'ils en ont chassé toute initiative véritable, toute *action* propre, pour ne voir partout que des réactions, toute adaptation du milieu à soi pour ne voir partout que l'adaptation de soi au milieu, la dépendance servile par rapport à l'entourage ; ils ont généralisé dans l'univers la morale des esclaves ; ils ont défini la vie même une adaptation et un asservissement, au lieu d'y voir l'inextinguible soif de commandement, de domination et de toute-puissance. Telle conception de l'univers, telle conception de la société et de l'homme. Adaptez-vous, nous dit-on sans cesse, pliez-vous, réagissez proportionnellement à l'action du dehors, disparaissez au profit du milieu, absorbez-vous dans le tout, voilà la leçon de passivité et de lâcheté que, selon Nietzsche, l'école anglaise nous donne. De la lutte même, de ce combat qu'Héraclite proclamait le père de toutes choses, on fait une simple lutte pour l'*existence*, alors que les êtres luttent, en vérité, pour la puissance, pour la supériorité, pour la domination, non pas pour l'être, pas même pour le mieux-être, mais pour le plus-être, pour *être tout* et *avant tout!* Pas plus dans la nature que dans l'humanité le véritable idéal n'est démocratie, il est aristocratie, il est même monarchie, il est tyrannie : chacun voudrait dire : L'univers, c'est moi!
— Voulez-vous le vrai type de l'homme, animal de rapine et de proie, ce n'est pas même Louis XIV, c'est ce prodigieux mélange d'inhumain et de surhumain qui fut Napoléon.

De nos jours, on jouit ou on veut jouir d'une liberté dont la seule idée est déjà un symptôme de décadence. Personne ne réfléchit que les peuples qui ont acquis une valeur quelconque ne l'ont jamais acquise par le moyen d'institutions libérales.

Une des manifestations de l'esprit démocratique, s'il faut en croire Nietzsche, c'est le culte pour la science. Ce culte vient de ce que la science apparaît et comme vérité, c'est-à-dire, au fond, comme religion du vrai, et comme utilité, c'est-à-dire industrie en vue du bonheur du plus grand nombre. Ce résultat de la science, comme de tout ce qui est démocratique, c'est « l'appauvrissement de l'énergie ». Dans la république des savants comme dans celle des socialistes, chacun n'est qu'un manœuvre, un fonctionnaire, un ouvrier à la tâche, un maçon qui apporte sa pierre, petite ou grosse, à un édifice qui ne portera pas son nom. Le savant semble à Nietzsche tout le contraire du poète ou du philosophe, c'est-à-dire du créateur. Voyez, dit-il, dans l'évolution d'un peuple, les époques où le savant passe au premier plan ; ce sont les époques de fatigue, souvent de crépuscule, de déclin. « C'en est fait de l'exubérance d'énergie, de la certitude de vie, de la certitude d'*avenir*. La suprématie du mandarin ne signifie jamais rien de bon ; tout aussi peu que l'avènement de la démocratie, que les tribunaux d'arbitrage remplaçant les guerres, que l'émancipation des femmes, la religion de la souffrance humaine et autres symptômes d'une énergie vitale qui décline. » Les adversaires scientifiques des religions ne sont eux-mêmes que des « rachitiques de l'esprit ». Et ces fameuses victoires de l'homme de science ! « Est-ce que la tendance de l'homme à se rapetisser, sa *volonté* de se faire petit, n'est pas, depuis Copernic, en un continuel progrès ? Hélas ! c'en est fait de sa foi en sa dignité, en sa valeur unique, incomparable dans l'échelle des êtres ; il est devenu un *animal*, sans métaphore, sans restriction ni réserve, lui qui, selon sa foi de jadis, était presque un Dieu (enfant de Dieu, Dieu fait homme). Depuis Copernic, il semble que l'homme soit sur une pente qui descend... *Toute* science (et pas seulement l'astronomie, sur l'influence humiliante et déprimante de laquelle Kant nous a laissé ce remarquable aveu : « Elle anéantit mon importance... »), toute science naturelle ou contre *nature*, j'appelle ainsi la critique de la raison par elle-même, travaille aujourd'hui à détruire en l'homme l'antique respect de soi, comme si ce respect n'avait jamais été autre chose qu'un bizarre produit de la vanité humaine (1). »

L'Etat est pour Nietzsche « un chien hypocrite », un chien de feu qui lance flamme et fumée, et qui parle en hurlements, « pour faire croire qu'il parle des entrailles des choses » (2). L'Etat contractuel, surtout, semble à Nietzsche une chimère :

> La société humaine est une tentative, voilà ce que j'enseigne, une longue recherche ; mais elle cherche celui qui commande !
> Une tentative, mes frères, et non un *contrat !* Brise, brise-moi de telles paroles des cœurs lâches et des demi-mesures (3) !

L'Allemagne ayant divinisé l'idée de l'Etat, comment s'étonner que les Stirner et les Nietzsche, se dressant contre Hegel et contre son Etat-Dieu, aient voulu renverser la « nouvelle idole » ? Il y a encore quelque part dans le monde, dit Zarathoustra, des peuples et des troupeaux, avec des chefs et des conducteurs de peuples; mais chez nous, dans notre Europe, il n'y a plus que des Etats, qui ont pris la place des peuples eux-mêmes et qui ont substitué à la vie réelle la tyrannie des abstractions.

> Etat ? Qu'est-ce, cela ? Allons, ouvrez les oreilles, je vais vous parler de la mort des peuples.
> L'Etat, c'est le plus froid des monstres froids. Il ment aussi froidement, et voici le mensonge qui rampe de sa bouche : — Moi, l'Etat, je suis le peuple.
> C'est un mensonge ! Ils étaient des créateurs, ceux qui créèrent les peuples et qui suspendirent au-dessus d'eux une foi et un amour : ainsi ils servaient la vie.
> Ce sont des destructeurs, ceux qui placent des pièges pour le grand nombre et qui appellent cela un Etat: ils suspendent au-dessus d'eux un glaive et cent appétits (3).

Pour Nietzsche, l'Etat est une dérogation aux vieilles

---

(1) *Généalogie de la morale*, p. 175.
(2) *Zarathoustra*, tr. fr., p. 300.
(3) *Ibid.*

« coutumes » qui régnaient parmi les peuples. Chaque peuple avait « sa langue du bien et du mal », qu'il s'était inventée à l'usage de ses coutumes et de ses lois propres. Son voisin ne comprenait pas cette langue, parce qu'elle était vraiment celle d'un peuple. L'Etat, au contraire, prétend reposer sur des lois universelles, abstraites, humaines, non plus allemandes ou françaises. Il ment « dans toutes ses langues du bien et du mal ; et dans tout ce qu'il dit, il ment, et tout ce qu'il a, il l'a volé. Tout en lui est faux : il mord avec des dents volées, le hargneux ! Fausses sont même ses entrailles ». Zarathoustra songe sans doute aux principes du libéralisme anglais ou aux principes de 1789, que tous les Etats ont empruntés, que l'Allemagne même a introduits dans son sein. C'est « la confusion des langues du bien et du mal ». L'Etat n'est que la subordination forcée du peuple, dans l'intérêt des « superflus », des parasites, des faibles et ratés, qui devraient disparaître si l'Etat ne les protégeait de ses lois et ne leur communiquait une vie artificielle.

> Beaucoup trop d'hommes sont mis au monde : l'Etat a été inventé pour ceux qui sont superflus !
> Voyez donc comme il les attire, les superflus ! Comme il les enlace, comme il les mâche et les remâche.
> « Sur la terre, il n'y a rien de plus grand que moi : je suis le doigt ordonnateur de Dieu », ainsi hurle le monstre. Et ce ne sont pas seulement ceux qui ont de longues oreilles et des yeux courts qui tombent à genoux.

Les grandes âmes elles-mêmes se laissent prendre aux sombres mensonges ; les cœurs riches se donnent à la nouvelle idole ; elle place autour d'elle des hommes honorables et des héros ; elle achète, au prix des honneurs et des dignités, l'éclat de leur vertu et le fier regard de leurs yeux. Grâce à cette escorte, elle attire à elle la foule des superflus, des médiocres et des vulgaires, la populace, en un mot, qui finit par se faire adorer elle-même sous le nom de l'Etat.

Voyez donc ces superflus ! Ils volent les œuvres des inventeurs et les trésors des sages ; ils appellent leur vol *civilisation*, et tout leur devient maladie et revers !

Voyez donc ces superflus ! Ils sont toujours malades, ils rendent leur bile et ils appellent cela des *journaux*. Ils se dévorent et ne peuvent pas même se digérer.

Voyez donc ces superflus ! Ils acquièrent des richesses et en deviennent plus pauvres. Ils veulent la puissance et tout d'abord le levier de la puissance, beaucoup d'argent, ces impuissants !

Voyez-les grimper, ces singes agiles ! Ils grimpent les uns sur les autres et s'attirent ainsi dans la boue et l'abîme.

Ils veulent tous s'approcher du trône : c'est leur folie, comme si le bonheur était sur le trône ! Souvent la boue est sur le trône, et souvent aussi le trône est dans la boue.

L'Etat n'est plus la vraie patrie des âmes supérieures. Heureusement, il y a encore dans le monde des places libres pour les âmes libres. Pour les grandes âmes, pour les âmes solitaires, il y a encore des déserts où souffle l'odeur des mers silencieuses.

Là-bas, où finit l'Etat, commence seulement l'homme qui n'est pas superflu ; là commence le chant de ceux qui sont nécessaires, la mélodie unique et indispensable.

Là-bas, où finit l'Etat, regardez donc, mes frères ! Ne voyez-vous pas l'arc-en-ciel et le pont du Surhomme ?

Ainsi parlait Zarathoustra (1).

Le Surhomme, lui, avec ses pareils, redeviendra un jour le pasteur des peuples ; il n'y aura plus d'Etat, il y aura des troupeaux conduits par un chef, comme au temps des Moïse ou des Agamemnon, ou plutôt comme au temps des castes hindoues.

Aujourd'hui, au contraire, la démocratie est l'obstacle à tout progrès vers le Surhomme.

Le monde tourne autour des inventeurs de valeurs nouvelles : il tourne invisiblement. Mais, autour des comédiens, se tournent le peuple et la gloire : ainsi *va le monde*.

(1) P. 62 et suiv.

« Les mouches de la place publique », tel est le nom que Zarathoustra donne aux démocrates et démagogues, à tous les hommes politiques qui exploitent la crédulité du peuple et des « superflus », et qui font prendre leurs bourdonnements pour une mélodie prophétique.

> Le comédien a de l'esprit... Il croit toujours à ce par quoi il fait croire le plus fortement : — croire en *lui-même* !
> Demain il a une foi nouvelle, et après-demain une foi plus nouvelle encore. Il a les sens rapides comme le peuple, et des températures variables.
> Renverser, — c'est ce qu'il appelle *démontrer*. Rendre fou, — c'est ce qu'il appelle *convaincre*. Et le sang est pour lui le meilleur de tous les arguments (1).
> Fuis, mon ami, dans ta solitude, et là-haut où souffle un vent rude et fort. Ce n'est pas ta destinée d'être un chasse-mouches (2).

La patrie, selon Nietzsche, est un préjugé pour ceux qui ont en eux le germe du Surhomme (non qu'ils soient cosmopolites et humanitaires, ils ont horreur de ces fadaises), mais parce qu'ils portent leur patrie en eux et aussi dans l'avenir de l'homme (3).

Parmi les « Européens d'aujourd'hui », Nietzsche réclame une place pour lui-même entre ceux qui se donnent le titre, à ses yeux « distinctif et honorifique », de « sans-patrie ». A ceux-là, tout particulièrement, il dédie sa secrète sagesse et sa « gaie science » — « Comment nous y prendrions-nous pour être *chez nous* dans le présent d'aujourd'hui !... La glace qui aujourd'hui tient encore est déjà devenue très mince, un vent tiède souffle, et nous autres sans-patrie nous sommes quelque chose qui brise la glace et autres *réalités* par trop minces... Nous ne *conservons* rien, nous ne voulons revenir à aucun passé, nous ne sommes rien moins que des *libéraux*, nous ne travaillons pas pour le *progrès* ; nous n'avons pas besoin de nous boucher les oreilles pour

---

(1) *Zarathoustra*, trad. fr., p. 64.
(2) Pp. 65, 66.
(3) P. 185.

être sourds aux promesses d'avenir des sirènes de la place publique. Ce qu'elles chantent : « Egalité, Liberté, ni maîtres ni valets », ne nous séduit pas. Nous ne tenons nullement pour objet de désir que le règne de la justice et de la concorde soit fondé sur la terre (ce serait le règne de la plus abjecte médiocrité et de la pire chinoiserie) ; mais nous aimons tous ceux qui ont comme nous le goût du danger, de la guerre et des aventures, qui n'acceptent ni compromis ni accommodement, qui ne se laissent ni retenir captifs ni rogner les ailes ; nous nous rangeons nous-mêmes parmi les conquérants (1). Nous méditons sur la nécessité d'un nouvel ordre de choses, d'un nouvel esclavage aussi — car toute amélioration du type « homme » en force ou en bonheur se paie au prix d'un nouveau genre d'esclavage. Dans ces conditions — n'est-il pas vrai ? — nous nous sentons mal à l'aise à une époque qui se plaît à revendiquer l'honneur d'être la plus humaine, la plus miséricordieuse, la plus juste qu'il y ait eu sous le soleil. Il est bien fâcheux que ces belles paroles éveillent précisément en nous les arrière-pensées les plus déplaisantes ; que nous y voyions uniquement l'expression — et aussi le masque — d'un profond affaiblissement, de la fatigue, de la vieillesse, du déclin des forces ! Que nous importent vraiment les oripeaux dont un malade décore sa faiblesse ? Qu'il en fasse parade et la nomme sa *vertu,* soit: — il n'y a pas de doute, en effet, la faiblesse rend doux, oh ! combien doux, combien équitable, inoffensif, combien « humain » ! La « religion de la pitié » à laquelle on voudrait nous convertir — ah ! nous connaissons trop les hystériques — petits hommes et petites femmes — qui à l'heure présente ont besoin tout juste de cette religion comme de voile et de parure ! Nous ne sommes pas des humanitaires ; jamais nous ne nous permettrions de parler de notre amour pour l'humanité. Nous ne sommes pas assez comédiens pour cela ! Ni assez saint-

---

(1) *Aurore*, p. 200.

simoniens, assez français. Il faut être affligé d'un excès véritablement « gaulois » d'ardeur érotique et d'amoureuse impatience pour pouvoir approcher l'Humanité elle-même en amant sincèrement épris... L'Humanité ! Fut-il jamais, entre toutes les vieilles, une vieille plus horrible (si ce n'est peut-être la « Vérité » : un problème à l'usage des philosophes) ? Non, nous n'aimons pas l'Humanité. Mais, d'autre part, nous sommes loin aussi d'être assez « allemands » — au sens où le mot « allemand » est courant aujourd'hui – pour nous faire les porte-parole du nationalisme et de la haine de races, pour trouver plaisir à cet empoisonnement du sang, à cette urticaire nationaliste, qui fait qu'en Europe un peuple se protège et se barricade contre l'autre en s'entourant comme d'un rempart de quarantaines. Nous sommes trop libres de préjugés pour cela, trop pervers, trop dégoûtés, nous avons trop vu, trop voyagé ; nous préférons de beaucoup vivre dans les montagnes, à l'écart, *inactuels*, dans les siècles passés ou futurs, ne fût-ce que pour nous épargner la rage silencieuse à laquelle nous condamnerait le spectacle d'une politique qui rend l'esprit allemand stérile en le rendant vaniteux, et qui, en outre, est une *petite* politique ; n'est-elle pas contrainte, pour soutenir sa propre création et l'empêcher de s'écrouler sitôt édifiée, de l'étayer entre deux haines mortelles ? n'est-elle pas *obligée* de vouloir l'éternisation du système des petits Etats en Europe ?... Nous autres sans-patrie, nous sommes trop divers, trop mêlés de race et d'origine pour faire des *hommes modernes* ; partant, aussi, nous sommes peu tentés de participer à cet orgueil de race mensonger, à cette impudente admiration de soi qu'on arbore aujourd'hui en Allemagne en guise de cocarde du loyalisme germanique, et qui semble doublement faux et indécent chez le peuple du sens *historique*. »

La nouveauté sociale que prêche Zarathoustra, et qu'il oppose à la démocratie moderne, c'est le retour aux vieilles castes de l'Inde. La première caste sera la foule des travailleurs, auxquels on enseignera la morale des esclaves, c'est-à-dire résignation, soumission, humilité, travail et abnégation. La morale et la religion sont bonnes pour le peuple, surtout la morale du devoir, qui commande aux gens faits pour obéir, et la religion chrétienne, qui console les affligés et qui guérit les malades avec le baume de l'illusion. Quand on ne peut pas « contraindre des étoiles à tourner autour de soi », il faut se contenter du rang modeste de petit satellite ou d'aérolithe et tourner soi-même autour d'une étoile, jusqu'à ce qu'on se dissipe en fumée. Mais, au-dessus des travailleurs s'élèvent les guerriers, qui sont les intermédiaires entre les maîtres et les esclaves, entre les surhommes et les simples hommes :

Si vous ne pouvez pas être les saints de la connaissance, soyez-en du moins les guerriers. Ce sont les compagnons et les précurseurs de cette sainteté...

La guerre et le courage ont fait plus de grandes choses que l'amour du prochain. Ce n'est pas votre pitié, c'est votre bravoure qui sauva jusqu'à présent les victimes.

... La révolte, c'est la noblesse de l'esclave. Que votre noblesse soit l'obéissance ! Que votre commandement lui-même soit de l'obéissance !

Un bon guerrier préfère *tu dois* à *je veux*, et vous devez vous faire commander tout ce que vous aimez (1).

Qui donc commandera aux guerriers eux-mêmes et, par eux, au peuple ? Les sages, les prêtres nouveaux, les surhommes, qui, en ce monde où rien n'a de valeur intrinsèque, sauront eux-mêmes créer des valeurs et les imposer à autrui. Mais ce ne sera pas, comme dans les rêves de Renan, une caste de *savants* ; ce sera plutôt une caste de poètes, au sens le plus exact du mot, poètes de la vie donnant seuls un sens à la vie, qui par elle-même n'en a pas, un sens et un but au monde, qui par lui-même n'est qu'un jeu de dés aveugle sur la table du hasard. Les poètes seront aussi des

(1) *Zarathoustra*, p. 60.

prêtres, les seuls vrais prêtres : ce seront les brahmanes. Nous voilà revenus sur les bords du Gange.

II

Nietzsche a en aversion le socialisme, parce que ce système s'oppose à la loi universelle d'exploitation. Dans le corps vivant, qu'arriverait-il si la tête cessait d'exploiter le reste du corps ? Toute fonction organique étant asservissement et incorporation, le collectivisme s'insurge en vain contre la loi qui assujettit les faibles aux forts.

De nos jours, dit Nietzsche, on espère « administrer l'humanité » d'une manière plus économique, moins ruineuse, plus uniforme et plus systématique, quand il n'y aura plus autre chose que de « vastes *organismes* collectifs et leurs *membres* ». On tient pour bon et juste tout ce qui, en quelque manière, se rapporte à cet « instinct » de centralisation et d'incorporation ; et c'est là ce qui constitue le grand courant moral de notre âge, aux dépens de toute activité, de toute initiative, de toute originalité individuelle. « On aboutit à la « totale dégénérescence de l'homme », dont ne savent pas s'écarter « les têtes sottement superficielles des socialistes », car elles ont pour idéal « l'abâtardissement et l'assombrissement de l'homme », égalisé en droits, égalisé par la vie commune dans la corporation collective, par les moyens communs d'atteindre les fins sociales. Le socialisme n'a d'autre but que de satisfaire et d'aduler « les plus sublimes aspirations de la bête de troupeau ». Le mouvement socialiste, comme le mouvement démocratique, n'est qu'une conséquence du mouvement chrétien qui a fondé la morale sur les notions de justice et de charité ! Et quel en est le résul-

---

(1) *Aurore*, p. 128.

tat ? Partout se développe une angoisse qui s'empare de l'esprit des impatients, des « êtres maladifs et avides ».

Nietzsche est un Joseph de Maistre qui croit au bourreau sans croire au pape. De Joseph de Maistre, il a l'amour de la tradition séculaire, universelle, vraiment *catholique*, de l'autorité en opposition à la liberté, de l'institution stable, royale et héréditaire, en opposition à l'institution contractuelle, populaire, changeante. « Pour qu'il y ait des institutions, dit-il, il faut qu'il existe une sorte de volonté, d'instinct, d'impératif anti-libéral jusqu'à la méchanceté : une volonté de tradition, d'autorité, de responsabilité, établie sur des siècles, de *solidarité* enchaînée à travers des siècles, dans le passé et dans l'avenir, *in infinitum*. Lorsque cette volonté existe, il se fonde quelque chose comme l'*imperium romanum*, ou comme la Russie, la seule *personne* qui ait aujourd'hui l'espoir de quelque durée, qui puisse attendre, qui puisse encore promettre quelque chose ; la Russie, l'idée contraire de la misérable manie des petits États européens, de la nervosité européenne que la fondation de l'Empire allemand a fait entrer dans sa période critique (1) ! » Nietzsche ne manque jamais l'occasion de railler l'Empire allemand, qui lui semble un recul, un accès de fièvre démocratique et libérale, une œuvre de décadence où tout est subordonné à un vain militarisme. Ce qui est étrange, c'est que cet admirateur des grandes institutions stables ne voit pas dans la morale même la plus stable des institutions, le roc immuable sur lequel s'élève tout le reste, la première des « autorités », des « traditions », des « responsabilités », des « solidarités », l'*imperium humanum* supérieur à l'*imperium romanum*. Il flagelle d'ailleurs avec une juste sévérité la fausse indépendance qui fait le fond de la fausse démocratie : « Tout ce qui fait que les institutions sont des institutions est méprisé, haï, écarté ; on se croit de nouveau en danger d'esclavage

---

(1) *Crépuscule des Idoles*, § 39, tr. fr., p. 211.

dès que le mot *autorité* se fait seulement entendre (1) ». Rien de plus autoritaire, on le voit, que ce prétendu libertaire qui fut Nietzsche.

Le dernier degré de ce que Nietzsche appellerait volontiers avec Rabelais l'Antinature, l'*Antiphysis*, c'est l'égalité que les démocrates et les socialistes veulent établir entre l'homme et la femme. Ils veulent faire, ces utopistes, ce que, selon un mot célèbre, le Parlement anglais, qui peut tout, ne peut cependant pas faire : changer la femme en homme. Les deux fonctions des deux sexes sont cependant aussi différentes que les sexes eux-mêmes : l'homme doit produire des œuvres de toute sorte ; pour la femme, en dehors de l'amour et de l'enfant, il n'y a rien. « Tout dans la vie de la femme est énigme, dit Zarathoustra, et tout dans la femme a une solution, qui a nom enfantement. » Et Zarathoustra ajoute : « Le bonheur de l'homme a nom : Je veux. Le bonheur de la femme a nom : Il veut. » Zarathoustra conclut que « l'homme doit être élevé pour la guerre, la femme pour le délassement du guerrier, tout le reste est folie ».

Nietzsche s'élève contre le « mariage moderne », — comme contre tout ce qui est moderne, — mariage sentimental, libéral, où on s'occupe des affections de chacun et des droits de chacun. Nietzsche voit là le renoncement à la raison profonde du mariage. Cette raison résidait, dit-il, dans « la responsabilité juridique exclusive de l'homme » : de cette façon le mariage avait un élément prépondérant, tandis qu'aujourd'hui « il boite sur deux jambes ». La raison du mariage résidait encore dans le principe de son indissolubilité, « cela lui donnait un accent qui, en face du hasard des sentiments et des passions, des impulsions du moment, *savait se faire écouter* ». Nietzsche ne se demande pas si la certitude d'une tyrannie inviolable n'avait pas de plus graves inconvénients.

(1) *Crépuscule des idoles. Ibid.*

La raison du mariage résidait aussi, ajoute-t-il, dans « la responsabilité des familles, quant au choix des époux ». Aujourd'hui, « avec cette indulgence croissante pour le mariage d'*amour*, on a éliminé les bases mêmes du mariage, tout ce qui en faisait une institution ». Jamais, au grand jamais, on ne fonde une institution sur une « idiosyncrasie » ; « on ne fonde pas le mariage sur l'amour » ; on le fonde sur « l'instinct de l'espèce », sur « l'instinct de propriété (la femme et les enfants étant des propriétés) » ; on le fonde « sur l'*instinct de domination*, qui sans cesse s'organise dans la famille en petite souveraineté, qui a besoin des enfants et des héritiers pour maintenir, physiologiquement aussi, la mesure acquise de puissance, d'influence, de richesse, pour préparer de longues tâches, une solidarité d'instinct entre les siècles ». Le mariage, en tant qu'*institution*, comprend donc l'affirmation de la forme d'organisation la plus grande et la plus durable : « Si la société, prise comme un tout, ne peut porter caution d'elle-même jusque dans les générations les plus éloignées, le mariage est complètement dépourvu de sens. Le mariage moderne a *perdu* sa signification ; par conséquent, on le supprime (1). » Ni, en France, de Maistre et de Bonald, ni, en Allemagne, Savigny, Mommsen et Ihering ne se sont montrés plus conservateurs et plus traditionalistes que le révolutionnaire Zarathoustra. Pour ce dernier, les individus et leurs droits n'existent pas, le bonheur des individus est, encore plus que la justice, une quantité négligeable. Que devient le fameux sermon de Zarathoustra sur les trois vertus cardinales du nouvel évangile : « volupté, orgueil et instinct de domination » ? Zarathoustra prétendait avoir brisé toutes les anciennes tables de valeurs, et le voilà qui élève au-dessus des deux époux, dans le mariage, la table hébraïque de Moïse, les douze tables romaines, enfin les tables chrétiennes. Il n'y a pas de juriste plus

---

(1) *Crépuscule des idoles*, tr. fr., p. 211, § 39.

attaché à la loi que cet iconoclaste de toute loi.

Ici comme presque partout, Nietzsche a pris soin de se rectifier lui-même. Dans son chant sur l'enfant et le mariage, Zarathoustra nous donne la plus haute idée de l'union entre l'homme et la femme :

> J'ai une question pour toi seul, mon frère: je jette cette question comme une sonde dans ton âme, afin que je connaisse sa profondeur.
> Tu es jeune et tu désires enfant et mariage. Mais je te demande : Es-tu un homme qui ait le droit de désirer un enfant ?
> Es-tu le victorieux, le vainqueur de toi-même, le souverain des sens, le maître de tes vertus ? C'est ce que je te demande.
> Ou bien la bête et la nécessité parlent-elles de ton désir ? Ou bien l'isolement ? Ou bien la discorde avec toi-même ?
> Je veux que ta victoire et ta liberté aient le désir d'un enfant. Tu dois construire des monuments vivants à ta victoire et à ta délivrance.
> Tu dois construire plus haut que toi. Mais il faut d'abord que tu sois construit toi-même, rectangulaire de corps et d'âme.
> Tu ne dois pas seulement te reproduire et te transplanter, tu dois aussi te planter plus haut. Que le jardin du mariage te serve à cela.
> Tu dois créer un corps supérieur, un premier mouvement, une roue qui tourne sur elle-même, tu dois créer un créateur.
> Mariage, c'est ainsi que j'appelle la volonté à deux de créer l'unique qui est plus que ceux qui l'ont créé. Respect réciproque, c'est là le mariage, respect de ceux qui veulent d'une telle volonté.

Ainsi la femme n'est plus le simple jouet, le simple délassement du guerrier. Elle est un être digne du grand respect, et aussi, sans doute, du grand amour, non moins nécessaire que l'homme même pour créer le surhumain, pour conduire l'humanité à un but qui la dépasse. Que devient alors cette loi rigide, à la romaine, qui fait de la femme une propriété, une esclave, qui la lie irrévocablement à son époux, sans que les mauvais traitements de celui-ci lui donnent le droit d'échapper à la servitude? Nietzsche fait des faux et mauvais mariages une satire sanglante : comment veut-il donc en faire des « institutions indissolubles » sans espoir de réparer une erreur qui est devenue un malheur? Nul mieux que lui n'a flagellé même certaines unions prétendues heureuses.

Hélas! cette pauvreté de l'âme à deux! Hélas! ce misérable contentement à deux!
Mariage, c'est ainsi qu'ils appellent tout cela ; et ils disent que leurs unions sont contractées au ciel!...
Ne riez pas de pareils mariages! quel est l'enfant qui n'aurait pas raison de pleurer sur ses parents?
Cet homme me semblait respectable et mûr pour le sens de la terre ; mais lorsque je vis sa femme, la terre me sembla une demeure pour les insensés.

Zarathoustra voudrait que la terre entrât en convulsions lorsqu'un saint s'accouple à une oie. Voyez ce héros qui part en chasse de vérités ; il ne capture « qu'un petit mensonge paré » ; et il appelle cela son mariage!
Cet autre était calme et froid dans ses relations ; il choisissait ses amis avec discernement. D'un seul coup il a gâté sa société pour toujours ; et il appelle cela son mariage. Beaucoup de courtes folies, c'est ce qu'on nomme de l'amour. Et le mariage met fin à beaucoup de folies, pour en faire une longue bêtise. Le flambeau de Zarathoustra éclaire des chemins supérieurs, que les hommes doivent suivre.

Un jour vous devrez aimer au-dessus de vous! Apprenez donc d'abord à aimer! C'est pourquoi il vous fallut boire l'amer calice de votre amour.
Il y a de l'amertume dans le calice, même dans le calice du meilleur amour. C'est ainsi qu'il se fait désirer le surhumain, c'est ainsi qu'il se fait voir à toi, le créateur!
Soif du créateur, flèche et désir du surhumain : dis-moi, mon frère, est-ce là ta volonté de mariage?
Je sanctifie une telle volonté et un tel mariage.
Ainsi parlait Zarathoustra.

Isaïe n'eût pas parlé mieux. On ne voit pas, ici encore, ce que Zarathoustra apporte de vraiment nouveau à la terre, mais on ne peut qu'admirer le haut idéal d'union qu'il propose entre l'homme et la femme.

La question sociale, la « question ouvrière », ce mot fait sortir Nietzsche de son assiette. Chez M. de Bismarck lui-même, qui admettait une question ouvrière, chez le nouvel empereur d'Allemagne, qui essaya de la résoudre, Nietzsche voyait des démocrates de la pire espèce, des décadents de la politique, des socialistes égarés sur le trône ou sur les marches du trône. « C'est la *bêtise*, dit-il, ou plutôt c'est la dégénérescence de l'instinct (que l'on retrouve au fond de *toutes* les bêtises), qui fait qu'il y ait une question ouvrière. Il y a certaines choses sur lesquelles on ne pose pas de question : premier impératif de l'instinct. » Nietzsche se demande ce qu'on veut faire de l'ouvrier européen après avoir fait de lui « une question ». C'est là se précipiter soi-même volontairement dans un gouffre d'où on ne pourra plus sortir. « L'ouvrier se trouve en beaucoup trop bonne posture pour ne point *questionner* toujours davantage, et toujours avec plus d'outrecuidance. » D'ailleurs, en fin de compte, « il a le nombre pour lui ». Nietzsche se plaint de ce qu'il faut complètement renoncer à l'espoir de voir se développer une espèce d'hommes modeste et frugale, une classe ouvrière qui répondrait au type du Chinois. « Cela eût été raisonnable, dit-il, et aurait simplement répondu à une nécessité. » Qu'a-t-on fait ? Tout pour anéantir en son germe la condition d'un pareil état de choses. « Avec une impardonnable étourderie, on a détruit dans leurs germes les instincts qui rendent les travailleurs possibles comme classe, qui leur feraient admettre à eux-mêmes cette possibilité. » On a rendu l'ouvrier « apte au service militaire » ; on lui a donné « le droit de coalition, le droit de vote politique ». Quoi d'étonnant si son existence lui apparaît aujourd'hui déjà « comme une calamité (ou, pour parler la langue de la morale, comme une injustice) » ? Mais que veut-on donc ? demande Nietzsche.

« Si l'on veut atteindre un but, on doit en vouloir aussi les moyens; si l'on veut des esclaves, on est fou de leur accorder ce qui en fait des maîtres (1). »

Tous les préjugés conservateurs de l'Allemagne piétiste reparaissent les uns après les autres chez l'impie Zarathoustra. Les hommes d'Etat les plus attachés au passé étaient moins rétrogrades que ce prophète des temps à venir. Et pourtant, quelques pages plus loin, il intitule un paragraphe : « Pour dire à l'oreille des conservateurs. » Que leur glisse-t-il donc ? « Ce qu'on ne savait pas autrefois, ce qu'on sait aujourd'hui, ce qu'on pourrait savoir, c'est qu'une formation *en arrière*, une régression, en un sens quelconque, à quelque degré que ce soit, n'est pas du tout possible. C'est du moins ce que nous savons, nous autres physiologistes... Il y a des partis qui rêvent de faire marcher les choses à *reculons*, à la manière des écrevisses. Mais personne n'est libre d'être écrevisse ». Nietzsche conclut qu'il n'y a pas de remède aux maux de la démocratie, du socialisme, de l'anarchisme. « On n'y peut rien : il faut aller de l'avant, je veux dire s'avancer *pas à pas plus avant dans la décadence* (c'est là ma définition du *progrès* moderne) (2). »

Le socialisme et l'égalitarisme tendent à transformer le monde en un vaste lazaret où la vie finira par ressembler à une morne épidémie, jusqu'à ce que viennent les derniers jours de l'humanité avilie et abêtie.

Voyez ! je vous montre le dernier homme.

« Qu'est-ce que l'amour ? la création ? le désir ? Qu'est-ce que l'étoile ? » — Ainsi demande le dernier homme, et il clignote.

La terre est devenue petite et sur elle sautille le dernier homme qui rapetisse tout. Sa race est indestructible comme le puceron ; le dernier homme vit le plus longtemps.

« Nous avons découvert le bonheur, » — disent les derniers hommes, et ils clignotent.

Ils ont délaissé les contrées où l'on vit durement : car on a

---
(1) *Crépuscule des idoles*, § 40, tr. fr., p. 212.
(2) *Ibid.*, § 43, p. 215.

besoin de chaleur. On aime aussi le voisin et l'on se frotte contre lui : car on a besoin de chaleur.

Tomber malade et être défiant est pour eux un péché : on marche avec précautions. Bien fou qui trébuche sur les pierres ou sur les gens.

Un peu de poison de temps à autre : cela procure de beaux rêves. Et beaucoup de poison pour finir, afin de mourir agréablement.

On travaille encore, car le travail est une distraction. Mais l'on veille à ce que cette distraction ne devienne pas un effort.

On ne veut plus ni pauvreté ni richesse : l'une et l'autre donnent trop de souci. Qui voudrait encore commander ? Et qui obéir ? L'un et l'autre donnent trop de souci.

Pas de berger et un seul troupeau ! Chacun veut la même chose. Tous sont égaux : qui pense autrement, entre volontairement à l'asile d'aliénés...

« Nous avons découvert le bonheur, » disent les derniers hommes, et ils clignotent (1).

III

Quoique ayant posé par son immoralisme le principe même de l'anarchisme, Nietzsche a la plus profonde horreur pour les anarchistes égalitaires et humanitaires.

Zarathoustra dit aux révolutionnaires :

Vous savez hurler, et obscurcir avec des cendres ! Vous êtes les meilleures gueules, et vous avez suffisamment appris l'art de faire bouillir de la fange...

Liberté ! c'est votre cri préféré ; mais j'ai désappris la foi aux *grands événements*, dès qu'il y a beaucoup de hurlements et de fumée autour d'eux (2).

Chez tous les misérables, dit Nietzsche, on voit de nos jours s'insinuer et s'amplifier « les hurlements toujours plus furieux, les grincements de dents toujours plus féroces des chiens anarchistes, qui rôdent sur toutes les routes de la civilisation européenne ». En face des démocrates qui crient : « Du pain et du tra-

---

(1) Traduit par M. Lichtenberger.
(2) *Zarathoustra*, tr. fr., p. 184.

vail ! », les anarchistes ne sont qu'en une contradiction apparente ; apparente aussi est leur contradiction « avec ces idéologues de la Révolution, avec ces niais philosophastres sentimentaux de la fraternité universelle qui s'appellent socialistes et veulent la société libre (1) ». Ils ont beau hurler les uns contre les autres, socialistes et anarchistes sont en plein accord pour haïr toute forme sociale autre que « la domination du troupeau autonome » ; ils prêchent également un collectivisme qui s'impose dès qu'on veut abolir « patrons et ouvriers, maîtres et esclaves ». Ils ont « la même prévention tenace contre tout droit et privilège de l'individu isolé » ; et cela équivaut, pour Nietzsche, à une opposition contre tout droit en général, car, « quand tous les droits seront égaux, tous les droits deviendront inutiles » (2).

Un des traits communs entre socialistes et anarchistes, selon Nietzsche, c'est « la religion de la pitié pour tout ce qui sent, vit, souffre, en bas jusqu'à la brute, en haut jusqu'à Dieu... » ; bien plus, c'est « le cri de protestation, l'impatience de compassion, la haine mortelle pour toute souffrance en général, l'incapacité quasi féminine de supporter la vue d'une souffrance et de permettre que l'on souffre ;... c'est l'involontaire obscurcissement et l'efféminisation par lesquels l'Europe gît menacée d'un nouveau bouddhisme ;... c'est la foi dans une morale de compassion réciproque, comme si c'était là la morale par excellence, la sommité, la cime atteinte par l'homme, l'unique espérance de l'avenir, la consolation du présent, la grande rédemption de la faute du passé ». En un mot, la foi qu'on retrouve chez toutes les sectes, c'est « la foi à la communauté *rédemptrice*, au troupeau, donc à eux-mêmes » (3).

(1) *Aurore*, pp. 128 et suiv.
(2) *Ibid*.
(3) *Au delà du Bien et du Mal*, p. 126.

Démocratie, socialisme, anarchie sont eux-mêmes, selon Nietzsche, un reflet, un écho lointain du mensonge religieux qui a détruit l'empire romain. Tout cela est, à ses yeux, un même « mensonge ». Le mensonge, d'ailleurs, peut être une bonne chose, mais, dit-il, il faut considérer pour quel but on *ment :* « il est bien différent si c'est pour *conserver* ou pour *détruire*. Or, on peut mettre complètement en parallèle le *chrétien* et *l'anarchiste :* leurs buts, leurs instincts *ne sont que destructeurs*. L'histoire démontre cette affirmation avec une précision épouvantable. Ce qui existait *aere perennius*, l'Empire romain, la plus grandiose forme d'organisation, sous des conditions difficiles, qui ait jamais été atteinte, tellement grandiose que, comparé à elle, tout ce qui l'a précédée et tout ce qui l'a suivie n'a été que dilettantisme, chose imparfaite et gâchée, — ces saints anarchistes se sont fait une *pitié* de détruire le monde, c'est-à-dire l'Empire romain, jusqu'à ce qu'il n'en restât plus pierre sur pierre, — jusqu'à ce que les Germains mêmes et d'autres lourdauds aient pu s'en rendre maîtres... *Le chrétien et l'anarchiste sont décadents* tous deux, tous deux *incapables d'agir* autrement que d'une façon *dissolvante, venimeuse*, étiolante ; partout ils épuisent le sang, ils ont tous deux, par *instinct*, une *haine à mort* contre *tout ce qui existe*, tout ce qui est grand, tout ce qui a de la durée, tout ce qui promet de l'avenir à la vie... Le christianisme a été le vampire de l'Empire romain, — il a mis à néant, en une seule nuit, cette action énorme des Romains : avoir gagné un terrain pour une grande culture *qui a le temps*. — Ne comprend-on toujours pas ? L'Empire romain que nous connaissons, que l'histoire de la province romaine enseigne toujours davantage à connaître, cette admirable œuvre d'art de grand style, était un commencement ; son édifice était calculé pour être *démontré* par des milliers d'années, — jamais jusqu'à nos jours on n'a construit de cette façon, jamais on n'a même rêvé de construire, en une égale mesure, *sub specie æterni!* — Cette organisation était assez forte pour supporter de mauvais empereurs : le hasard des personnes ne doit rien avoir à voir en de pareilles choses — *premier* principe de toute grande architecture. Pourtant elle n'a pas été assez forte contre l'espèce la plus corrompue des corruptions, contre le *chrétien*... Qu'on lise Lucrèce pour comprendre ce à quoi Épicure a fait la guerre ; ce n'était *point* le paganisme, mais le « christianisme », je veux dire la corruption de l'âme par l'idée du péché, de la pénitence et de l'immortalité. — Il combattit les cultes *souterrains*, tout le christianisme latent : — en ce temps-là nier l'immortalité était déjà une véritable *rédemption*. — Et Épicure eût été victorieux, tout esprit respectable de l'Empire romain était épicurien ; *alors parut saint Paul*, saint Paul, la haine de Tchândâla contre Rome, contre le « monde » devenu chair, devenu génie, saint Paul le juif, le juif errant par excellence (1) ! Ce qu'il devina, c'était la façon d'allumer un incendie universel avec l'aide du petit mouvement sectaire des chrétiens, à l'écart du judaïsme ; comment, à l'aide du symbole « Dieu sur la Croix » on pourrait réunir en une puissance énorme tout ce qui était bas et secrètement insurgé, tout l'héritage des menées anarchistes de l'Empire : *Le salut vient par les Juifs*. Faire du christianisme une formule pour surenchérir les cultes souterrains de toutes les espèces, ceux d'Osiris, de la grande Mère, de Mithras par exemple — une formule pour les résumer, — cette pénétration fait le génie de saint Paul. Son instinct y était si sûr qu'avec un despotisme sans ménagement pour la vérité il mit dans la bouche de ce « sauveur » de son invention les représentations dont se servaient, pour fasciner, ces religions de Tchândâla, et non seulement dans la bouche : — il *fit* de son sauveur quelque chose qu'un prêtre de Mithras, lui aussi, pouvait comprendre... Ceci fut son

---

(1) *Par excellence* en français dans le texte.

chemin de Damas : il comprit qu'il *avait besoin* de la foi en l'immortalité pour déprécier « le monde », que l'idée d' « enfer » pouvait devenir maîtresse de Rome, — qu'avec l'*au-delà on tue la vie*. — Nihiliste et chrétien : les deux choses s'accordent... (1) »

Nietzsche a pourtant lui-même, comme les nihilistes et anarchistes, supprimé toute morale, tout impératif catégorique, toute loi intérieure autre que la volonté même de puissance. — Oui, répondra-t-il, mais on ne supprime pas pour cela toute autorité, « toute tyrannie contre la nature et même contre la raison, « si ce n'est que l'on veuille décréter soi-même, de par une autre *morale* quelconque, que toute espèce de tyrannie et de déraison sont interdites ». Ces anarchistes « qui se prétendent libres, libres penseurs même », reprend Nietzsche avec ironie, veulent rejeter la « soumission à des lois *arbitraires*»; et ils ne voient pas que, pour n'être nullement morales, les lois et la contrainte n'en sont pas moins tout l'opposé d'arbitraires. « C'est, au contraire, un fait singulier que tout ce qu'il y a, ou tout ce qu'il y avait, sur terre, de liberté, de finesse, de hardiesse, de légèreté, de sûreté magistrale, que ce soit dans la pensée, ou dans la façon de gouverner, dans la manière de dire ou de persuader, dans les arts comme dans les mœurs, ne s'est développé que grâce à la *tyrannie de ces lois* arbitraires ; et, sérieusement, il est très probable que c'est précisément cela qui est *nature* et *naturel*, — et nullement ce *laisser-aller !* (2) » Nietzsche avait dit plus haut le contraire dans ses déclamations contre le christianisme ; mais n'importe. En artiste qu'il est, il prend un exemple dans l'art : il examine comment on y arrive au *naturel*. Tout artiste, dit-il, sait que son naturel ou, si vous voulez, son état *naturel* se trouve bien loin du sentiment de *laisser-aller*, de négligence et, pourrait-on dire,

(1) *L'Antéchrist*, p. 80.
(2) *Par delà le Bien et le Mal*, 189.

d'anarchie intellectuelle, — « ce naturel qui consiste à *ordonner*, à placer, à disposer, à *former* librement, dans les moments d'*inspiration* ; et c'est alors qu'il *obéit* sévèrement et avec finesse à des *lois* multiples, qui se refusent à toute réduction en *formule* par des *notions*, à cause de leur *dureté* et de leur *précision* mêmes (à côté d'elles, les *notions* les plus solides ont quelque chose de flottant, de multiple et d'équivoque). » Nous voilà bien loin de l'anarchie ! « Le principal au ciel et sur la terre, conclut Nietzsche comme un vulgaire chrétien, c'est d'*obéir* longtemps, et dans une même direction : il en résulte toujours à la longue quelque chose pour quoi il vaut la peine de vivre sur terre, par exemple la vertu, l'art, la musique, la danse, la raison, l'esprit — quelque chose qui transfigure, quelque chose de raffiné, de bon et de divin. » — La *vertu*! dit Nietzsche, — cette vertu qu'ailleurs il a représentée comme une négation insensée de la nature, il y voit maintenant la vraie nature ou, tout au moins, la meilleure nature. « Considérez toute morale sous cet aspect, c'est la *nature* en elle qui enseigne à haïr le *laisser-aller*, la trop grande liberté, et qui implante le besoin d'horizons bornés et de tâches à la portée, — qui enseigne le *rétrécissement* des *perspectives*, donc, en un certain sens, la bêtise, comme condition de vie et de croissance. — Tu dois obéir à n'importe qui, et longtemps; *autrement*, tu iras à ta ruine, et tu perdras le dernier respect de toi-même ; — cela me semble être l'impératif moral de la nature, qui n'est ni *catégorique*, contrairement aux exigences du vieux Kant (de là cet « *autrement* »), ni adressé à l'individu (« qu'importe l'individu à la nature,) » mais à des peuples, des races, des époques, des castes, — avant tout à l'animal *homme* tout entier, à l'humanité » (1). — Voilà la morale vengée des injures de Nietzsche par Nietzsche lui-même : tout à l'heure, la morale était contraire à la vie et à la nature; main-

---

(1) *Par delà le Bien et le Mal*, § 1881, tr. fr., pp. 105, 106.

tenant, elle est selon la nature et essentielle à la vie, car vivre, Zarathoustra nous l'a dit, « c'est obéir et commander ». Si on se commande à soi-même au nom de sa propre raison, on s'obéit aussi à soi-même; on vit donc la vie supérieure. Mais Nietzsche ne l'entend pas de cette manière. De la raison, il se moque; la puissance seule l'intéresse, et c'est pour être plus puissant qu'il faut savoir obéir, afin de pouvoir aussi commander; la vertu est une condition de vie plus forte, de santé débordante, de progrès au lieu de ruine. — Soit, mais s'il en est ainsi, pourquoi renverser l'antique table des valeurs, stoïcienne ou chrétienne, où la vertu était au premier rang? pourquoi vouloir terrasser « le dragon aux mille écailles » qui porte écrite sur elles la *loi*, — une loi d'obéissance et de commandement à soi-même. Nietzsche a réfuté admirablement les anarchistes, mais ne se réfute-t-il point encore mieux? Après avoir posé le principe de tout anarchisme, a-t-il bien le droit d'en refuser la conséquence : licence absolue?

Selon Nietzsche, l'anarchiste n'est que le porte-parole des couches sociales en décadence. « Lorsque l'anarchiste réclame, dans une belle indignation, le *droit*, la *justice*, les *droits égaux*, il se trouve sous la pression de sa propre inculture, qui ne sait pas comprendre pourquoi au fond il souffre, en quoi il est pauvre, c'est-à-dire en *vie*. Il y a en lui un instinct de causalité qui le pousse à raisonner; il faut que ce soit la faute à quelqu'un s'il se trouve mal à l'aise » (1). Ainsi, à en croire Nietzsche, c'est absolument la faute de l'ouvrier anarchiste (ou socialiste) s'il est dans une condition misérable qui l'excite à accuser la société entière et à réclamer des lois de répartition meilleure. Le pauvre n'est pauvre qu'en *vie*! A qui Nietzsche fera-t-il admettre un tel paradoxe? Lui qui accuse tant la société quand c'est au nom de son propre individualisme, comment peut-il

---

(1) *Crépuscule des idoles*, § 34.

trouver tout injuste dans les accusations des misérables contre la société?

Au fond, Nietzsche a beau dire; il est lui-même un anarchiste antilibertaire, antiégalitaire, un anarchiste pour qui, toute loi morale étant abolie, le mieux est qu'un bon tyran fasse la loi. Les anarchistes démocrates, après avoir renversé toute morale, s'imaginaient qu'ils n'allaient plus obéir; mais, avec Thrasymaque et Calliclès, l'aristocratique Nietzsche leur dit : — C'est plus que jamais le moment d'obéir : il y aura toujours des esclaves et il y aura toujours des maîtres, voilà la vraie loi de nature ; si vous ne pouvez pas (ce que je crains) faire partie des maîtres qui commandent, résignez-vous à faire partie des esclaves qui obéissent.

On a justement donné le nom d'anarchie passive au système de Tolstoï: non-résistance au mal ; le système de Nietzsche est l'anarchie active aboutissant au despotisme des prétendus « maîtres » et à l'asservissement des « esclaves ».

Quoique Nietzsche n'ait voulu admettre ni bien ni mal véritable, ni moralité ni immoralité, ni obligation ni sanction, il devient cependant, au point de vue social, un partisan résolu de la punition, pourvu que ce soient les maîtres qui l'infligent aux esclaves. Il se plaint, à ce sujet, de nos sensibleries à l'égard des criminels. « Il vient un moment dans la vie des peuples, dit-il, où la société est avachie, énervée au point de prendre parti même pour l'individu qui la lèse, pour le criminel — et cela le plus sérieusement du monde. Punir ! le fait même de punir lui paraît contenir quelque chose d'inique ; — il est certain que l'idée de « châtiment » et de la « nécessité de châtier » lui fait mal, lui fait peur : est-ce qu'il ne suffirait pas de mettre le malfaiteur hors d'état de nuire? Pourquoi donc punir?... punir est si pénible (1)! » Nietzsche, lui, ne connaît pas ces lâches apitoiements. Il

(1) *Par delà le Bien et le Mal*, § 188.

châtie l'homme comme on châtie son chien, et si l'homme souffre, tant pis, ou tant mieux ! Ne faut-il pas que celui qui a la puissance supérieure la déploie aux dépens et, finalement, au profit des puissances inférieures?

Après avoir ainsi reproché à notre temps de démocratie et de socialisme son indulgence pour les coupables, Nietzsche n'en est pas moins tout le premier à prêcher éloquemment la compassion envers les criminels :

Vous ne voulez point tuer, juges et sacrificateurs, avant que la bête n'ait hoché la tête? Voyez ! le pâle criminel a hoché la tête : de ses yeux parle le grand mépris...

Votre homicide, ô juges, doit être compassion, et non vengeance. Et en tuant, regardez à justifier la vie même !

Il ne suffit pas de vous réconcilier avec celui que vous tuez. Que votre tristesse soit l'amour du Surhomme, ainsi vous justifiez votre survie.

Dites « ennemi » et non pas « scélérat »; dites « malade » et non pas « gredin »; dites « insensé » et non pas « pécheur ».

Et toi, juge rouge, si tu disais à haute voix ce que tu as fait déjà en pensées, chacun crierait : Otez ces immondices et ce ver empoisonné !

Mais autre chose est la pensée, autre chose l'action, autre chose l'image de l'action. La roue de la causalité ne roule pas entre elles...

Qu'est cet homme ? Un monceau de maladies, qui, par l'esprit, percent hors du monde : c'est là qu'elles veulent faire leur butin.

Qu'est cet homme ? Un amas de serpents sauvages, qui rarement sont tranquilles ensemble; alors ils s'en vont, chacun de son côté, chercher du butin par le monde.

Voyez ce pauvre corps ! ce qu'il souffrit et ce qu'il désira, cette pauvre âme essaya de le comprendre; elle l'interpréta comme la joie et l'envie criminelles vers le bonheur du couteau.

Celui qui tombe malade maintenant est surpris par le mal qui est mal maintenant; il veut faire mal avec ce qui lui fait mal. Mais il y eut d'autres temps, un autre bien, et un autre mal...

Mais ceci ne veut pas entrer dans vos oreilles. Cela nuit à ceux d'entre vous qui sont bons, dites-vous. Mais que m'importent vos bons ?

Chez vos bons, bien des choses me dégoûtent, et ce n'est vraiment pas leur mal. Je voudrais qu'ils aient une folie qui les fasse périr, pareils à ce pâle criminel !

Vraiment je voudrais que leur folie s'appelât vérité, ou fidélité, ou justice ; mais ils ont leur « vertu » pour vivre longtemps dans un misérable contentement de soi.

Je suis un garde-fou au bord du fleuve : que celui qui peut me saisir me saisisse !

Ainsi parla Zarathoustra (1).

Voici cependant le conseil que je vous donne, mes amis : méfiez-vous de tous ceux dont l'instinct de punir est puissant !

C'est une mauvaise engeance et une mauvaise race : ils ont sur leur visage les traits du bourreau et du ratier.

Méfiez-vous de tous ceux qui parlent beaucoup de leur justice ! En vérité, ce n'est pas seulement le miel qui manque à leurs âmes.

Et s'ils s'appellent eux-mêmes les bons et les justes, n'oubliez pas qu'il ne leur manque que la puissance pour être des pharisiens.

Ainsi parla Zarathoustra (2).

Mais Zarathoustra ne parle-t-il point précisément comme les socialistes, les anarchistes et les démocrates ?

Je n'aime pas votre froide justice ; dans les yeux de vos juges passe toujours le regard du bourreau et son couperet glacé.

Dites-moi où se trouve la justice qui est l'amour avec des yeux clairvoyants ?

Inventez-moi donc l'amour qui porte non seulement toutes les punitions, mais aussi toutes les fautes !

Inventez-moi donc la justice qui acquitte chacun, sauf celui qui juge !

Mais comment saurais-je être juste au fond de l'âme ? Comment pourrais-je donner à chacun le *sien* ? Que ceci me suffise ; je donne à chacun le *mien* !

IV

Nietzsche a quelque part appelé Renan le « demi-prêtre, demi-satyre » ; il est cependant tout plein de ses idées ou plutôt de ses fantaisies. Si Renan dit que

---

(1) Tr. fr., p. 47.
(2) *Zarathoustra*, tr. fr., p. 137.
(3) *Zarathoustra*, tr. fr., p. 91.

le vrai penseur se reconnaît à ce qu'il est le premier à rire de ses pensées, Zarathoustra répétera que le sage doit, au-dessus de tout ce qu'il dit et fait, élever « le rire, le bon rire ». L'auteur de *Caliban* et des *Dialogues philosophiques*, ce merveilleux sceptique mêlé de croyant, ce grand ironiste en philosophie et en religion, qui riait volontiers de ses propres pensées, était un de ces « danseurs » dont Zarathoustra fait l'éloge, habiles à maintenir en équilibre, aux hauteurs les plus vertigineuses, le balancier du pour et du contre. On se rappelle cette étonnante fantaisie où Renan nous montre sa caste de savants maîtresse du globe et se faisant obéir de la masse ignorante sous la menace de faire sauter la terre : obéissance ou mort! « Je rêve », écrit Nietzsche, « d'une association d'hommes qui seraient entiers et absolus, qui ne garderaient aucun ménagement et se donneraient à eux-mêmes le nom de *destructeurs*; ils soumettraient tout à leur critique et se sacrifieraient à la vérité »; — à cette vérité qui, selon le même Nietzsche, n'existe pas! Le rêve dont Renan voulait amuser ses lecteurs et s'amuser soi-même, le penseur allemand le prend au sérieux. Cette menace hyperbolique de destruction dont le doux Renan armait son aristocratie scientifique, Nietzsche la remplace par une destruction véritable : il veut que ses hommes d'élite, terrifiant à la fois socialistes et anarchistes, les révoltés de toutes sortes, passent sur la terre comme des dévastateurs. Il professe l'amour de la *destruction* autant qu'un adorateur du vieil Odin. Dans la pièce de vers intitulée *Dernière Volonté*, il se rappelle un de ses amis qui, combattant avec lui contre la France en 1870, exultait de vaincre même en mourant :

> A l'heure de la mort il ordonnait,
> Et il ordonna la *destruction*.

A ce souvenir, Nietzsche fait un retour sur lui-même et nous crie son dernier vœu :

> Mourir ainsi
> Que jadis je le vis mourir :
> Vainqueur, destructeur !...

Dans une autre page, Nietzsche veut que l'homme supérieur et héroïque éprouve, par delà la terreur et la pitié, la joie du devenir éternel, « qui comprend aussi la joie de la *destruction* ». Combien le prétendu « Slave » se montre ici « Germain »! La destruction érigée en œuvre sainte, en accomplissement de l'éternelle destinée, en moment de l'éternel devenir, en condition de l'éternel retour! Si les Vandales avaient fait de la métaphysique hégélienne, ils n'auraient pas parlé autrement. M. de Moltke et M. de Bismarck se sont contentés de mettre à la place du Destin ou de l'Absolu la Providence, et ils ont entonné, avant Nietzsche, le vieil hymne à la guerre, à la sainte Dévastation.

Victime de l'illusion aristocratique, Nietzsche se persuade que les privilégiés de l'ordre social et politique seront aussi, par cela même, les meilleurs de nature ou de volonté. Autre pourtant est l'aristocratie de caractère rêvée par Nietzsche et Renan, qui comprendrait les énergiques et les forts, les grands esprits et même les grands cœurs, autre est l'aristocratie de naissance ou de privilège. Qui assure Nietzsche que l'une coïncidera avec l'autre, surtout dans une société où la justice ne sera plus la règle et où les plus forts auront seuls pour eux le droit?

Nietzsche fonde son espérance sur la sélection même des plus forts, qui finira par en faire les plus intelligents. Avec Flaubert, avec Renan, avec presque tous les romantiques, il admet qu'un peuple n'est qu'un détour pris par la nature pour produire une douzaine de grands hommes, y compris lui-même; et il pose en principe que: « l'humanité doit toujours travailler à mettre au monde des individus de génie; — c'est là sa mission, elle n'en a point d'autre ». — Soit. Admettons-le, malgré la contradiction qu'il y a à dire que l'humanité est faite pour Renan, Flaubert et Nietzsche, alors que les grands hommes, à leur tour, n'ont de valeur que par les services qu'ils peuvent rendre à l'humanité en l'amenant à un niveau surhumain. Toujours est-il qu'une question se présente : — Comment vous y prendrez-vous pour faire surgir vos grands hommes ? — Nous aurons soin désormais, répond Nietzsche, de ne plus laisser au seul hasard le soin de faire surgir l'individu de génie, le vrai maître, du milieu de la masse des médiocres et des esclaves ; nous nous efforcerons, en pleine connaissance de cause, de faire naître par la *sélection*, par une *éducation* appropriée, une race de héros. « Il est possible, affirme Nietzsche, d'obtenir, par d'heureuses inventions, des types de grands hommes tout autres et plus puissants que ceux qui, jusqu'à présent, ont été façonnés par des circonstances fortuites. La culture rationnelle de l'homme supérieur, c'est là une perspective pleine de promesses. » Ainsi serait substituée la sélection artificielle à la sélection naturelle, dont le jeu n'est pas assez sûr. Quant aux moyens de produire artificiellement des hommes dignes du rang de maîtres, Nietzsche les laisse dans l'indétermination, et pour cause. Nous doutons qu'on puisse, par aucun artifice, procréer des héros comme on obtient des races de chevaux supérieurs. Ni la sélection naturelle ni la sélection artificielle ne nous assurent donc que nous aurons les grands hommes destinés à devenir nos despotes. Les eussions-nous, qu'il faudrait toujours des signes pour reconnaître leur supériorité. Si on leur laisse à eux-mêmes le soin de s'imposer, rien ne nous dit que de faux grands hommes ne réussiront pas à être les plus forts ou les plus rusés. N'est-il donc pas plus simple de maintenir les règles de la justice commune et du droit commun, en laissant aux supériorités le pouvoir de naître et de se faire accepter *librement ?* Telle n'est pas la réponse de Nietzsche ; il veut de vrais « maîtres » et, du même coup, des « esclaves ». La production de toute aristocratie, dit-il, nécessite une armée d'esclaves. « L'esclavage est une des conditions essentielles d'une haute culture : c'est là, il faut bien le dire, une vérité qui ne laisse plus place à aucune illusion sur la valeur absolue de l'existence. C'est là le vautour qui ronge le foie du moderne Prométhée, du champion de la civilisation. La misère des hommes qui végètent péniblement doit être encore augmentée pour permettre à un petit nombre de génies olympiens de produire les grandes œuvres d'art ». Le progrès de la culture n'a pas pour effet de soulager les humbles : les ouvriers du xix° siècle ne sont pas plus heureux que les esclaves de l'époque de Périclès. Nietzsche reproduit ainsi, sans les critiquer, toutes les idées courantes depuis Schlegel, Hegel, Cousin et Renan. Mais l'exemple même qu'il donne de nos ouvriers comparés aux esclaves antiques est la meilleure réfutation de sa thèse : il suffit de lire, dans les auteurs grecs, la manière dont les Spartiates, dont les Athéniens eux-mêmes, dont les Romains traitaient leurs esclaves, pour réduire à sa valeur le paradoxe de ceux qui croient à l'éternelle équivalence des conditions humaines. Prétendra-t-on également que les famines sont aujourd'hui aussi nombreuses et aussi meurtrières qu'au moyen âge ? Quoi qu'en puisse dire Nietzsche, le servage fut un adoucissement de l'esclavage, le salariat a été un adoucissement du servage, et nous tendons aujourd'hui à la suppression du salariat lui-même au profit de la coopération et de l'association ; c'est-à-dire que nous tendons à une plus grande justice parmi les hommes et à une plus grande égalité de droits, qui produira une plus grande égalité de jouissances. Un contemporain de Karl Marx aurait pu concevoir, sur ce sujet, des idées un peu moins arriérées que celles qui ont séduit Nietzsche.

Continuant de développer les doctrines que Renan, après Victor Cousin, avait empruntées à Hegel, — et qui devaient finir par se retourner contre la France, — Nietzsche soutient que l'importance d'un progrès se mesure à la grandeur des sacrifices qui doivent lui être faits. La fin justifie les moyens : « L'humanité, en tant que *masse*, sacrifiée à la prospérité d'une seule espèce d'hommes *plus forts*, voilà qui serait un progrès (1) ».

Cette théorie du droit des plus forts repose sur l'idée vague de *force*, qui, scientifiquement, n'offre aucun sens, puisqu'elle peut désigner la force physique, la force cérébrale, la force de la volonté, la force de l'intelligence, la force même de l'amour, — car l'amour, lui aussi, est une force. Quels sont donc enfin ces *forts* auxquels il faudrait sacrifier l'humanité ? Sont-ce de simples hercules de foire, ou des hercules de la pensée, ou des hercules du cœur ? Ces derniers repousseront le sacrifice d'autrui, ils se sacrifieront plutôt à autrui. Est-ce donc simplement au succès et à la victoire que se mesurera la force ? A ce compte, assurément, les Anglais sont plus forts que les Boers ; je vois bien que leur triomphe est celui des gros bataillons et des gros sacs d'argent sur les petits, mais est-il sûr qu'il soit celui des « héros » sur la « canaille » ? Si les Anglais « dominent » les Boers par certains côtés, peut-être les Boers les dominent-ils par d'autres, qui ont plus de grandeur.

Le triomphe prétendu assuré des meilleurs, la formation d'une aristocratie par la lutte pour l'existence ou pour la puissance est un résultat contesté aujourd'hui par tous les sociologues et même par tous les biologistes. Supposez, a dit M. Vaccaro dans son livre sur la *Lutte pour l'existence*, qu'un lion très puissant, après avoir disputé à un tigre un cheval tué par ce dernier, soit sur le point de le manger, lorsque survient un autre lion moins fort que lui, mais qui a dormi toute la journée ; le plus dispos pourra l'emporter sur le plus las et le plus affamé. Ce n'est sans doute là qu'un cas accidentel ; mais les accidents de tous genres remplissent l'histoire animale comme l'histoire humaine. Par cela même que les « meilleurs » ont une organisation plus

(1) *Généalogie de la morale*, tr. fr., p. 125.

délicate, ils sont plus exposés à toutes les mésaventures ; un chronomètre de précision se dérangera plus en tombant qu'une montre ordinaire. C'est parfois un défaut qui décide d'un succès ; une organisation plus fruste et plus grossière pourra, comme l'ont remarqué les physiologistes, supporter mieux une intoxication microbienne qu'un organisme délicat et à système nerveux très développé.

Au reste, Nietzsche lui-même a reconnu que la sélection n'a pas toujours pour résultat le triomphe des meilleurs ; il se plaint de ce que, là où la lutte pour la vie existe, « elle se termine malheureusement d'une façon contraire à celle que désirerait l'école de Darwin, à celle que l'on *oserait* peut-être désirer avec elle : je veux dire au détriment des privilégiés, des forts, des exceptions heureuses. Les espèces ne croissent point dans la perfection : les faibles *s'unissent toujours* pour se rendre maîtres des forts » (1).

On sait que, d'après le comte de Gobineau, M. Vacher de Lapouge, O. Ammon, la décadence et la chute des peuples ne seraient dues qu'à l'épuisement des éléments ethniques supérieurs. Grand admirateur de Gobineau, Nietzsche adopte ces vues : « Dans toute l'Europe, dit-il, la race asservie a repris finalement le dessus, quant à la couleur, quant à la brachycéphalie, peut-être même quant aux instincts intellectuels et sociaux. Qui nous garantit que la démocratie moderne, l'anarchisme plus moderne encore, et notamment cette tendance au communisme, à la forme sociale primitive, commune aujourd'hui à tous les socialistes européens, ne sont pas, dans l'ensemble, des cas de monstrueuse réversion ? La race des maîtres et des conquérants est en décadence même au sens physiologique (2)… » Ailleurs, Nietzsche s'exprime avec plus de précision encore : « On peut présumer que de temps à autre, à certains points

(1) *Crépuscule des idoles*, p. 184.
(2) *Généalogie de la morale*, p. 210.

du globe, un *sentiment de dépression*, d'origine physiologique, doit nécessairement se rendre maître des masses profondes... Un tel sentiment de dépression peut être d'origine extrêmement multiple ; il peut naître d'un croisement de races trop hétérogènes (ou de classes, — les classes indiquant toujours des différences de naissance et de race : le *spleen* européen, le pessimisme du xixe siècle sont essentiellement la conséquence d'un mélange de castes et de rangs, mélange qui s'est opéré avec une rapidité folle) ; il peut provenir encore des suites d'une émigration malheureuse, une race s'étant fourvoyée dans un climat pour lequel son adaptabilité ne suffisait pas (le cas des Indiens aux Indes), ou bien il peut être dû à un sang vicié, malaria, syphilis, etc. (la dépression allemande après la guerre de Trente ans, qui couvrit de maladies contagieuses la moitié de l'Allemagne, préparant ainsi le terrain à la servilité et à la pusillanimité allemandes)... (1) »

Nietzsche rejette donc l'optimisme exagéré de certains évolutionnistes, qui croient que, dans la sélection, les victoires sont des triomphes du plus parfait; mais c'est pour tomber à son tour dans un pessimisme non moins exagéré, en croyant que la lutte pour la vie aboutit au triomphe des plus faibles ou des plus dégénérés. De plus, il se met ainsi en contradiction avec son système d'aristocratie, qui présupposait la sélection des plus énergiques. Les faibles, dit-il maintenant, ont « le grand nombre » ; ils sont aussi plus *rusés*. « Darwin a oublié l'esprit. Cela est bien anglais ! Il faut avoir *besoin* d'esprit pour arriver à avoir de l'esprit ; on perd l'esprit lorsque l'on n'en a plus besoin. Celui qui a de la force se défait de l'esprit (2). » Rien de plus vrai, mais comment Nietzsche n'en conclut-il pas que son homme de proie, son homme *fort*, risque d'être tout simplement ce qu'on appelle une brute ? Nietzsche, il est vrai, ne

---

(1) *Généalogie de la morale*, p. 240.
(2) *Ibid.*, p, 246.

vent ici désigner par « esprit » que « la circonspection, la patience, la ruse, la dissimulation, le grand empire sur soi-même et tout ce qui est *mimicry* » ; une grande partie de ce qu'on appelle vertu, ajoute-t-il, appartient à cette dernière (1). Toutes ces boutades peuvent être elles-mêmes de « l'esprit » ; il n'en reste pas moins que, de l'aveu de Nietzsche, l'intelligence demeure une force plus forte que la force.

Au milieu d'un tel conflit d'idées et en l'absence de tout critérium, comment Nietzsche, ce grand partisan de la hiérarchie, établira-t-il les degrés de son échelle sociale, maîtres et esclaves ? Point de véritable idéal régulateur, puisque « rien n'est vrai, tout est permis ». Est-ce donc par le *fait* seul que s'établira la hiérarchie, par la *force* effective ? Mais les aristocraties, aujourd'hui, sont moins fortes que le peuple, et Nietzsche en gémit ; elles sont donc inférieures au peuple ? — Non, car les élites sont plus savantes et meilleures. — Il y a donc, de nouveau, une science et une vérité scientifique, il y a une bonté quelconque, qui se reconnaît à certains signes ! Dès lors, tout n'est plus permis. Après avoir voulu nous envoler au delà du bien et du mal, nous revenons en deçà. Les ailes de Zarathoustra sont les ailes d'Icare.

(1) *Généalogie de la morale*, p. 246.

CHAPITRE VI

CONDAMNATION DE LA PITIÉ

Nietzsche n'est pas moins hostile à la charité et à la pitié qu'à la justice ; il l'est même davantage. Loin d'être la suprême vertu, la charité est à ses yeux l'abomination de la désolation, le « commencement de la fin », le grand agent de dégénérescence vitale et de déclin. « Qu'est-ce qui est plus nuisible que n'importe quel vice ? — La pitié qu'éprouve l'action pour les déclassés et les faibles : le christianisme (1). — Périssent les faibles et les ratés ! Et qu'on les aide encore à disparaître ! »

Nietzsche confond indûment la charité avec la pitié et avec le sentimentalisme mis à la mode par Tolstoï et Dostoïewsky, par tous les adeptes de la religion de la souffrance humaine. Il y a aujourd'hui presque partout en Europe, dit-il (non sans raison), une sensibilité et une irritabilité maladives pour la douleur, et aussi une intempérance fâcheuse à se plaindre, une « efféminisation qui voudrait se parer de religion et de fatras philosophique pour se donner plus d'éclat. Il y a un véritable culte de la douleur. Le *manque de virilité* de ce qui, dans ces milieux exaltés, est appelé compassion, saute aux yeux » (2). On peut reconnaître un côté vrai dans

---

(1) *Généalogie de la morale*, tr. fr., p. 93.
(2) *Par delà le Bien et le Mal*, p. 248.

ces assertions de Nietzsche : c'est ce fait, d'ailleurs un peu trop évident, que la vertu, pour être virile, ne doit pas être efféminée. La sensiblerie est-elle la sensibilité de l'homme vraiment juste et même vraiment aimant ?

Spinoza avait déjà dit que « la pitié est, de soi, mauvaise et inutile », mais seulement « dans une âme qui vit conduite par la raison ». Et il entendait par pitié l'émotion sensitive et nerveuse, la *passion* de la *compassion*. Mais ce grand esprit avait soin d'ajouter : « Il est expressément entendu que je parle ici de l'homme qui vit selon la raison. Car, si un homme n'est jamais conduit, ni par la raison, ni par la pitié, à venir au secours d'autrui, il mérite assurément le nom d'*inhumain*, puisqu'il ne garde plus avec l'homme aucune ressemblance. » Spinoza réfutait ainsi Nietzsche. Le sage stoïque et spinoziste, qui n'est pas inhumain, mais humain par la raison et même surhumain, serait le véritable Surhomme. Mais Nietzsche a le plus profond dédain de ce qu'on appelle la raison, qui n'est pour lui qu'un instinct plus ou moins dévié. La seule chose qui le préoccupe, nous le savons, c'est la vie et la puissance inhérente à la vie ; c'est au déploiement de la vie qu'il mesure la valeur de toutes choses, — valeur naturelle et non morale, puisque les valeurs morales n'existent pas. De ce point de vue, la dureté et même la cruauté lui sont déjà apparues comme des moyens naturels de défense et de conservation qu'emploie la vie ; la pitié lui apparaît maintenant comme la grande tentatrice qui menace la vie, qui l'excite à prendre la route du nihilisme vital.

L'outrance est chère aux écrivains allemands ; ils aiment l'énorme et le disproportionné, qu'ils tendent à confondre avec le sublime. — « Soyez fermes » jusque dans la bonté, forts jusque dans la douceur, éclairés jusque dans la pitié, — voilà une idée absolument droite, personne n'y fera attention ; « soyez durs » : voilà une idée tortue et contrefaite, aussitôt on la remarque. Pour redresser cette idée, il suffit de faire observer que la pitié ou sympathie spontanée n'est ni la vraie charité des chrétiens, ni la bonté morale des philosophes.

« On perd de la force quand on compatit, prétend Nietzsche. Par la pitié s'augmente et se multiplie la déperdition de force que la souffrance déjà apporte à la vie (1). » Guyau avait répondu d'avance :

> ..... La souffrance s'émousse
> Lorsqu'elle unit les cœurs comme fait un aimant
> Et les soulève tous d'un même battement ;
> Ainsi que la pitié la douleur devient douce.

Nietzsche, s'inspirant de Darwin et de Spencer, qui étaient non moins à la mode de son temps que les psycho-physiologistes, voit dans la pitié un obstacle artificiel apporté aux bienfaits de la sélection naturelle, qui, sans elle, éliminerait les faibles et les mal conformés. « La pitié contrarie la loi de l'évolution, qui est celle de la *sélection*. Elle comprend ce qui est mûr pour la disparition, elle se défend en faveur des déshérités et des condamnés de la vie. Par le nombre et la variété des choses *manquées* qu'elle *retient* dans la vie, elle donne à la vie elle-même un aspect sombre et douteux. On a eu le courage d'appeler la pitié une vertu (dans toute morale *noble* elle passe pour une faiblesse) ; on est allé plus loin, on a fait d'elle la vertu, le terrain et l'origine de toutes les vertus. Mais il ne faut jamais oublier que c'était du point de vue d'une philosophie qui était nihiliste, qui inscrivait sur son bouclier *la négation de la vie* » (2). — Qu'entend Nietzsche par les déshérités, les condamnés, les vaincus de la vie ? Il y a des déshérités qui le sont par le fait des seules circonstances sociales : faut-il les éliminer comme des bossus ou des culs-de-jatte ? Si un Byron boite, faut-il le jeter pour cela au gouffre avant qu'il n'ait écrit *Childe-Harold* ? Nietzsche eût-il été sûr lui-même d'échapper à une condamnation prématurée ? Ne fut-il pas aussi un vaincu

---

(1) *L'Antéchrist*, p. 248.
(2) *Généalogie de la morale*, p. 340.

de la vie ? Pour vaincre les maux, d'ailleurs, il faut les connaître, il faut les étudier, il faut les soigner, il faut apprendre à les guérir : la science de la vie ne ferait aucun progrès sans la science des maux de la vie, qui elle-même suppose la compassion aboutissant à l'action.

Nietzsche ajoute, avec Spencer, que la philanthropie si large qui est maintenant entrée dans nos mœurs est non seulement inutile, mais même nuisible à la société. Nous avons examiné jadis ce problème dans un livre (*La Science sociale contemporaine*), que Nietzsche, paraît-il, a couvert d'annotations marginales. Nous regrettons de ne pas connaître ses objections, mais elles devaient se ramener toutes au fameux : « Périssent les faibles et les ratés ! » Nous retrouverons plus loin des objections semblables de Nietzsche à Guyau. Reste à savoir ce qu'on entend par les *faibles*. Nietzsche était physiquement un faible, — à supprimer ; il devait même, par malheur, devenir plus qu'un raté, un dément. Et cependant il fut une preuve de l'utilité que peuvent avoir les faibles de corps et même les déséquilibrés d'esprit, qui ont parfois des facultés intellectuelles supérieures.

« Pourquoi si dur ? — dit un jour au diamant le charbon de cuisine ; ne sommes-nous pas intimement parents ? »

Pourquoi si mous ? O mes frères, ainsi vous demandé-je, *moi* : n'êtes-vous donc pas — mes frères ?

Pourquoi si mous, si fléchissants, si mollissants ? Pourquoi y a-t-il tant de reniement, tant d'abnégation dans votre cœur ? si peu de destinée dans votre regard ?

Et si vous ne voulez pas être des destinées, des inexorables : comment pourriez-vous un jour *vaincre* avec moi ?

Et si votre dureté ne veut pas étinceler, et trancher, et inciser : comment pourriez-vous un jour *créer* avec moi ?

Car les créateurs sont durs. Et cela doit vous sembler béatitude d'empreindre votre main en des siècles, comme en de la cire molle.

Béatitude d'écrire sur la volonté des millénaires, comme sur de l'airain, — plus dur que de l'airain, plus noble que l'airain. Le plus dur seul est le plus noble.

O mes frères, je place au-dessus de vous cette table nouvelle : *Devenez durs !*

Il a manqué à l'infortuné Nietzsche ce que Socrate appelait la grande science, — celle de l'amour. Nietzsche a d'ailleurs ignoré une moitié de l'humanité, la femme. « Je n'ai pas trouvé chez lui, dit sa sœur, la moindre trace d'une passion amoureuse. Toute son activité était employée aux choses de l'esprit et, pour le reste, il n'avait qu'une curiosité toute superficielle. Lui-même, plus tard, parut souffrir beaucoup de n'avoir pu éprouver une passion d'amour. » Ce n'est pas seulement son cœur, selon nous, c'est son intelligence qui en souffrit, c'est sa philosophie tout entière, ignorante de l'éternel féminin, qui est aussi l'éternel charme, l'éternelle douceur et l'éternelle bonté. S'il avait aimé, s'il avait été aimé, ce nouveau Moïse ne serait pas descendu de la montagne avec cette table de la loi : « Soyez durs ! »

LIVRE TROISIÈME

LES JUGEMENTS DE NIETZSCHE SUR GUYAU

D'APRÈS DES DOCUMENTS INÉDITS

La meilleure preuve de ce qu'il y a d'incertain dans les principes de Nietzsche et d'arbitraire dans ses conclusions, c'est que, d'une conception analogue de la vie intensive, un autre philosophe, poète comme lui, novateur comme lui, a su tirer des conséquences diamétralement contraires aux siennes.

I. — La pensée générale de Guyau a été fort bien saisie, en son originalité, par le penseur allemand :
« Selon Guyau, dit-il, « sympathie et sociabilité sont fondamentales, — *et non pas*, comme le veut l'école anglaise, plus ou moins artificielles et développées plus tard.

« Bentham et les utilitaires cherchent avant tout à éviter la douleur, leur ennemi mortel.

« Spencer voit dans les instincts *désintéressés* un produit de la société ; Guyau les trouve déjà dans l'individu, dans le fond de la vie. »

Telle est l'annotation de Nietzsche au bas de la page 25 de l'*Esquisse d'une morale sans obligation ni sanction*.

Avant de marquer le point où l'opposition des deux

philosophes va se produire, rappelons leurs points de coïncidence. Les deux penseurs ont pris d'abord pour accordé par tout le monde qu'il faut ou *régler* la conduite humaine ou la laisser *sans règle* (ce qui est encore une manière de lui donner une règle, celle de n'en pas avoir). Ils se sont accordés ensuite à chercher le fondement de la règle ou de l'absence de règle (question réservée) dans la nature la plus profonde de la *vie*, qu'ils considèrent comme étant le fond même de l'*existence*. Ils se sont accordés à concevoir la vie comme une *activité* qui trouve dans sa plus haute *intensité* sa plus haute jouissance. Ils se sont accordés enfin à concevoir la plus haute intensité comme en proportion nécessaire avec la plus large *extension*.

Reste à déterminer la nature de cette extension. C'est ici le carrefour où s'ouvrent deux routes divergentes et où les deux philosophes vont se tourner le dos. Le point où débute la divergence est indiqué par Nietzsche lui-même. Guyau écrit d'abord à la page 18 ces lignes, dont une partie est soulignée par Nietzsche : « La vie est une sorte de *gravitation sur soi ;* » c'est là précisément le principe qu'admettent en commun les deux philosophes. « Mais, continue Guyau, l'être a toujours besoin d'accumuler un *surplus de force même pour avoir le nécessaire* ; l'épargne est la loi même de la nature. Que deviendra ce surplus de force accumulé par tout être sain, cette *surabondance* que la nature réussit à produire ? » Nietzsche met en marge : « Là gît la faute. » Que veut-il donc dire ? Lui aussi, pourtant, admet que l'être accumule la force de manière à en avoir un surplus, une surabondance. Mais il n'admet pas que cette accumulation résulte d'une espèce de vitesse acquise en vue de se procurer le nécessaire et qui aboutit à plus qu'il n'est absolument besoin. Il voit dans la surabondance le résultat d'un instinct de *déploiement de puissance*, *Macht auslassen*, comme il répète sans cesse. Il s'imagine que l'être accumule le pouvoir pour le pouvoir même, — comme si le pouvoir avait un prix indépendamment de l'usage et de la joie finale qui y est attachée. Il croit donc que l'être fait provision de vie en excès pour « déployer sa puissance *sur autrui... an andern Macht auslassen* ». Guyau, au contraire, voit dans la surabondance le moyen final de *ne pas dépouiller autrui* et de *s'unir à autrui*.

Nous avouons que la position de Guyau nous semble assez logique. Si, en effet, la surabondance de force peut servir à attaquer, elle peut évidemment aussi servir à ne pas attaquer et même à s'associer. — Nietzsche répond, on s'en souvient : Les forts aiment naturellement l'isolement; ce sont les faibles qui s'associent. — Pas toujours, aurait répliqué Guyau. En outre, Nietzsche oublie que la surabondance vitale peut et doit se traduire, chez les animaux bien conformés, comme le singe et l'homme, par une surabondance *cérébrale*, qui aboutit à l'intelligence, à la faculté de représentation, et, par l'intermédiaire de la *représentation*, à la *sympathie*.

Placé comme Hercule entre deux voies, celle de l'expansion naturelle vers autrui et celle de l'expansion naturellement agressive contre autrui, chacun devra choisir : il faut nécessairement suivre ou Nietzsche ou Guyau. En suivant la voie de Guyau, on fonde l'altruisme naturel sur la loi même de la vie. Ce n'est pas là l'affaire de Nietzsche, qui veut rester dans l'égoïsme primitif et, pour cela, prêche le déploiement de la puissance *sur* et *contre* autrui. Aussi accuse-t-il Guyau de commettre là « une faute », — la faute de contredire Nietzsche. Il l'accuse même d'être en contradiction avec soi : « En son effort, dit-il, pour montrer que les instincts moraux ont leur fondement dans la vie même, l'auteur a oublié qu'il a démontré le contraire, — à savoir que tous les instincts fondamentaux de la vie sont *immoraux*, y compris ceux qu'on appelle moraux. La plus haute intensité de vie est sans doute en proportion nécessaire de *sa plus large expansion*; seulement celle-ci est ennemie de tous les faits altruistiques. Cette expansion se manifeste au dehors comme insatiable vouloir de puissance. » Ce qu'il y a de curieux ici, c'est l'illusion d'optique par laquelle la contradiction entre Guyau et Nietzsche paraît à ce dernier une contradiction entre Guyau et Guyau lui-même. En fait, Guyau n'a nullement démontré ni voulu démontrer que « tous les instincts fondamentaux de la vie sont *immoraux*, y compris ceux qu'on appelle moraux ». Cette thèse est celle même de Nietzsche. Sans doute Guyau l'a prévue et exprimée, mais pour la rejeter finalement, non pour l'admettre. La preuve en est que Guyau, dans un chapitre célèbre, en développant sous forme conditionnelle l'hypothèse de l'indifférence de la nature, a dit : « *L'égoïsme serait alors la loi essentielle et universelle de la nature.* En d'autres termes, il y aurait coïncidence de ce que nous appelons *la volonté immorale chez l'homme avec la volonté normale de tous les êtres. Ce serait peut-être là le scepticisme moral le plus profond.* » Les traits qui soulignent ces mots sont de Nietzsche, et ce dernier, se reconnaissant ici lui-même, écrit en marge : *moi*. L'immoralité foncière de la vie est donc bien l'hypothèse de Nietzsche, non celle de Guyau. Quand Guyau entreprend, comme le dit Nietzsche, de trouver les fondements des instincts moraux dans la vie même, c'est Nietzsche seul qu'il contredit — et qu'il réfute par avance.

Aussi pensons-nous que les mots : « Ici gît la faute » peuvent précisément s'appliquer à Nietzsche; car, nous l'avons montré, c'est une *faute* de confondre toute expansion d'activité avec une agression, de croire que ce qui est en plus des besoins stricts de la vie individuelle, ce qui est comme un luxe, ne peut être employé que contre les autres, comme si la lutte ne provenait pas des *nécessités* et besoins, non du *superflu* et du surabondant ! Les sens supérieurs, tels que la vue, ont été d'abord produits par et pour des besoins, mais, une fois développés, s'ils peuvent encore servir à attaquer ou à se défendre, ils peuvent également servir à marcher de concert avec autrui ou à contempler les mêmes objets qu'autrui avec la même admiration. On se rappelle que, pour Guyau, la vie a deux faces : par l'une elle est nutrition, assimilation et conquête, par l'autre, production et fécondité ; parmi les *besoins* mêmes de la vie, à côté de l'égoïste nutrition, Guyau a montré que la génération n'a déjà plus la même direction exclusivement centripète et qu'elle est une sorte d'invitation naturelle à l'altruisme. Le développement spontané de la vie, de la tendance à être, à être plus, à être mieux, produit le développement des tendances vers autrui comme celui des tendances vers soi. Le *moi* s'élargit lui-même et finit par embrasser *autrui*. Sans doute il ne peut entièrement se supprimer (à moins qu'il ne s'agisse du dévouement jusque dans la mort), mais la moralité ne commande pas, d'ordinaire, de ne plus être et de ne plus être nous-mêmes ; ce qu'elle nous commande, c'est d'être aussi les autres, d'exister dans les autres et pour les autres.

Nietzsche termine sa longue note du frontispice en appréciant la théorie de Guyau sur la génération, principe d'altruisme : « Il s'en faut, dit-il, que la génération soit un symptôme d'un caractère altruistique : elle résulte d'une division et lutte dans un organisme gorgé de proie, qui, n'ayant pas assez de puissance dominatrice, est incapable d'organiser *intérieurement* toutes ses conquêtes. » A vrai dire, ni l'essence intime de la nutrition ni celle de la génération ne sont encore scientifiquement connues, et l'on ne peut construire un système philosophique ou moral sur l'inconnu. Heureusement, la question de savoir si l'homme raisonnable, en société, doit être égoïste ou altruiste, ne dépend pas de celle de savoir si la nutrition est une destruction de substance ou une construction, ni de celle de savoir si la génération est déjà une sorte de don de soi, ou, au contraire, une lutte et sécession de cellules qui arrivent à se séparer pour vivre indépendantes, comme les Etats du Nord et ceux du Sud dans la guerre américaine de sécession. On peut seulement dire que, au point de vue physiologique, la théorie de Nietzsche sur la génération est des plus contestables ; les naturalistes admettent plutôt, avec Guyau, que la génération est une surabondance de nutrition qui s'épanche au dehors, non l'effet d'une sorte de guerre intestine.

En tout cas, quand il s'agit des êtres sentants, voir une *lutte* dans la *génération* et ses suites, c'est pousser le goût de l'*agressif* jusqu'au paradoxe. Quelle lutte y a-t-il dans l'amour maternel ou paternel pour la progéniture, dans l'amour d'un sexe pour l'autre, dans l'amour des petits pour leurs parents ? La famille n'est-elle qu'un théâtre d'agressions réciproques ?

« Nous sommes ouverts de toutes parts, dit Guyau (p. 246), de toutes parts *envahissants* et envahis. » *Ia!* répond Nietzsche, qui croit reconnaître là sa volonté de puissance envahissante. Il se trompe en voyant dans cette invasion, non pas une simple expansion, mais une agression. Guyau, par cette ouverture de notre être qui nous permet d'être envahis et d'envahir, ne désigne nullement un instinct d'attaque et de lutte, mais une pénétration naturelle et pacifique des sensibilités ou des intelligences les unes dans les autres.

Les conditions mêmes de la vie *personnelle* enveloppent, pour Guyau, une vie non individuelle et partiellement altruiste. Où Nietzsche croira voir la tendance à exploiter autrui, à écraser autrui, Guyau reconnaît la tendance à s'unir aux autres, à ne faire qu'un avec eux pour former un tout plus vivant : « la vie la plus riche, dit-il, se trouve être aussi la plus portée à se prodiguer, à se sacrifier dans une certaine mesure, à se partager aux autres ». Quelle est donc la vraie loi d'évolution par laquelle la vie arrivera, selon le mot de Nietzsche, à se « dépasser toujours elle-même » ? Guyau répond, en s'appuyant sur la biologie comme sur la psychologie et la sociologie : « L'organisme le plus *parfait* sera aussi le plus *sociable*, et l'idéal de la vie *individuelle*, c'est la vie *en commun*. » Tel est le vrai sens de la loi posée par Guyau, et qui avait frappé Nietzsche, à savoir que « la plus haute intensité de la vie a pour corrélatif nécessaire sa plus large expansion ». Guyau ajoute : « Vie, c'est fécondité, et réciproquement la fécondité, c'est la vie à pleins bords, c'est la véritable existence. » Il soutient que la vie féconde est la vie généreuse et aimante, non la vie isolée dans un moi altier et impénétrable. « La vie ne peut être complètement égoïste, même quand elle le voudrait. Il y a une certaine générosité inséparable de l'existence, et sans laquelle on meurt, on se dessèche intérieurement. Il faut fleurir ; la moralité, le désintéressement, c'est la fleur de la vie humaine. » Non moins poète que Nietzsche, mais d'une raison plus saine et plus ferme, il nous rappelle, dans une page souvent citée, que l'on représente la charité sous les traits d'une mère qui tend à des enfants son sein gonflé de lait, et, au lieu de voir là une négation de la vie, il y voit la suprême affirmation de la vie. « C'est qu'en effet la charité ne fait qu'un avec la fécondité débordante ; elle est comme une maternité trop large pour s'arrêter à la famille. Le sein de la mère a besoin de bouches avides qui l'épuisent ; le cœur de l'être vraiment humain a aussi besoin de se faire doux et secourable pour tous ; il y a chez le bienfaiteur même un appel intérieur vers ceux qui souffrent. » Devant cette page, Nietzsche n'a pas osé mettre de contradictions, mais il n'y pouvait mettre d'approbation : c'eût été condamner son propre système, selon lequel charité ou pitié est le plus grand des vices.

« Nous avons constaté, conclut Guyau, jusque dans la vie de la cellule aveugle, un principe d'expansion qui fait que l'individu ne peut se suffire à lui-même ; la vie la plus riche se trouve être aussi la plus portée à se prodiguer, à se sacrifier dans une certaine mesure, à se partager aux autres. » Par là se trouve « replacée au fond même de l'être la source de tous les instincts de sympathie et de socialité ». — Après avoir lu ces pages, Nietzsche écrit, p. 25 : « Mais c'est là une complète mésinterprétation. Sécrétions et excréments à part, tous les vivants veulent avant tout déployer leur puissance sur les autres. » Guyau n'aurait pas eu de peine à répondre : « Déployer sa puissance ! » cette formule métaphysique n'est pas plus claire que la bonne vieille formule psychologique : « déployer ses puissances, déployer ses facultés ». Quand l'école de Cousin nous redisait sans cesse de développer nos facultés et plaçait là le bien, nous ne nous sentions pas très avancés, et nous demandions : — Quelles facultés, quelles puissances, et qu'est-ce qu'une faculté, qu'est-ce qu'une puissance ? Et combien n'y a-t-il pas de manières d'exercer ses facultés ? Le voleur et l'assassin exercent aussi les leurs et déploient leurs puissances, soit celle du bras, soit celle de la ruse. Le mot *Macht* n'a pas le privilège de porter en lui toute lumière : il est encore plus métaphysique que les « puissances » cousiniennes, car il désigne une simple « potentialité » qui ne vaut que par ce qui l'actualise.

Nietzsche offre l'exemple d'une complète possession de l'homme par son idée ; il est tellement convaincu que l'existence est d'essence agressive, c'est tellement là, chez lui, une idée-fixe, qu'il appelle lui-même idée-fixe la conception opposée de Guyau, selon laquelle l'existence est d'essence communicative et expansive. Toutes les fois que cette conception revient dans l'*Esquisse d'une morale*, Nietzsche met en marge : « idée-fixe », et il ne se demande pas si sa propre pensée à lui ne fera pas aux autres le même effet.

La divergence de Guyau et de Nietzsche s'accentue dans tous les détails. On ne saurait trop citer l'admirable parole de Guyau dans l'*Esquisse d'une morale* (p. 194) : « J'ai deux mains, l'une pour serrer la main de ceux avec qui je marche dans la vie, l'autre pour relever ceux qui tombent. Je pourrai même, à ceux-ci, tendre les deux mains ensemble. » — Zarathoustra, au contraire, veut « que l'on pousse encore ceux qui tombent », et c'est avec honte qu'il « se lave les mains qui ont aidé celui qui souffre ». — « Je m'essuie même encore l'âme. » — « En vérité, dit Zarathoustra, j'ai fait ceci et cela pour ceux qui souffrent ; mais il m'a toujours semblé faire mieux quand j'apprenais à mieux me réjouir. » Tous ces paradoxes eussent semblé à Guyau n'avoir rien de « sain », au sens physique comme au sens moral du mot.

Cherchant dans le développement même de nos activités naturelles, y compris l'intelligence, la source de l'altruisme, Guyau dit à la page 21 : « La pensée, en effet, est *impersonnelle et désintéressée* ». — *Nota bene*, écrit en marge Nietzsche, qui sent l'importance du rôle attribué à l'intelligence dans les origines de la moralité. Mais Nietzsche, devant ce fait qui ruine son système, se rebiffe et écrit encore en marge : « L'impersonnalité relative de la pensée dépend de la nature de troupeau qui appartient à la conscience. » C'est ici que, à notre tour, nous pouvons nous écrier : idée fixe ! Nietzsche est tellement obsédé par la haine du « troupeau » qu'il veut retrouver le troupeau jusque dans la conscience et l'intelligence. Et sans doute, il y a quelque chose de social ou, si l'on veut, de grégaire, soit dans la pensée et ses formes, soit dans la conscience même, qui se pose en s'opposant à autrui, au troupeau des autres êtres. Mais, en vérité, comment expliquer par le caractère grégaire les lois fondamentales de l'intelligence, identité, causalité, etc. ? Est-ce parce que l'intelligence a une nature de troupeau que les planètes ont l'obligeance de s'éclipser juste au moment prévu par l'intelligence de l'astronome ? Les planètes font-elles aussi partie du troupeau ? A la bonne heure ! L'intelligence nous met en effet en société avec le monde entier, mais ce n'est pas, semble-t-il, de la même façon que s'associent les moutons de Panurge pour se jeter dans un trou.

A la page 27, Guyau, faisant allusion à la théorie des idées-forces, dit que « l'intelligence a par elle-même un pouvoir moteur »; Nietzsche met en marge : « Cela est essentiel ; on a jusqu'ici laissé de côté la pression intérieure d'une force créatrice. » Mais, puisque Nietzsche admettait avec nous que l'intelligence a ou peut avoir une force créatrice, comment n'admet-il pas aussi avec nous que cette force tend, non à isoler l'homme du tout, mais à l'unir au tout, conséquemment à le moraliser ?

Reconnaissant de nouveau le pouvoir de l'intelligence, Nietzsche a mis *Nota bene* devant le passage où Guyau, résumant la théorie qu'il avait proposée dans sa *Morale anglaise contemporaine*, déclare que « tout instinct tend à se détruire en devenant conscient » (p. 53). De même, quand Guyau parle d'une « obligation esthétique » (p. 47) et que, à la page suivante, il ajoute : « génie et beauté obligent », Nietzsche souligne et met en marge : *Bien*. L'obligation esthétique, sans être l'impératif catégorique, a pourtant ce caractère de briser la prison du moi et de n'être plus le sentiment d'un déploiement de notre puissance *sur les autres*, encore moins *contre les autres !*

On se rappelle la page où Guyau dit que, « quand on ressent un plaisir artistique, on voudrait ne pas être seul à en jouir. On voudrait faire savoir à autrui qu'on existe, qu'on sent, qu'on souffre, qu'on aime. *On voudrait* déchirer le *voile de l'individualité.* » Nietzsche s'écrie : « Déployer sa puissance, *Macht auslassen !* » Nous ne voyons pourtant pas (quoiqu'on puisse tout trouver dans les sentiments humains) comment le plaisir esthétique peut être un déploiement de puissance au sens de *domination sur autrui*. Guyau répond lui-même, dans la phrase suivante : « C'est plutôt le contraire de l'égoïsme. Les plaisirs très inférieurs, eux, sont égoïstes. Quand il n'y a qu'un gâteau, l'enfant veut être seul à le manger. Mais le véritable artiste ne voudrait pas être seul à voir quelque chose de beau, à découvrir quelque

chose de vrai, à éprouver un sentiment généreux(1). »
Nous regrettons que Nietzsche n'ait pas pris la peine de
réfuter ces lignes, qui sont la réponse immédiate de
Guyau à son exclamation : *Macht auslassen!* (2)

Nietzsche a de nouveau placé son exclamation favorite à la page suivante (p. 22) et, cette fois, avec plus
de raison. « Nous avons besoin de produire, dit Guyau,
d'*imprimer la forme de notre activité sur le monde* ».
Nietzsche aussitôt de souligner et d'écrire : « *Ia ! ecco !
Macht auslassen!* Oui ! Voilà ! Déployer sa puissance ! »
Et en effet, Guyau parle ici de la « fécondité de la
volonté » ; il trouve donc en passant cet instinct de
déploiement qui est réel dans le vouloir, mais que
Nietzsche a vu exclusivement, au lieu de le voir accompagné d'autres penchants non moins importants. En
outre, *imprimer la forme de son activité sur le monde*
n'a en soi rien de l'*agression* chère à Nietzsche. Ce dernier place au cœur même de la vie ce qu'il appelle
« l'imposition de sa propre forme » ; il ne dit plus avec
Guyau *imprimer*, mais *imposer* et, à la faveur de ce
changement, il introduit l'idée de *domination sur autrui* :
Macht an andern auslassen. Où Guyau ne voyait que la
lutte de la volonté intelligente contre la matière,
Nietzsche voit la lutte contre d'autres volontés et le
besoin de les « subjuguer ». Il avait, encore un coup,
la bosse de la combativité. N'a-t-il pas voulu, tout à
l'heure, retrouver la combativité jusque dans le plaisir

(1) Dans les *Vers d'un Philosophe,* Guyau avait déjà dit :

Lorsque je vois le beau, je voudrais être deux.

(2) Nietzsche combat, comme Guyau, la doctrine de l'art pour
l'art, et il la combat comme lui au nom de la vie. (Voir plus haut,
intr., ch. II). Guyau et Nietzsche ont d'ailleurs tous les deux la plus
profonde aversion pour le dilettantisme ; tous les deux veulent
le sérieux de la pensée, le sérieux de l'art, le sérieux de la vie.
Nietzsche parle « de la grande *passion* de celui qui vit sans cesse
dans les nuées orageuses des plus hauts problèmes et des plus dures
responsabilités, qui est forcé d'y vivre, qui n'est donc nullement
contemplatif, en dehors, sûr, objectif. »

esthétique et dans le besoin de communication à autrui, si naturel à ce plaisir !

En cette même page 22, Guyau fournit une des plus frappantes réfutations de l'égoïsme universel et exclusif, lorsqu'il montre que le *travail*, cet exercice de la volonté et de la « puissance », aboutit lui-même à unir l'homme aux autres hommes, loin de l'isoler. « Travailler, dit Guyau, c'est produire, et produire, c'est être à la fois utile à soi et *aux autres*. » Nietzsche, au lieu de réfléchir sur ce fait, qui dérange son système, souligne le mot *aux autres* et s'écrie en marge : « Pourquoi ? au contraire ! » Le pourquoi n'était pas difficile à trouver. Dans le monde social, le travail n'est utile à l'individu même qu'à la condition de l'être aux autres, sans quoi il ne lui rapporterait rien. Le simple maçon qui construit votre maison n'est utile à soi-même qu'à la condition de vous être utile; autrement, il ne gagnerait pas un centime à porter des pierres et à les superposer. Quand même un homme ne bâtirait une maison que pour lui, la maison une fois bâtie servira encore aux siens et, après sa mort, à une foule d'autres. Et si, au lieu d'une maison, vous produisez une découverte scientifique, vous rendez service à l'humanité encore plus qu'à vous-même. Ces faits sont élémentaires, ils sont de sens commun. Mais Nietzsche, lui, méprise le sens commun, et il pousse ici l'exclamation inattendue : *au contraire !* C'est-à-dire que celui qui produit et est ainsi utile à lui-même, loin d'être utile du même coup aux autres, comme le soutient Guyau, nuirait aux autres ! Cette fois, c'est nous qui ne comprenons plus et qui demandons : « pourquoi ? » Nous voyons bien que le genre de travail qui consiste à s'embusquer dans un bois et à frapper les voyageurs d'un coup de couteau pour leur prendre leur bourse est nuisible à autrui, mais en quoi le travail du chirurgien qui panse le blessé est-il nuisible à ce dernier ?

Par l'analyse des conditions de la sensibilité, de l'intelligence, de la volonté, et par l'énoncé des lois de leur expansion, Guyau a voulu faire en morale une juste part à l'idée de *socialité*, dont l'individualisme outré de Nietzsche devait méconnaître l'importance, et dont l'évolutionnisme, dont le darwinisme, dont le positivisme comtiste avaient déjà montré la portée scientifique. Quand, à la page 49, Guyau appelle « les devoirs moraux des formes de l'*instinct* social ou altruiste », Nietzsche s'écrie : « Idée fixe (en français) : les devoirs moraux comme formes diverses de l'instinct *social* ou *altruiste !* » Nietzsche n'en revient pas d'étonnement ! A la page 165, Guyau suppose un spectateur témoin d'une attaque, et demande : « Pourquoi se mettra-t-il à la place de celui qui se défend, et non de l'autre ? » Nietzsche, dont nous connaissons l'humeur agressive et qui fait partout l'éloge de l'attaque, s'empresse de répondre : « Ce n'est pas du tout là toujours le cas. » — Mais, continue Guyau, « ne prenons-nous pas toujours parti pour le plus faible ? » — « Pourquoi ? répond Nietzsche ; volonté de puissance ! » — C'est donc, selon Nietzsche, uniquement pour déployer notre force dominatrice que nous prenons le parti des faibles ; notre apparente sympathie n'est pour nous qu'une nouvelle occasion de développer notre pouvoir sur autrui. Le penseur altruistique et le penseur égoïstique sont en pleine opposition ; mais il faut convenir que l'interprétation exclusive du nouveau La Rochefoucauld par la « puissance propre » est encore plus suspecte que celle de l'ancien par « l'amour propre ».

On se souvient que, des conditions vitales de l'existence individuelle et collective, Guyau déduit une loi d'expansion, qu'il substitue comme équivalent à l'impératif catégorique et à l'obligation proprement dite. Il n'admet pas pour cela le scepticisme moral, quoiqu'il en ait marqué avec pénétration les vraies bases. A la page 124, en effet, Guyau montre que, pour le scepticisme moral, la moralité pourrait se réduire à une illusion intérieure ou sociale nécessaire, à un des arts dont la vie même a besoin. « L'art forme un moyen terme entre le subjectif et le réel ; il travaille par des méthodes scientifiques à produire l'illusion, il se sert de la vérité pour attraper les yeux. Qui nous dit que la moralité n'est pas de la même façon un *art* (c'est Nietzsche qui souligne) à la fois beau et utile? *Peut-être nous charme-t-elle aussi en nous trompant. Le devoir* peut n'être qu'*un jeu de couleurs intérieures.* » Nietzsche, après avoir marqué tout le passage de deux traits en marge, ajoute : *moi.*

Ce que Guyau, pour sa part, retiendra de cette tentation de scepticisme, c'est la légitimité du doute, qui lui semble nécessaire même en morale, surtout à l'égard des impératifs. On sait qu'il a soutenu, — comme nous l'avions fait déjà dans la *Critique des systèmes de morale contemporains,* — l'importance morale du doute : il avait même posé les bases d'une « morale du doute ». — « On a assez longtemps, dit-il page 126, accusé le doute d'immoralité, mais on pourrait soutenir aussi l'*immoralité de la foi dogmatique.* » Nietzsche souligne, met un trait en marge et ajoute : *moi.* Et de même, à la page 125, il approuve ces lignes : « La *nécessité* sociale de la morale et de la foi, ajouteront les sceptiques, *peut n'être que provisoire.* » — « *Gut !* » On sait que Nietzsche considère la morale comme devant cesser un jour d'être *nécessaire* et Guyau lui-même admettait une sorte d'état *amoral* et *anomique,* conçu d'ailleurs tout autrement que l'immoralisme de Nietzsche, comme constituant l'état idéal et peut-être futur de la société humaine.

Nietzsche ne pouvait manquer d'approuver la manière dont Guyau répond aux partisans plus ou moins aveugles de la *foi,* qui sont si nombreux en philosophie depuis Kant. Guyau écrit, page 128: « Mais, dira-t-on, s'il est irrationnel d'affirmer dans sa pensée comme vrai ce qui est douteux, il faut bien pourtant l'affirmer parfois dans l'*action.* — Soit, mais c'est toujours une situation provisoire et une affirmation conditionnelle ; je fais cela, — en *supposant* que ce soit mon devoir, que j'aie même un devoir absolu. Mille actions de ce genre ne peuvent pas établir une vérité. La foule des martyrs a fait triompher le christianisme, un petit raisonnement peut suffire à le renverser. Comme l'humanité y gagnerait d'ailleurs, si tous les dévouements étaient en vue de la science et non de la foi, si on mourait non pour défendre une croyance, mais pour découvrir une vérité, quelque minime qu'elle fût! Ainsi firent Empédocle et Pline, et de nos jours tant de savants, de médecins, d'explorateurs; que d'existences jadis perdues pour affirmer des objets de foi fausse, qui auraient pu être utilisées pour l'humanité et la science (1)! » Tout ce beau passage a frappé Nietzsche, qui l'accueille par un « Bravo ! » Trois ans plus tard, dans l'*Antéchrist* (2), Nietzsche écrivait à son tour : « Il est si peu vrai qu'un martyr puisse démontrer la vérité d'une chose que je voudrais affirmer qu'un martyr n'a jamais rien eu à voir avec la vérité... Les supplices des martyrs ont été un grand malheur dans l'histoire; ils ont séduit... *La croix est-elle donc un argument?* Mais, sur toutes ces choses, *quelqu'un seul a dit le mot dont on aurait eu besoin depuis des milliers d'années,*—*Zarathoustra.* » — En parlant ainsi et en se croyant *seul*, Nietzsche n'oublie-t-il point, une fois de plus, tous les livres qu'il avait lus?

La morale de l'impératif catégorique paraissait à Guyau une des formes de la morale de la foi, malgré tout ce que Kant peut dire d'une « raison pure » ou d'une « volonté pure ». Guyau, dans sa critique de Kant, dit à la page 115: « Tous ces éléments, l'agréable, l'utile, le beau, se retrouvent dans l'impression produite par la *raison pure* ou la *volonté pure*. Si la pureté était poussée jusqu'au vide, il en résulterait l'indifférence sensible et intellectuelle, nullement cet acte déterminé de l'intelligence et de la sensibilité qu'on appelle l'*affirmation* d'une loi et le *respect* d'une loi; il n'y aurait

---

(1) *Esquisse d'une morale*, p. 128.
(2) Page 324 de la trad. franç.

plus rien à quoi pût se prendre notre jugement et notre sentiment. » Nietzsche répond : « Bravo ! » De même, il marque son approbation pour la page 120, où Guyau soutient que « l'évidence intérieure du devoir ne prouve rien », l'évidence étant « un état subjectif dont on peut rendre compte par des raisons subjectives aussi ». La vérité, ajoute Guyau, est une synthèse ; « c'est ce qui la distingue de la sensation, du fait brut ; elle est un faisceau de faits. Elle ne tire pas son évidence et sa preuve d'un simple état de conscience, mais de l'ensemble des phénomènes qui se tiennent et se soutiennent l'un l'autre. Une pierre ne fait pas une voûte, ni deux pierres, ni trois ; il les faut toutes ; il faut qu'elles s'appuient l'une sur l'autre ; même la voûte construite, arrachez-en quelques pierres, et tout s'écroulera : la vérité est ainsi ; elle consiste dans une solidarité de toutes choses. Ce n'est pas assez qu'une chose soit évidente, il faut qu'elle puisse être expliquée pour acquérir un caractère vraiment scientifique. » Nietzsche a noté *bien* toute cette page. Lui qui nous a maintes fois répété la maxime des Assassins : « Rien n'est *vrai* », il a trouvé dans Guyau une conception du vrai qu'il approuve.

II. — On sait que, par opposition tout ensemble à la foi morale de Kant et au scepticisme moral, Guyau soutenait que le devoir est un pouvoir qui demande à s'épandre, un surcroît de vie à la fois intellectuelle et sensible qui demande à déborder, que celui qui *peut*, au sens positif et fécond, a le sentiment qu'il *doit*. Et c'est là, croyons-nous, sinon toute la vérité, du moins une grande et profonde vérité. Mais Guyau, on l'a vu, ne faisait pas de ce pouvoir demandant à agir une sorte de radical égoïsme, une poursuite de la puissance sur autrui et aux dépens d'autrui ; il était réservé à Nietzsche de soutenir cette thèse, d'autant plus séduisante à ses yeux qu'elle était plus étrange et qu'elle aboutissait à placer le bien là où tout le monde avait jusqu'alors placé le mal, le *devoir faire* là où on avait placé ce qu'on doit *ne pas* faire. Pour Nietzsche, l'impératif en morale est une vengeance d'esclaves, une œuvre de « ressentiment ». Les forts et les maîtres n'ont pas d'impératif ; ils font ce qu'ils veulent, ils arrivent, sans obstacles ou en brisant les obstacles, à la satisfaction de leur volonté de puissance. Les faibles, au contraire, ne peuvent satisfaire tous leurs désirs ; dès lors, pour se consoler et se venger, ils déclarent mauvais les désirs qu'ils sont impuissants à satisfaire et mauvaise la satisfaction de ces désirs, que les forts ne se refusent pas ; ils proclament la nature immorale, ils inventent l'altruisme pour corriger l'égoïsme naturel, les préceptes rationnels et l'impératif catégorique pour ramener les forts au niveau des faibles. Revanche de vindicatifs (1).

Reconnaissez-vous dans cette étonnante genèse, renouvelée des sophistes grecs, la vraie origine des idées morales ? La trouvez-vous supérieure à celle que propose Guyau : pouvoir d'expansion et de communication universelle qui, dès qu'il a conscience de soi, se traduit à lui-même, comme en une pression intérieure et un débordement irrésistible, par un sentiment de devoir : « tu peux, donc tu dois » ?

La déformation progressive des vérités les plus simples est le procédé inconscient, mais constant, de Nietzsche, et c'est par là qu'il s'oppose à Guyau, dont la hardiesse n'exclut jamais la rectitude de bon sens. S'agit-il d'expliquer, par exemple, le sentiment qui nous porte à rendre le bien pour le bien, à acquitter, sous la forme du devoir, ce que nous devons à autrui, Guyau y verra une expansion d'un sentiment de personnalité intense joint à un sentiment intense du lien avec les autres personnalités. Nietzsche, lui, dit d'abord : « C'est notre fierté qui nous ordonne de faire notre devoir. » Soit, il y a dans l'acquittement d'une dette morale une

---

(1) *Généalogie de la morale*, trad. franç., p. 10.

sorte de « fierté », de dignité, de respect de soi ; — mais Nietzsche a bien soin de n'y ajouter ni le respect d'autrui, ni l'affection pour autrui, ni le sentiment de ce pouvoir intérieur qui, dit Guyau, se traduit en devoir. Continuant alors son exposition de demi-vérités : « Nous voulons, dit Nietzsche, rétablir notre autonomie en opposant à ce que d'autres firent pour nous quelque chose que nous faisons pour eux. » Soit encore, pourvu qu'on s'explique. De l'idée de fierté à celle de dignité, de celle de dignité à celle d'autonomie, il y a certainement une transition naturelle. Mais il y a aussi une transition possible entre fierté et amour égoïste de l'indépendance, puis de la puissance, puis de la domination. Par cette tangente, Nietzsche va s'échapper et retourner à son idée-fixe du *Wille zur Macht*. « Car, dit-il, les autres ont empiété sur la sphère de notre pouvoir et y laisseraient la main d'un façon durable, si par le *devoir* nous n'usions de représailles, c'est-à-dire si nous n'empiétions sur leur pouvoir à eux. » Et voilà comment la reconnaissance devient représaille, disons presque vengeance, comment le *devoir* devient un moyen d'exercer le pouvoir d'empiétement et de domination ! Une chose aussi rationnelle et aussi instinctive tout à la fois que de sympathiser avec celui dont on a éprouvé la sympathie et de lui rendre le bien pour le bien, se transforme pour Nietzsche en un calcul méphistophélique où, sous couleur de rendre le bien, c'est en réalité le mal que nous rendons, par une agression déguisée sous les apparences d'un retour d'affection et de bienveillance ! Une vérité de sens commun est devenue un paradoxe ; une observation presque banale a fini, en s'amplifiant d'hyperbole en hyperbole dans une cervelle mal équilibrée, par se changer en une sorte de grandiose insanité. Si un tel procédé était conscient et voulu, il serait la sophistique par excellence, l'idéal même de Méphistophélès ; mais, dans la tête ardente de Nietzsche, rien n'est

(1) *Aurore*, 120.

plus sincère que le faux, dont il fait avec le vrai un inextricable mélange. Une grande partie de son succès est due à ce procédé de paradoxe systématique, qui est une folie de bonne foi (1).

III. — De même que Guyau, avant Nietzsche, a battu en brèche l'idée d'obligation, on sait qu'il a voulu détruire l'idée proprement dite de *sanction* et d'expiation morale. Il écrit à la page 146 : « Déjà Bentham, MM. Maudsley, Fouillée, Lombroso se sont attaqués à l'idée de châtiment moral ; ils ont voulu enlever à la peine tout caractère expiatoire et en ont fait un simple moyen social de répression et de réparation. » Nietzsche met deux traits en marge et ajoute : « *Feuerbach* ». Nietzsche lui-même sera de ceux qui rejettent, avec la loi morale, la sanction morale comme telle, quoique, d'ailleurs, il maintienne la nécessité de la *force* pour faire dominer sur les autres les plus puissants, qu'il appelle avec Calliclès les *meilleurs*.

Guyau montre, à la page 182, que le remords produit une certaine antinomie. « De même que les organismes supérieurs sont toujours plus sensibles à toute espèce de douleur venant du dehors, et qu'en moyenne, par exemple, un blanc souffre plus dans sa vie qu'un nègre, de même les êtres les mieux organisés moralement sont mieux exposés que d'autres à cette souffrance venant du dehors et dont la cause leur est toujours présente : la souffrance de l'idéal non réalisé. Le vrai remords, avec

---

(1) Il y a une épithète qui revient sans cesse dans la bouche de Nietzsche : c'est celle de *méchant*, qu'il prend dans un bon sens et qui devient à ses yeux un compliment. Il se reconnaît à lui-même un goût de *perversité*, dont il s'enorgueillit. Il aurait pu aussi se reconnaître un goût de fausseté et de sophisme. Malheureusement, il y a là des tares et stigmates de cette « dégénérescence » qu'il avait pourtant, comme Guyau, en si grande horreur. Sa psychologie frise ici cette pathologie dont Guyau parle en son chapitre sur les décadents. Il semble que la raison de Nietzsche, même aux moments où elle montre le plus de force et de finesse, soit toujours prête à une fugue vers la déraison.

ses raffinements, ses scrupules douloureux, ses tortures intérieures, peut frapper les êtres non en raison inverse, mais en raison directe de leur perfectionnement. » — « Très bien, » dit Nietzsche. Lui-même, à plusieurs reprises, analysera la « mauvaise conscience » ; mais, poussant encore au paradoxe, on se rappelle qu'il y voit une des formes de déviation de l'instinct de cruauté ; le remords est la cruauté « envers soi-même » (1). L'idée de cruauté exerce décidément sur Nietzsche une sorte de fascination maladive.

M. Lichtenberger avait été déjà frappé de voir *fortement souligné* un beau passage où Guyau dit (p. 180) : « Supposons, par exemple, un artiste qui sent en lui le génie et qui s'est trouvé condamné toute sa vie à un labeur manuel ; ce sentiment d'une existence perdue, d'une tâche non remplie, d'un idéal non réalisé, le poursuivra, obsédera sa sensibilité à peu près de la même manière que la conscience d'une défaillance morale. » Nietzsche ajoute en marge : « Ma propre existence à Bâle ! » Le philosophe condamné à la philologie éprouvait la « mauvaise conscience » et se torturait lui-même « cruellement ».

IV. — Bien connues sont les conclusions si neuves de Guyau sur le *risque* en morale et en métaphysique ; elles ont attiré l'attention de Nietzsche : « *Il y avait*, dit Guyau, *dans le pari de Pascal*, un élément qu'il *n'a pas mis en lumière*. Il n'a guère vu que la crainte du risque, il n'a pas VU LE PLAISIR DU RISQUE » (p. 249). Nietzsche souligne deux fois et met en marge : « *gut!!* » avec deux points d'exclamation. Le fait est que Nietzsche parlera sans cesse, lui aussi, de l'ivresse du risque. Rappelons-nous les paroles déjà citées de Zarathoustra : « Commander est plus difficile qu'obéir ; commander m'est toujours apparu comme un danger et un risque. Et toujours, quand ce qui est vivant

---

(1) Voir plus haut.

commande, ce qui est vivant risque sa vie (1). »

« Plus nous irons, ajoute Guyau (p. 246), plus l'économie politique et la sociologie se réduiront à la *science des risques* (Nietzsche souligne) et des moyens de les compenser, en d'autres termes, à la science de l'*assurance* ; et plus la morale sociale se ramènera à l'art d'employer avantageusement pour le bien de tous ce besoin de se *risquer* (cette fois, c'est Guyau qui souligne) qu'éprouve toute vie individuelle un peu puissante. En d'autres termes, on tâchera de rendre assurés et *tranquilles* les *économes d'eux-mêmes* (souligné par Guyau), tandis qu'on rendra *utiles* ceux qui sont pour ainsi dire *prodigues* d'eux-mêmes (souligné par Guyau). » Nietzsche met un double trait en face du passage, avec la note *bien*. Il y a là un important accord théorique et pratique des deux penseurs.

Page 221 : « On devrait offrir toujours un certain nombre d'*entreprises périlleuses à ceux qui sont découragés de vivre* (souligné par Nietzsche). Le progrès humain aura besoin pour s'accomplir de tant de vies individuelles qu'on devrait veiller à ce qu'aucune ne se perde en vain. Dans l'institution philanthropique dite des *dames du Calvaire*, on voit des veuves se consacrer à soigner des maladies répugnantes et contagieuses ; cet emploi, au profit de la société, des vies que le veuvage a plus ou moins brisées et rendues inutiles est un exemple de ce qu'on pourrait faire, de ce qu'on fera certainement dans la société à venir. » En face de ce passage, par une heureuse opposition avec soi, le farouche ennemi de la pitié a mis : *bien !* Il était d'ailleurs lui-même doux, pitoyable et bon.

Quelques lignes plus loin, Guyau remarque que, dans l'ordre social, il faudrait employer toutes les capacités : « Or, il y a des capacités spéciales pour les métiers périlleux et désintéressés, des tempéraments faits pour s'oublier et *se risquer toujours eux-mêmes*. Cette capa-

---

(1) *Zarathoustra*, trad. franç., page 158.

cité pour le dévouement a sa source dans une *surabondance de vie morale.* » Nietzsche souligne et approuve : « *gut !* » Ne voit-il donc encore dans cette surabondance que l'expansion du désir de *puissance*, tandis que Guyau y voit surtout celle du désir d'union et d'amour ?

« Il y a toujours dans l'héroïsme quelque naïveté simple et grandiose... *Les cœurs les plus aimants sont ceux qui sont le plus trompés*, les génies les plus hauts sont ceux où l'on relève *le plus d'incohérences.* » Nietzsche souligne et met N. B.

« Il y a aussi des instants de la vie où il semble qu'on soit *sur une cime et qu'on plane* : devant ces instants-là, tout le reste devient indifférent. » — « Oui », s'écrie Nietzsche.

Il a dû se reconnaître encore en partie dans la page 113, par lui remarquée, où Guyau parle de l'antique doctrine d'Ariston qui n'admettait « aucune différence de valeur, aucun degré entre les *choses* » ; un être humain, déclare Guyau à ce sujet, « ne se résignera jamais à poursuivre un but en se disant que ce but est au fond indifférent et que sa volonté seule de le poursuivre a une valeur morale... C'est l'analogue de ce travail qu'on fait accomplir aux prisonniers dans les prisons anglaises, et qui est sans but : tourner une manivelle pour la tourner ». — Tel est pourtant le travail que nous proposera tout à l'heure « le maître de l'éternel retour » ; Zarathoustra voudra créer des valeurs dans un monde où rien, en définitive, n'a de valeur ; il voudra les créer par un acte de puissance qui se déploie, en attendant que le retour fatal ait tout ramené au même point, que la grande année ait accompli sa révolution pour la recommencer encore, à l'infini. Nietzsche a mis au bas de la page de Guyau cette exclamation mélancolique : « En vain, *Umsonts !* » C'est l'exclamation qui revient tant de fois dans ses œuvres, quand il veut nous prêcher le consentement à l'éternelle vanité de l'effort humain.

Nietzsche a été vivement frappé par les pages bien

connues de l'*Esquisse d'une morale sans obligation ni sanction*, où Guyau résume admirablement l'hypothèse de l'indifférence de la nature : « la nature en son ensemble *n'est pas forcée d'être féconde ; elle est le grand équilibre de la vie et de la mort* (c'est Nietzsche qui souligne). Peut-être sa plus haute poésie vient-elle de sa superbe *stérilité*. L'Océan, lui, ne travaille pas, ne produit pas, il s'agite ; il ne donne pas la vie, il la contient ; ou plutôt il la *donne* et la *retire* avec la même indifférence. » Nietzsche, dans ces lignes, reconnaît sa doctrine d'éternel équilibre et d'éternel retour : aussi écrit-il en marge : *moi*.

V. — Guyau a réfuté sans le savoir, à plusieurs reprises, le système moral de Nietzsche. Par exemple, à la page 175, il prévoit le césarisme de Nietzsche, son mépris des « faibles », son opposition à la « pitié », et il écrit : « L'engouement des peuples pour les Césars ou les Napoléons passera par degré ; la renommée des hommes de science nous apparaît déjà aujourd'hui comme la seule vraiment grande et durable... Plus nous allons, plus nous sentons que le *nom* d'un homme devient peu de chose ; nous n'y tenons encore que par une sorte d'enfantillage conscient ; mais l'*œuvre*, pour nous-mêmes comme pour tous, est la chose essentielle. Les hautes intelligences, pendant que dans les hautes sphères elles travaillent presque silencieusement, doivent voir avec joie les petits, les infimes, qui sont sans nom et sans mérite, avoir une part croissante dans les préoccupations de l'humanité... Les questions de personnes s'effaceront pour laisser place aux idées abstraites de la science ou au sentiment concret de la pitié et de la philanthropie... A la justice distributive — qui est une justice toute individuelle, toute personnelle, une justice de privilège (si les mots ne juraient pas ensemble) — doit donc se substituer une équité d'un caractère plus absolu et qui n'est au fond que la charité. Charité pour tous les hommes, quelle que soit leur valeur morale, intellectuelle ou physique, tel doit être le but dernier poursuivi même par l'opinion publique. » Devant cette page profonde, qui est la négation de tout son système aristocratique et despotique, Nietzsche va-t-il réfléchir, se demander s'il n'y aurait pas lieu d'examiner la question de plus près ? Non, il est embarqué : « Périssent les faibles et les ratés. » Aussi, au bas de la page de Guyau, il se contente de mettre cette exclamation : *Incredibile!* Mais ce qui est « incroyable », n'est-ce pas que l'esprit de système aveugle un philosophe au point qu'il ne prenne pas la peine de définir ce que c'est qu'un « faible » et de se demander si, parce qu'on est né dans une condition misérable, parce qu'on a été privé des moyens de s'instruire, peut-être des moyens mêmes de vivre, on est pour cela un « raté », qu'il faut aider à disparaître !

Guyau a encore prévu l'hypothèse la plus fondamentale de Nietzsche : il s'est demandé si « la fécondité de nos diverses puissances ne pouvait pas aussi bien se satisfaire dans la lutte que dans l'accord avec autrui, dans l'écrasement des autres personnes que dans leur relèvement ». — Non, répond-il ; en premier lieu, la volonté qui lutte voit sa puissance diminuée par la résistance même qu'elle provoque : « les autres ne se laissent pas écraser si facilement ; la volonté qui cherche à s'imposer rencontre nécessairement la résistance d'autrui ». Il y a donc plus de *puissance* véritable à se faire approuver, estimer, aimer, qu'à se faire craindre et haïr. Guyau ajoute une remarque qui est la réfutation radicale de l'individualisme nietzschéen. Même si la volonté triomphe de la résistance, dit-il, elle ne peut en triompher toute seule : « il lui faut s'appuyer sur des alliés, reconstituer ainsi un *groupe social* et s'imposer, vis-à-vis de ce groupe ami, les servitudes mêmes dont elle a voulu s'affranchir à l'égard des autres hommes, ses alliés naturels ». Le fait est que nous avons vu Nietzsche lui-même, au lieu de s'en tenir à l'isolement du moi, imaginer un groupe de « maîtres » alliés et amis, entre lesquels il rétablit des liens et des devoirs aussi étroits que ceux des moralistes ; il se borne donc à déplacer et à rétrécir la morale au lieu de la supprimer, il nous ramène au régime fermé, à la prison des vieilles aristocraties. — Non seulement, continue Guyau, toute lutte aboutit à « limiter extérieurement la volonté », mais encore, en second lieu, « elle l'altère intérieurement ». En effet, « le violent étouffe en lui toute la partie sympathique et intellectuelle de son être, c'est-à-dire ce qu'il y a en lui de plus complexe et de plus élevé au point de vue de l'évolution ». La « dureté » (dont parle Zarathoustra), si elle est autre chose que fermeté dans la justice et dans l'amour même, n'est plus que brutalité; or, comme le dit Guyau, en brutalisant autrui, le violent *s'abrutit* plus ou moins lui-même ». La violence, « qui semblait une expansion victorieuse de la puissance intérieure », finit donc par en être « une restriction ». — « Donner pour but à sa volonté l'abaissement d'autrui, c'est lui donner un but insuffisant et s'appauvrir soi-même. » Ce n'est pas tout encore, et Guyau démontre que le dernier degré de cette prétendue expansion de la vie (où Nietzsche cherchera le mouvement ascendant de la santé débordante) entraîne au contraire le déclin physiologique, la désorganisation, le déséquilibre final de la vie, disons même la maladie et la folie de la volonté. « Par une dernière désorganisation plus profonde, la volonté en vient à se déséquilibrer complètement elle-même par l'emploi de la violence ; lorsqu'elle s'est habituée à ne rencontrer au dehors aucun obstacle, comme il arrive pour les despotes, toute impulsion devient en elle irrésistible ; les penchants les plus contradictoires se succèdent alors, c'est une ataxie complète, le despote redevient enfant, il est voué aux caprices contradictoires, et sa toute-puissance objective finit par amener une réelle impuissance subjective (1). » Ainsi

---

(1) *Éducation et Hérédité*, p. 53. Cf. *Esquisse d'une morale sans obligation ni sanction*, p. 102 de la deuxième édition.

Guyau, après une analyse de profonde psychologie et de science rigoureuse, avait d'avance prononcé le mot décisif qui condamne Nietzsche : la prétendue morale des « maîtres » est une morale d' « enfants », quand ce n'est pas une morale de « fous ».

Le jugement de Guyau sur Napoléon est bien plus vrai que celui de Nietzsche, qui s'est laissé fasciner, comme un romantique, par le romanesque napoléonien. « Certains caractères, dit Guyau, ont surtout la fécondité de la volonté, par exemple Napoléon Ier ; ils bouleversent la surface du monde dans le but d'y imprimer leur effigie ; ils veulent substituer leur volonté à celle d'autrui, mais ils ont une sensibilité pauvre, une intelligence incapable de *créer* au grand sens du mot, une intelligence qui ne vaut pas par elle-même, qui ne pense pas pour penser et dont ils font l'instrument passif de leur ambition (1). » Aussi leur puissance finit-elle par se perdre en impuissance : leur « volonté de pouvoir » s'est trahie elle-même.

Je ne sais quelles autres objections Guyau aurait pu faire à Nietzsche s'il eût connu son système, mais assurément, de ce que la vie se « surmonte » sans cesse, conclure qu'elle est *ipso facto* « empiétement, exploitation, violence », lui eût semblé un paradoxe qu'aucun lyrisme ne justifie. Le meilleur moyen de se dépasser soi-même n'est-ce pas, comme il le dit, de « se répandre en autrui », d'aimer les autres et d'agir pour l'humanité ?

Nietzsche, qui se croit un avancé, eût semblé à Guyau un retardé, un réactionnaire non seulement en politique, mais en philosophie. De fait, il s'est enrôlé dans ce qu'on peut appeler la grande réaction contre la raison et contre la science. Cette réaction a pris la forme de l'irrationalisme, qui méprise l'intelligence et abandonne l'intelligibilité à la « petite science », et qui croit que la réalité est, en son fond, illogique, incompréhensible,

---

(1) *Esquisse d'une morale*, p. 100.

inintelligible pour toute intelligence, cette intelligence fût-elle parfaite. C'est le vieux mystère des religions auquel on donne aujourd'hui un nom plus jeune et qu'on appelle, avec Schopenhauer, la Volonté. Volonté de vivre ou volonté de pouvoir, peu importe ; c'est toujours je ne sais quoi d'aveugle et d'illogique qu'on oppose à l'intelligence et à la raison. Au fond, la « Volonté » est elle-même un nom nouveau de Dieu ; seulement, au lieu d'être le bon Dieu, elle devient le mauvais Dieu ou le Diable. Qui empêchera d'ailleurs les croyants de dire : « Puisque vous prétendez que la science et la raison sont superficielles et que l'illogique règne, je vais à la messe. Cela est moins dangereux, pour vous et pour moi, que de parier pour la volupté, l'égoïsme et la domination. Chacun son goût ! » De son côté, le philosophe demandera si l'être ne veut pas la puissance en vue de quelque jouissance attachée à l'exercice même de ses fonctions ou pouvoirs, et si ses fonctions elles-mêmes ne forment pas une hiérarchie que l'on peut scientifiquement et philosophiquement déterminer. A ce point de vue, les fonctions humaines se classeront selon une échelle de vie ascendante où, précisément, l'agression et l'exploitation caractérisent les plus basses, tandis que, comme Guyau l'a soutenu, le travail, le désintéressement et le pouvoir de s'unir à autrui caractérisent les plus hautes.

Au-dessus de la morale scientifique, Guyau accordait une part prépondérante à l'invention morale, — qui est, au fond, l'inspiration *sociale* de *l'individu*, — mais il ramenait l'invention même à une sorte de travail supérieur, plus exempt d'effort, plus libre, qui est toujours guidé par la raison et la science. « Le travail vaut la prière ; il vaut mieux que la prière, ou plutôt, il est la vraie prière, la vraie providence humaine; agissons au lieu de prier. » Et, complétant cette idée du travail par celle du risque qui en est inséparable, il terminait son *Esquisse* par la magnifique comparaison avec le *Léviathan* : « Nous sommes comme sur le *Léviathan* dont une vague avait arraché le gouvernail et un coup de vent brisé le mât. Il était perdu dans l'Océan, de même que notre terre dans l'espace. Il alla ainsi au hasard, poussé par la tempête, comme une grande épave portant des hommes ; il arriva pourtant. Peut-être notre terre, peut-être l'humanité arriveront-elles aussi à un but ignoré qu'elles se seront créé à elles-mêmes. Nulle main ne nous dirige, nul œil ne voit pour nous ; le gouvernail est brisé depuis longtemps, ou plutôt il n'y en a jamais eu, il est à faire : c'est une grande tâche, et c'est notre tâche. » On a justement rapproché ce passage de celui où Nietzsche, lançant sa barque dans l'orageuse traversée *par delà le Bien et le Mal*, s'écrie : « En avant ! serrons les dents ! ouvrons l'œil ! la main ferme au gouvernail ! Nous *dépassons* la morale, nous comprimons, nous écrasons peut-être par là notre reste personnel de moralité, puisque nous allons, puisque nous nous aventurons dans cette direction, — mais quelle importance avons-*nous* ? Jamais encore un monde plus *profond* ne s'est révélé aux regards des voyageurs intrépides et des aventuriers (1) ». Pour Guyau, ce voyage héroïque n'est pas *au delà du bien*, il est la conquête du bien même ; il ne dépasse pas la morale, il est la morale même.

L'éthique immoraliste et égoïste de Nietzsche, selon nous, est en majeure partie fausse ; la morale altruiste de Guyau est en grande partie vraie. Je ne dis pas qu'elle soit *la vraie*, mais je dis qu'elle est vraie à son point de vue et sur son domaine propre, qui est celui de la nature et de la vie bien comprises. Guyau était, d'ailleurs, le premier à reconnaître et à marquer les limites de toute morale de la vie ; il croyait qu'on y peut ajouter des spéculations cosmologiques et des croyances sur le fond des choses, mais il se représentait ces croyances

---

(1) *Par delà le Bien et le Mal*, § 23. Voir Palante, *Précis de sociologie*, 186.

comme tout individuelles et hypothétiques. La doctrine, la vie et la mort de Guyau ont été celles d'un sage, dont l'esprit ferme et le cœur sain ne se laissent troubler par rien, pas même par les plus cruelles souffrances; la doctrine de l'infortuné Nietzsche si courageux, lui aussi, et si digne de la plus profonde sympathie, est de celles qui peuvent aboutir à la perte de la raison : pour vouloir être un surhomme, on risque de devenir un soushomme.

LIVRE QUATRIÈME

LA RELIGION DE NIETZSCHE

Celui qui espérait être le plus irréligieux des hommes, celui qui allait disant : « J'ai tué Dieu », n'a-t-il point été lui-même le grand prêtre d'une religion et l'adorateur d'une divinité nouvelle? Sa philosophie est poésie et mythologie ; par là elle ressemble à tous les mythes que l'humanité a vus naître. Sa philosophie est foi sans preuves, chaîne sans fin d'aphorismes, d'oracles, de prophéties, et par là encore elle est une religion. L'antéchrist du siècle expirant s'est cru un nouveau Christ, supérieur à l'autre, et c'est en exprimant cette foi en lui-même qu'il s'est englouti dans la grande ombre intellectuelle.

Nous nous demanderons quelle est la valeur des principaux dogmes de sa religion : négation de l'idéal chrétien, attente de la venue du Surhomme, retour éternel des mêmes destinées, culte apollinien et dionysien de la Nature.

CHAPITRE PREMIER

L'IDÉAL CHRÉTIEN

Jésus est mort trop tôt, enseigne Zarathoustra :

> En vérité, il mourut trop tôt, cet Hébreu qu'honorent les prédicateurs de la mort lente. Et, pour beaucoup, depuis, ce fut une fatalité qu'il soit mort trop tôt.
> Il ne connaissait encore que les larmes et la mélancolie de l'Hébreu ainsi que les haines des Bons et des Justes, l'Hébreu Jésus : et voici que le désir de la mort le saisit à l'improviste.
> Que n'est-il resté au désert, loin des Bons et des Justes ? Peut-être aurait-il appris à vivre et à aimer la terre — et puis aussi le rire !
> Croyez-moi, mes frères ! Il mourut trop tôt ; lui-même aurait rétracté sa doctrine, s'il avait vécu jusqu'à mon âge ! Il était assez noble pour se rétracter.
> Mais il était mal mûr encore...

Opposer le Christ au christianisme, montrer dans la religion chrétienne et surtout catholique une altération de la vraie doctrine évangélique et dans les évangiles eux-mêmes un commencement d'altération du vrai Jésus, ce n'est sans doute pas chose nouvelle ; mais qui a mieux saisi et rendu la physionomie du Christ que l'antichrétien Nietzsche ? « Ce n'est pas, dit-il, sa *foi* qui distingue le chrétien » — entendez le vrai disciple du Christ ; — « le chrétien *agit*, il se distingue par une manière d'agir *différente*. Il ne résiste à celui qui est méchant envers lui ni par des paroles, ni dans son cœur. Il ne fait pas de différence entre les étrangers et les indigènes... Il ne se fâche contre personne. Il ne méprise personne. Il ne se montre pas aux tribunaux et ne s'y laisse point mettre à contribution (« ne pas prêter serment »). Dans aucun cas, il ne se laisse séparer de sa femme, même dans le cas d'infidélité manifeste (1). Tout cela est au fond un seul axiome, tout cela est la suite d'un instinct. La vie du Sauveur n'était pas autre chose que *cette* pratique ; — sa mort ne fut pas autre chose non plus... Il n'avait plus besoin ni de formules, ni de rites pour les relations avec Dieu, pas même de la prière. Il en a fini avec tout l'enseignement juif de la repentance et du pardon; il connaît seul la pratique de la vie qui donne le sentiment d'être *divin, bienheureux, évangélique*, toujours *enfant de Dieu*. La *repentance*, la *prière pour le pardon* ne sont *point* des chemins vers Dieu: la *pratique évangélique seule* mène à Dieu, c'est elle qui est *Dieu*. Ce qui fut détrôné par l'Évangile, c'était le judaïsme de l'idée du *péché*, du pardon des *péchés*, de la *foi*, du *salut par la foi*; toute la dogmatique juive était niée dans le *joyeux message*.

« L'instinct profond pour la manière dont on doit *vivre*, afin de se sentir *au ciel*, afin de se sentir *éternel*, tandis qu'avec une autre conduite on ne se sentirait absolument pas *au ciel*, cela seul est la réalité psychologique de la *rédemption*. Une vie nouvelle, et non une foi nouvelle. »

S'inspirant de tout le travail de l'exégèse allemande et de tout le symbolisme cher à la philosophie allemande, Nietzsche ajoute ces paroles caractéristiques :

« Si je comprends quelque chose chez ce grand symboliste, c'est bien le fait de ne prendre pour des réalités, pour des vérités, que les réalités *intérieures ;* que le reste, tout ce qui est naturel, tout ce qui a rapport au temps et à l'espace, tout ce qui est historique,

---

(1) Nietzsche fait erreur sur ce point. On lit dans *Saint Matthieu*, ch. 19 : « Je vous dis que celui qui *répudie* sa femme, *sauf le cas d'infidélité*, commet adultère. » Entre la *répudiation* antique et le *divorce* actuel il y a d'ailleurs une différence !

ne lui apparaissait que comme des signes, des occasions de paraboles. L'idée du *fils de l'homme* n'est pas une personnalité concrète qui fait partie de l'histoire, quelque chose d'individuel, d'unique, mais un fait *éternel*, un symbole psychologique, délivré de la notion du temps. Ceci est vrai encore une fois, et dans un sens plus haut, du *Dieu* de ce symboliste type, du *règne de Dieu*, du *royaume des cieux*, du *fils de Dieu*. Rien n'est moins chrétien que les crudités ecclésiastiques d'un Dieu personnel, d'un règne de Dieu qui doit venir, d'un royaume de Dieu au delà, d'un fils de Dieu seconde personne de la trinité... Avec Strauss et Renan, Nietzsche déclare qu'il faut dégager le sens profond des dogmes, l'esprit qui vivifie. Pour lui, par exemple, le mot *fils* exprime la *pénétration* dans le sentiment de la « transfiguration » générale de toutes choses (la béatitude) ; le mot père, ce *sentiment même*, le sentiment d'éternité et d'accomplissement. J'ai honte de rappeler ce que l'Église a fait de ce symbolisme : n'a-t-elle pas mis une histoire d'Amphitryon au seuil de la foi chrétienne? Et un dogme de l'Immaculée Conception, par-dessus le marché! Mais ainsi elle a maculé la conception.

« Le *royaume des cieux* est un état du cœur ; — ce n'est pas un état *au-dessus de la terre* ou bien *après la mort*. Toute l'idée de la mort naturelle manque dans l'Évangile : la mort n'est point un pont, point un passage ; elle est absente, puisqu'elle fait partie d'un tout autre monde, apparent, utile seulement en tant que signe. L'*heure de la mort* n'est pas une idée chrétienne : l'*heure*, le temps, la vie physique et ses crises n'existent pas pour le maître de l'*heureux message*. Le règne de Dieu n'est pas une chose que l'on attend, et n'a point d'hier et point d'après-demain, il ne vient pas en *mille ans*, il est une expérience du cœur, il est partout, il n'est nulle part.

« Ce *joyeux messager* mourut comme il avait vécu, comme il avait enseigné, — *non point pour sauver les hommes*, mais pour montrer comment on doit vivre.

La *pratique*, c'est ce qu'il laissa aux hommes : son attitude devant les juges, devant les bourreaux, devant les accusateurs et toute espèce de calomnies et d'outrages, — son attitude sur la croix. Il ne résiste pas. Il ne défend pas son droit, il ne fait pas un pas pour éloigner de lui la chose extrême; plus encore : il la *provoque*. Et il prie, souffre et aime avec ceux qui lui ont fait du mal... Ne *point* se défendre, ne *point* se mettre en colère, ne *point* rendre responsable... Mais aussi ne point résister au mal, *aimer le mal!* »

Ces derniers points sont les seuls que Nietzsche trouve à reprendre chez le Christ. — Mais, demanderons-nous, ne point résister au mal dont on est seul l'objet et aimer le méchant même, est-ce donc « aimer le mal » ? Nietzsche dévie ici du vrai christianisme, qu'il vient cependant de peindre en termes qui rappellent Tolstoï. Nietzsche disait volontiers que Jésus avait trouvé en lui « son *meilleur* ennemi »; Jésus avait trouvé aussi en lui un de ses meilleurs amis. Que Nietzsche soit « antichrétien », je le veux, mais il n'est pas « antichrist »; il a merveilleusement pénétré dans l'esprit et le cœur du Jésus *vrai*, sinon du Jésus réel. L'auteur de l'*Imitation* seul a une onction comparable. Pourquoi donc, après avoir si bien compris la religion intérieure et la morale éternelle, montrer ensuite le poing à la religion et à la morale? Pourquoi, quand on admire et aime Jésus, prendre l'attitude de Satan? Zarathoustra a senti la sublime douceur de l'amour et il se fait cependant l'apôtre de la dureté. « L'amour, objecte-t-il aux chrétiens, est l'état où l'homme voit le plus de choses comme elles ne sont *pas*. La force illusoire y est à son degré le plus élevé, de même la force adoucissante, la force *glorifiante*. On supporte davantage en amour, on souffre tout. Il s'agissait de trouver une religion où l'on puisse aimer : avec l'amour on se met au-dessus des pires choses dans la vie, on ne les voit plus du tout. » Nietzsche en conclut que l'amour des chrétiens n'est qu'une « prudence », une habileté pour faire réussir leur religion. Il ne se demande pas si, à côté de l'amour aveugle, il n'existe point un amour clairvoyant ou divinateur. Il est bien vrai que l'amour fait voir une foule de choses comme elles ne sont pas dans la réalité d'aujourd'hui, mais n'en fait-il point voir d'autres comme elles seront dans la réalité de demain ? Jésus, en aimant, n'a-t-il rien deviné de ce qui devait un jour, grâce à lui, s'établir parmi les hommes ?

CHAPITRE II

LA VENUE DU SURHOMME

I. — Bien vieille est la théorie païenne du Surhomme, qui, par delà la loi morale comme la loi civile, revient à la nature pour déployer toute l'énergie qui est en lui et fournir à l'humanité le spécimen d'un type supérieur. Platon n'a-t-il pas mis dans la bouche de Calliclès ces paroles connues, qu'on croirait de Nietzsche lui-même : « Nous prenons, dès la jeunesse, les meilleurs et les plus forts d'entre nous ; nous les formons et les domptons comme des lionceaux par des incantations et des prestiges, leur faisant entendre qu'il faut s'en tenir à l'égalité et qu'en cela consiste le beau et le juste. Mais, selon moi, qu'il paraisse un homme de grand caractère ; qu'il secoue toutes les entraves, déchire nos écritures, dissipe nos prestiges et nos enchantements, foule aux pieds nos lois, toutes contraires à la nature ; qu'il s'élève au-dessus de tous et que, de notre esclave, il devienne notre maître ; alors on verra briller la justice naturelle ! » Hercule n'emmena-t-il pas avec lui les bœufs de Géryon, « sans qu'il les eût achetés et qu'on les lui eût donnés » ? Son seul titre de propriété, c'est qu'il était Hercule. Que fait d'ailleurs la loi même, reine des mortels et des immortels ? « Elle traîne avec elle la violence d'une main puissante, et elle la légitime. » En entendant Calliclès, Socrate se félicitait d'avoir un adversaire d'une telle franchise, et il disait : — « Si mon âme était en or, ne serait-ce pas une joie d'avoir trouvé quelque excellente pierre de touche pour en éprouver le titre ? » Pour l'âme contemporaine, qui est loin d'être en or, Nietzsche et ses pareils sont cette pierre de touche.

Les Schlegel et les Tieck avaient déjà posé les bases de la conception du Surhomme, en soutenant la souveraineté de l'individu supérieur, image de l'Absolu. L'Absolu est à lui-même sa loi ; il se suffit, il jouit de soi, il ignore l'effort et le travail. « Pourquoi les dieux sont-ils des dieux, dit l'auteur de *Lucinde*, si ce n'est parce qu'ils vivent dans une véritable inaction ? Et voyez comme les poètes et les saints cherchent à leur ressembler en cela, comme ils font à l'envi l'éloge de la solitude, de l'oisiveté, de l'insouciance ! Et n'ont-ils pas raison ? Tout ce qui est beau et bien n'existe-t-il pas sans nous et ne se maintient-il pas par sa propre vertu ? A quoi bon l'effort incessant, tendant à un progrès sans relâche et sans but ? Cette activité inquiète, qui s'agite sans fin, peut-elle le moins du monde contribuer au développement de la *plante* infinie de l'humanité, qui croît et se forme d'elle-même ? Le travail, la recherche de l'utile est l'ange de mort à l'épée flamboyante qui empêche l'homme de rentrer au paradis. De même que la plante est, de toutes les formes de la nature, la plus belle et la plus morale, la vie la plus divine serait une *végétation pure*... Je me contenterai donc de jouir de mon existence et je *m'élèverai au-dessus de toutes les fins de la vie*, parce que toutes elles sont bornées et par conséquent méprisables. » Bornée aussi et méprisable est la morale du vulgaire. « Tout ce que la conscience révère, les mœurs, les convenances, les lois, le culte établi, ne sont que des formes sans consistance, un effet passager du *moi* infini, indignes du respect de l'homme cultivé. » Le sage, s'il consent à s'y conformer, en rit intérieurement ; il n'est pas dupe de prétendues lois créées par sa pensée et que sa pensée peut défaire. Ce que Schlegel dit du philosophe, il le dit aussi de l'artiste. La *génialité* affranchit l'homme de toutes les sujétions et de tous les préjugés ; la vraie vertu est une forme du génie ; le génie seul est vraiment libre, *parce qu'il pose tout lui-même* et qu'il ne reconnaît d'autre loi que la sienne. « Supérieur à la grammaire morale, il peut se permettre contre elle toutes sortes de licences. Pour les natures vulgaires, rien de plus élevé que le travail ; pour le génie, il n'y a que jouissance. La fantaisie, l'imagination créatrice, l'esprit, l'*humour*, sont une seule et même chose, et cette chose est tout. » Nietzsche ajoutera le *rire*, le « bon rire », et non seulement il autorisera les licences contre la grammaire morale, mais il détruira entièrement toute grammaire des mœurs.

Le « Génie » des romantiques devint le « Surhomme » de Gœthe. — « Quelle pitoyable frayeur, dit Méphistophélès à Faust, s'empare du Surhomme que tu es ? » Nietzsche ne connaîtra pas cette frayeur ; il empruntera à Gœthe et le nom et la chose.

Dans son *Faust*, Gœthe met à la bouche de l'esprit qui nie sans cesse la comparaison entre le droit traditionnel et le droit supérieur qui naît avec nous. Ce droit supérieur, c'est celui des puissances que nous portons en nous-mêmes, de la force supérieure qui est en nous, qui est nous. Après Schlegel, Gœthe et tant d'autres, Stirner n'eut pas de grands efforts d'imagination à faire pour inventer son « Unique ».

Nous retrouvons également le Surhomme chez Schopenhauer, mais dans un meilleur sens. La vie heureuse étant impossible, « ce que l'homme peut réaliser de plus beau, dit Schopenhauer, c'est une *existence héroïque* » ; une existence où, après s'être dévoué à une cause d'où peut résulter quelque bien d'ordre général, après avoir affronté des difficultés sans nombre, l'homme demeure finalement vainqueur, mais n'est récompensé que mal ou pas du tout. Alors, au dénouement, l'homme reste pétrifié, comme le prince du *Re corvo* de Gozzi, mais en une noble attitude et avec un geste plein de grandeur. Son souvenir demeure vivant, et il est célébré comme un héros ; sa volonté mortifiée, sa vie durant, par les épreuves et la peine, par l'insuccès, par l'ingratitude du monde, s'éteint au sein du *nirvâna* » (1). Le héros de Schopenhauer, qui rappelle aussi celui de Hegel, n'a pas encore l'individualisme absolu du Surhomme de Nietzsche, mais il en a déjà l'ambition hautaine et le « geste » tragique.

Gœthe nous avait déjà représenté l'œuvre dramatique (*Faust* par exemple) comme pouvant seule donner une raison d'être à la création. Pour Nietzsche, le héros tragique ne sera pas seulement la forme la plus haute et la plus belle de l'existence : il sera « la raison d'être de l'existence. »

Sans se perdre en ces exagérations orgueilleuses, Guyau définit « l'homme supérieur » celui qui entreprend et risque le plus, soit par sa pensée, soit par ses actes. Cette supériorité vient de ce qu'il a un plus grand trésor de force intérieure ; « il a plus de pouvoir, par cela même il a un devoir supérieur. »

Zarathoustra annonce au peuple, sur la place publique, la venue du vrai Fils de l'homme, et il le fait en termes d'un admirable lyrisme :

Je vous enseigne le Surhomme. L'homme est quelque chose qui doit être surmonté. Qu'avez-vous fait pour le surmonter ? Tous les êtres, jusqu'à présent, ont créé quelque chose au-dessus d'eux et vous voulez être le reflux de ce grand flux et plutôt retourner à la bête que de surmonter l'homme ?

Qu'est le singe pour l'homme ? Une dérision et une honte douloureuse. Et c'est ce que doit être l'homme pour le Surhomme ; une dérision et une honte douloureuse ! Vous avez tracé le chemin du ver jusqu'à l'homme, et il vous est resté beaucoup du ver. Autrefois vous étiez singes et maintenant encore l'homme est plus singe qu'aucun singe...

Le Surhomme est le sens de la terre. Votre volonté doit dire : que le Surhomme *soit* le sens de la terre !

(1) Brandes, *Menschen und Werke*, Francfort, 1895, p. 139, traduit par M. Darmesteter.

Jadis on disait Dieu, quand on regardait sur des mers lointaines ; mais maintenant je vous ai appris à dire : Surhomme...

Et comment supporteriez-vous la vie sans cet espoir, vous qui cherchez la connaissance ?

Vous ne devriez être invétérés ni dans ce qui est incompréhensible, ni dans ce qui est irraisonnable.

Mais que je vous révèle tout mon cœur, ô mes amis : *s'il* existait des dieux, comment supporterais-je de ne pas être un dieu ? *Donc* il n'y a pas de dieux. C'est moi qui ai tiré cette conséquence, cela est vrai, mais maintenant elle me tire moi-même...

J'appelle cela méchant et inhumain, tout cet enseignement de l'unique, du rempli, de l'immobile, du rassasié et de l'immuable.

Gœthe avait dit, à la fin du second *Faust* :

Tout ce qui passe n'est que symbole.

Nietzsche répond :

Tout ce qui est immuable n'est que symbole. Et les poètes mentent trop.

Mais les meilleures paraboles doivent parler du temps et du devenir : elles doivent être une louange et une justification de tout ce qui est périssable !...

La beauté du surhumain m'a visité comme une ombre. Hélas ! mes frères, que m'importent encore les dieux.

Quelque poétique que soit ce grand lyrisme, peut-il voiler les incohérences de la pensée ? « S'il y avait des dieux, comment supporterais-je de ne pas être un dieu ? » Les chrétiens répondront à l'antichrétien : — Le premier des préceptes est : « Soyez parfait comme votre Père céleste est parfait. Vous pouvez donc aspirer à l'existence divine. » — Les philosophes diront à leur tour : — Si tout ce qui est immuable n'est que symbole, pourquoi essaierez-vous, tout à l'heure, de remplacer Dieu par une loi « immuable » et « unique », celle du retour éternel ? Comment ne serait-ce pas votre formule mathématique qui est un « symbole » ? La théorie du Surhomme, de plus, est en contradiction avec un système qui a nié tout fondement objectif de la vérité et de la valeur. Comment savoir que le Surhomme est le « sens de la terre », si la terre n'a pas plus de *sens* que le ciel et le monde entier, qui s'agite sans but dans un vertige sans fin ? — Un idéal moral, qui assigne à la vie son sens et son but, répond Nietzsche, ne peut être ni prouvé ni réfuté ; mais il appartiendra un jour au Surhomme, il appartient déjà au philosophe de poser les valeurs et de les créer en les posant. Aussi Nietzsche fait-il la guerre au simple savant, à l'homme « objectif », à l'homme miroir, « habitué à s'assujettir à tout ce qui doit être connu, sans autre désir que celui que donne la connaissance, le *reflet* ». Il oppose au savant le philosophe, « l'homme violent, le créateur césarien de la culture, l'homme *complémentaire* en qui le *reste* de l'existence se justifie », l'homme qui est « un début, une création, une cause première » (1). Le sage seul est créateur.

> Et Zarathoustra parla ainsi au peuple :
> Il est temps que l'Homme se fixe à lui-même son but. Il est temps que l'Homme plante le germe de sa plus haute espérance.
> Aujourd'hui, il peut encore semer dans un sol riche. Mais ce sol deviendra un jour pauvre et stérile, et nul grand arbre n'y pourra plus croître.
> ... Hélas ! le temps est proche où l'Homme ne jettera plus la flèche de son désir par delà l'Homme, où la corde de son arc aura désappris à vibrer.
> Je vous dis : Il faut porter encore en soi un chaos pour pouvoir enfanter une étoile qui danse. Je vous dis : vous portez en vous un chaos.
> Hélas ! le temps est proche où l'Homme n'enfantera plus d'étoile. Hélas ! le temps est proche où viendra l'Homme le plus méprisable, qui ne sait plus se mépriser lui-même.
> Surmontez-moi les petites vertus, hommes supérieurs, les petites prudences, les petits égards pour les grains de sable, le fourmillement des fourmis, le misérable contentement de soi, le « bonheur du plus grand nombre » (2).
> Personne ne sait encore ce qui est bien et mal, si ce n'est le créateur ! Mais c'est lui qui crée le but des hommes et qui donne

---

(1) *Par delà le Bien et le Mal*, p. 137.
(2) *Zarathoustra*, tr. fr., p. 406.

son sens et son avenir à la terre ; c'est lui seulement qui *crée* le bien et le mal de toutes choses...

En poète, en devineur d'énigmes, en rédempteur du hasard, j'ai appris aux hommes à être créateurs de l'avenir et à sauver, en créant, tout ce qui *fut*.

Sauver le passé dans l'homme et transformer tout ce *qui était*, jusqu'à ce que la volonté dise : — Mais c'est ainsi que je voulais que ce fût ! C'est ainsi que je le voudrai ! — C'est ceci que j'ai appelé salut pour eux, c'est ceci seul que je leur ai enseigné à appeler salut !

Ou il s'agit ici de poésie, ou il s'agit de philosophie. Dans le premier cas, admirons ; dans le second, raisonnons. Puisqu'il n'y a rien en soi de bon ou de mauvais, aucune volonté créatrice ne pourra faire sortir le bien du néant. Zarathoustra le « créateur » aura beau vouloir donner un sens et un but humain au soleil, à la lune et aux étoiles, il fera simplement de l'astrologie, et il ne changera d'un millionième ni le cours des astres ni le cours total des choses. Qu'est-ce que le Tout, pour Nietzsche, sinon un immense devenir sans cause et sans but, qui roule éternellement sur soi ? L'univers se moque bien des buts que veut poser l'homme !

Nietzsche lui-même finira par réduire toute cette prétendue création à l'acceptation pure et simple de la destinée. Quand la souffrance et la mort arriveront, il dira : « Je voulais précisément que ce fût », et il s'imaginera qu'il a ainsi métamorphosé le destin en œuvre de sa volonté. Coup de baguette trop commode. C'est là se faire de la vie une idée arbitraire, digne d'un poète chevelu de 1830, d'un « créateur » de Hernani ou de Manfred, comme si la vie individuelle ou collective n'avait pas ses *lois* scientifiquement déterminables et sa *direction* normale, que le philosophe doit, non « inventer », mais découvrir ! Le philosophe pose des lois, si l'on veut, mais il les pose en vertu d'une recherche dirigée au fond même de la conscience. Toute « valeur » morale a un côté psychologique et sociologique, par lequel elle éclate aux yeux qui savent voir fût-ce dans les ténèbres. Les grandes individualités sont celles qui peuvent le mieux anticiper l'avenir et l'amener à l'existence, mais elles ne posent rien arbitrairement : elles sentent mieux ou comprennent mieux les besoins profonds de la conscience humaine.

Nietzsche lui-même, d'ailleurs, quand il ne parle plus comme Isaïe, par versets, définit la morale : « l'expression des conditions de vie et de développement d'un peuple, son instinct vital le plus simple (1). » Il admet donc des conditions de vie et de développement qui dominent nos volontés. Voilà qui est moins poétique, mais plus scientifique : seulement, pourquoi s'en tenir à un « peuple », comme si chaque peuple vivait isolé ? Ce nationalisme germanique est outré. Un peuple, aujourd'hui, a parmi ses conditions de développement celles de tous les autres peuples ; il eût donc fallu dire : la morale est l'expression des conditions de vie et de développement des sociétés humaines; c'est leur instinct vital, non pas seulement « le plus simple », mais le plus élevé ; c'est même plus qu'un instinct, c'est leur *science* vitale.

L'idéal moral de Nietzsche, c'est-à-dire son Surhomme, est justifiable, lui aussi, d'une critique fondée sur les lois scientifiques et la constitution philosophique de la conscience humaine. Si cet idéal apparaît à la fin comme un tissu de contradictions internes, si de plus il se montre en opposition avec les tendances normales de la vie et de la conscience, Zarathoustra aura beau, avec l'enthousiasme d'un prophète descendu du Sinaï, élever au dehors de l'humanité sa nouvelle table de valeurs, l'humanité n'y reconnaîtra ni sa volonté vraie, ni, par conséquent, sa vraie loi. Or, le Surhomme est précisément cet assemblage de contradictions. En lui, prétend Nietzsche, la volonté atteint son intensité la plus haute, et Nietzsche n'a pas reconnu que la véritable intensité entraîne, comme Guyau l'avait montré, l'expansion vers autrui. Si le Surhomme de Nietzsche se répand, c'est, nous l'avons vu, comme force « agressive » et

---

(1) *L'Antéchrist*, tr. fr., p. 275.

« destructive », qui se diminue elle-même de toute la résistance qu'elle provoque. Chez le Surhomme, la volonté de vie n'a pas assez de vie pour vivre en autrui et pour autrui, comme en elle-même et pour elle-même. Sa surabondance prend les allures du manque et du besoin, au lieu d'être ce débordement de la « plénitude », πλήρωμα, où la sagesse grecque, comme la sagesse chrétienne, avait vu la richesse de l'amour et de la bonté. — Le Surhomme, dit Nietzsche, veut la *domination*, aussi bien vis-à-vis de soi-même que vis-à-vis des autres ; — et Nietzsche ne voit pas que la domination vis-à-vis de soi a précisément pour condition de respecter la liberté d'autrui, loin de vouloir la dominer. — Le Surhomme « accepte la douleur comme la joie », afin d'épuiser toutes les émotions et de dépasser toutes les formes de la vie ; mais, s'il est bien vrai que, comme Platon l'avait déjà dit, joie et douleur se tiennent par une chaîne de diamant, il n'en demeure pas moins que la douleur est une simple condition animale de la joie, que c'est la joie qui est le vrai but, qu'elle peut et doit se dégager sans cesse de la peine, qu'elle tend enfin à devenir bonheur. Nietzsche a beau mépriser la recherche du bonheur, pourquoi veut-il la vie « luxuriante », sinon parce qu'elle est pour lui la vie heureuse ? Qu'est-ce qu'une volonté qui voudrait sans avoir aucune raison de vouloir et sans poursuivre sa complète satisfaction, qui est béatitude ? Ce serait une force aveugle de la nature, non une volonté humaine, encore moins surhumaine. Enfin, nous dit Nietzsche, le Surhomme veut « l'illusion comme la vérité », pourvu que l'illusion exalte en lui l'énergie et le fasse vivre d'une vie plus puissante ; — mais la volonté de l'illusion est une volonté de déception finale, qui se retourne contre soi et se trahit elle-même.

Dans un hymne entrecoupé par la cloche de minuit, à l'heure où les ténèbres vont s'incliner vers le jour, Zarathoustra s'écrie : « *Un* : O homme ! prends garde. *Deux* : Que dit le minuit profond ? *Trois* : Je dormais, je dormais. *Quatre* : Me voici réveillé d'un rêve profond.

Cinq : Le monde est profond. *Six :* Et plus profond que ne le pensait le jour. *Sept :* Profonde est sa douleur. *Huit :* Sa joie, plus profonde encore que sa souffrance. *Neuf :* La douleur dit : Péris ! *Dix :* Mais toute joie veut l'éternité. *Onze :* Veut une profonde, profonde éternité. » Comment Nietzsche conciliera-t-il cette sublime éternité de joie, à laquelle il aspire tout comme un Platon, un Aristote, un Plotin ou un saint Paul, avec sa doctrine de perpétuel engloutissement, de perpétuelle illusion des efforts humains et même surhumains ? Tout à l'heure, l'éternité n'était qu'un symbole, l'éphémère seul était vrai ; maintenant Zarathoustra, lui aussi, demande l' « éternité ».

II. — Outre ces antinomies amoncelées dans le rêve prodigieux de Nietzsche, il y a lutte entre l'idée optimiste qu'il se fait des surhommes futurs et l'idée pessimiste qu'il se fait de ces mêmes surhommes, qu'il croit obligés d'écraser les faibles ou les humbles. Si l'humanité devient jamais capable d'engendrer une élite plus qu'humaine, comment la masse civilisée d'où sortira cette élite ne serait-elle pas elle-même parvenue à un degré assez élevé pour n'avoir pas besoin d'être traitée avec tant de « dureté » et de « cruauté » ? Puisque Nietzsche fait des rêves *surhumains* pour l'élite, qui l'empêche d'en faire d'*humains* pour la masse, au lieu de la croire vouée à une sorte de bestialité éternelle ?

— Non, répond Nietzsche, il n'y a d'espoir que du côté de l'aristocratie et celle-ci « ne se sent pas elle-même comme une simple *fonction*, soit du trône, soit de la nation, mais comme le *sens* et la *justification ultime* du tout ; c'est pourquoi elle accepte avec une conscience tranquille le sacrifice d'hommes innombrables, qui, pour son profit, doivent être déprimés et réduits à l'état d'hommes incomplets, d'esclaves, d'instruments ». Cette aristocratie de Nietzsche, renouvelée des castes hindoues et qui rappelle aussi la caste des savants chère à Renan, est de nouveau en contradiction avec la métaphysique de Nietzsche, qui a refusé toute signification et toute justification au Tout. Nietzsche rêve, comme Renan, la domination des surhommes, mais il ne croit pas que ce doivent être des savants, car « la science, dit-il avec dédain, est œuvre de démocratie » ; elle jure avec l'aristocratie ; ce sont donc des Napoléons de la puissance, non de la science, qui régneront.

Notre époque, par malheur, est celle de la médiocrité et de l'égalité où elle se complaît.

Lorsque je vins pour la première fois parmi les hommes, je fis la folie du solitaire, la grande folie : je me mis sur la place publique.

Et comme je parlais à tous, je ne parlais à personne. Mais le soir, des danseurs de corde et des cadavres étaient mes compagnons ; et j'étais moi-même presque un cadavre.

Mais, avec le nouveau matin, une nouvelle vérité vint vers moi : alors j'appris à dire : « Que m'importent la place publique et la populace et le bruit de la populace et les longues oreilles de la populace ! »

Hommes supérieurs, apprenez de moi ceci : sur la place publique personne ne croit à l'homme supérieur, et si vous voulez y parler, soit ; mais la populace cligne de l'œil. « Nous sommes tous égaux. »

Hommes supérieurs, il n'y a pas d'hommes supérieurs, ainsi cligne de l'œil la populace : nous sommes tous égaux, un homme vaut un homme devant Dieu. Nous sommes tous égaux devant Dieu. Mais maintenant ce Dieu est mort. Devant la populace, cependant, nous ne voulons pas être égaux. Hommes supérieurs, éloignez-vous de la place publique.

Notre époque est aussi celle de la foi à la morale, à la vertu, à la justice, à la bonté, toutes choses que doit « surmonter » le Surhomme :

« L'homme est méchant, ainsi parlaient pour ma consolation tous les plus sages. » Hélas ! si c'était encore vrai aujourd'hui ! Car le mal est la meilleure force de l'homme.

L'homme doit devenir meilleur et plus méchant — c'est ce que j'enseigne, *moi*. Le plus grand mal est nécessaire pour le plus grand bien du Surhumain.

Cela pouvait être bon pour ce prédicateur des petites gens de souffrir et de porter les péchés des hommes. Mais moi je me réjouis du grand péché comme de ma grande *consolation*.

Mais ces sortes de choses ne sont point dites pour les longues oreilles : Toute parole ne convient point à toute gueule. Ce sont là des choses subtiles et lointaines : les pattes de moutons ne doivent pas les saisir !

Ainsi revient toujours, chez Nietzsche, la doctrine optimiste qui fait du plus grand mal la condition du plus grand bien, sous le prétexte que le progrès, étant un déploiement de plus en plus grand de toutes les puissances, entraine nécessairement un mauvais et un bon usage de ces puissances ; ou plutôt, pour Nietzsche, bon et mauvais sont des mots de la langue humaine : pour la nature, l'essentiel est que la force se déploie.

Ayez *aujourd'hui* une bonne méfiance, hommes supérieurs ! hommes courageux ! hommes francs ! Et tenez secrètes vos raisons. Car *cet aujourd'hui* appartient à la populace.

Ce que la populace a appris à croire sans raison, qui pourrait le renverser auprès d'elle par des raisons ?

Sur la place publique on persuade par des gestes. Mais les raisons rendent la populace méfiante.

Et si la vérité a une fois remporté la victoire là-bas, demandez-vous alors avec une bonne méfiance : « Quelle grande erreur a combattu pour elle ? »

Il y a dans cette satire plus d'une réflexion profonde, et il est certain que, auprès des ignorants, c'est souvent l'erreur qui fait triompher la vérité, en se mettant avec elle dans la lutte. Mais ce qui retombe au paradoxe, c'est la façon dont Zarathoustra traite les savants, ces chercheurs de vérité à tout prix.

Gardez-vous aussi des savants ! Ils vous haïssent : car ils sont stériles ! Ils ont des yeux froids et secs, devant eux tout oiseau est déplumé.

Ceux-ci se vantent de ne pas mentir : mais l'incapacité de mentir est encore bien loin de l'amour de la vérité. Gardez-vous !

L'absence de fièvre est bien loin d'être de la connaissance ! Je ne crois pas aux esprits réfrigérés. Celui qui ne sait pas mentir, ne sait pas ce que c'est que la vérité.

Ici, le sophisme remonte à la surface, et il est difficile de voir comment, même chez des esprits supérieurs, le mensonge est nécessaire pour la vérité même.

> Vous qui créez, hommes supérieurs ! Quiconque doit enfanter est malade ; mais celui qui a enfanté est impur.
> Demandez aux femmes : on n'enfante pas parce que cela fait plaisir. La douleur fait caqueter les poules et les poètes.
> Vous qui créez, il y a en vous beaucoup d'impuretés. C'est qu'il vous fallut être mères.
> Un nouvel enfant : ô combien de nouvelles impuretés sont venues au monde ! Ecartez-vous ! Celui qui a enfanté doit laver son âme !

Nietzsche se représente tous les enfantements de grandes choses sur le même modèle que les enfantements d'Etats, d'empires ou de républiques, que les œuvres de César, de Bismarck, de Robespierre ou de Bonaparte. C'est toujours la fin justifiant l'impureté des moyens, le droit du génie supprimant tout droit.

La véritable histoire, ajoute Nietzsche, n'est pas celle des masses, mais seulement celle des individus de génie : « Il viendra un temps, dit-il, où l'on s'abstiendra sagement d'esquisser le plan de « l'évolution universelle » ou de « l'histoire de l'humanité », un temps où l'on ne considérera plus, d'une manière générale, les masses, mais au contraire les individus isolés, dont la série forme comme une sorte de pont au-dessus des flots tumultueux du devenir. Ils ne se succèdent pas d'après une loi de progression historique, mais ils vivent en dehors du temps, « contemporains les uns des autres grâce à l'histoire qui rend possible cette coexistence » ; ils vivent comme cette république des génies, dont Schopenhauer a parlé un jour : « un géant appelle l'autre à travers les intervalles déserts des siècles, et, par-dessus la tête des pygmées turbulents et bruyants qui grouillent tout à l'entour d'eux, se continue le noble entretien de ces esprits sublimes ». La mission de l'histoire est « de servir de trait d'union entre eux, et ainsi de préparer et d'activer toujours à nouveau la naissance du génie. Non ! le but de l'humanité n'est pas le terme vers où elle marche ; il est dans les exemplaires les plus parfaits qu'elle a produits (1). » — Soit. Mais que sont ces exemplaires eux-mêmes, sinon l'amplification de ce qui est déjà chez tous, et pourquoi tous n'auraient-ils pas pour but de réaliser le commun idéal, plus obscur dans la pensée des uns, plus clair dans la pensée des autres ? Il n'y a point de grandes individualités sans les grandes collectivités, ni de hautes collectivités sans les hautes individualités.

A la recherche de son idéal antichrétien et même antimoral, Nietzsche finit par s'enfoncer dans un cercle vicieux qui le pousse sans cesse du culte de l'individu au culte de l'universel, et réciproquement.

Voici le grand *midi* : c'est là que bien des choses sont manifestes !
Et celui qui glorifie le Moi et qui sanctifie l'égoïsme, celui-là en vérité dit qu'il *sait*, le devin : *Voici, il vient, il s'approche, le grand midi !*

Au premier abord, le Surhomme-antéchrist nous apparait donc comme un égotiste à outrance, qui remplace l'amour de l'humanité et la charité par l'amour de soi ; mais ce n'était là qu'un premier aspect, et Nietzsche le dépasse. Selon lui, en effet, « l'amour de soi ne vaut que par la valeur physiologique de celui qui le pratique », entendez la valeur vitale, la valeur que la vie a atteinte chez cet individu. « Il peut valoir beaucoup, continue Nietzsche, il peut être indigne et méprisable. Chaque individu doit être estimé suivant qu'il exprime la ligne ascendante ou descendante de la vie. Dans l'intérêt de *la vie totale*, qui, avec lui, fait un pas en avant, le souci de conservation, le souci de créer son *optimum* de conditions vitales doit être lui-même extrême. » On voit que Nietzsche, cet individualiste renforcé, fait de l'égoïsme

(1) *W. I*, 364.

même, chez certains, un moyen d'augmenter la *vie totale:* c'est donc bien le tout de la vie, c'est la vie universelle qui importe. L'amour qu'a la partie pour elle-même n'a de valeur qu'autant que la partie, en s'aimant ainsi, accroît la vie du tout. Et si elle ne l'accroît pas, si l'individu ne vaut pas pour le tout, il ne doit plus s'aimer. Qu'il ne se targue pas de son individualité auprès de Nietzsche ; celui-ci ne connaît pas *votre* vie, à vous, ni même la *sienne*, à lui, il ne connaît que *la* Vie. « L'homme isolé », dit-il avec autant de force que Guyau, « l'*individu*, tel que le peuple et les philosophes l'ont entendu jusqu'ici, est une erreur ; il n'est rien en soi ; il n'est pas un atome, un anneau de la chaîne, un héritage laissé par le passé, il est *toute l'unique lignée de l'homme* jusqu'à lui-même. S'il représente l'évolution descendante, la ruine, la dégénérescence chronique, la maladie..., sa part de valeur est bien faible, et la simple *équité* veut qu'il empiète le moins possible sur les hommes aux constitutions parfaites. Il n'est plus autre chose que leur parasite (1). » Est-ce encore ici « l'immoraliste » qui parle ? Ses paroles ressemblent singulièrement à celles des « moralistes » qui conseillent à l'individu de se dévouer au tout, à la vie totale. Nietzsche ne considère plus l'individu autrement que tous les anti-individualistes ou, si l'on veut, les universalistes, depuis Platon, saint Paul, Kant et Fichte jusqu'à Hegel et à Schopenhauer. Malheureusement, le phénoménisme absolu de Nietzsche n'admet pas une telle conséquence. Comment demander à un phénomène qui passe de se subordonner à la vie totale ? Cette vie n'existe pour lui qu'autant qu'il la pense et la réalise en lui-même. Max Stirner, plus logique, dirait de la vie totale ce qu'il a dit de l'humanité et de la divinité : c'est un simple mot, un extrait de mon propre moi, « volé à mon moi », et vous voulez que je me préoccupe de cette abstraction, la vie ! Vous aussi, prétendu athée, vous adorez un

---

(1) *Crépuscule des idoles*, tr. fr., p. 199.

Dieu : la Vie totale ! Le seul vrai athée est celui qui n'adore que soi et se proclame l'*unique*. Encore a-t-il un Dieu, qui est lui-même.

Nietzsche est donc enfermé dans un dilemme final. Ou la « valeur » d'un homme est tout individuelle, et alors, faute de règle générale ou de mesure commune, chacun vaut tout pour soi et il n'y a plus de réelle valeur : vous voilà revenu à Stirner. Ou la valeur de l'individu est fondée sur un rapport au tout et à l'univers, et alors elle n'est plus simplement une question de « puissance », mais un ensemble de rapports dont la puissance n'est qu'une partie et où il faut faire rentrer les rapports intellectuels, les rapports sentimentaux, les relations sociales et morales. Le vrai Surhomme est l'homme qui comprend et réalise le mieux ces rapports. Nietzsche parle sans cesse de « valeur » ; fidèle à son habitude, il s'est bien gardé de donner du mot la plus petite définition et de l'idée la moindre analyse méthodique : il aurait vu s'évanouir tous ses paradoxes. Sa poésie nous étourdit par ses fusées multicolores et retentissantes, mais le soleil dont elle nous éclaire est trop souvent un soleil de feu d'artifice.

III. — Parfois, cependant, ce sont des rayons du vrai soleil intelligible qui se glissent en ce chaos d'idées contradictoires et souvent maladives. Nietzsche nous a prêché l'égoïsme, la volupté et l'instinct de domination; mais tout cela est pour la montre, tout cela est pour la contradiction avec les idées reçues, tout cela est pour l'étalage de la grande nouveauté apportée aux hommes : abolition de la morale. Le vrai Zarathoustra, au fond, est le prédicateur de la morale éternelle, le prophète de la vertu désintéressée, où il s'efforce en vain de faire rentrer l'égoïsme. Il est aussi le prophète de cette « Science » dont il a fait la satire amère et pour laquelle il affectait le plus profond dédain. Quand Zarathoustra s'apprête à quitter ses disciples pour continuer seul son voyage (car il aime les marches solitaires), ses disciples, en lui disant adieu, lui font cadeau d'un bâton dont la poignée d'or était un serpent s'enroulant autour du soleil. Zarathoustra se réjouit du bâton et s'appuie dessus; puis, y voyant aussitôt un symbole, il parle à ses disciples. L'or, éclatant, rare, inutile en lui-même, est pour lui l'image de « la vertu qui donne », de la vertu désintéressée qui fait perpétuellement le sacrifice de soi : « Une vertu qui donne est la plus haute vertu. »

En vérité je vous devine, mes disciples. Vous aspirez comme moi à la vertu qui donne. Qu'auriez-vous de commun avec les chats et les loups?

C'est votre soif à vous de vouloir devenir vous-mêmes des offrandes et des présents : c'est pourquoi vous avez soif d'amasser toutes les richesses dans vos âmes.

Votre âme aspire insatiablement à des trésors et à des joyaux, puisque votre vertu est insatiable dans sa volonté de donner.

Vous forcez toutes choses de s'approcher et d'entrer en vous, pour qu'elles recoulent de votre source, comme les dons de votre amour.

Est-ce à un Borgia ou à un Jésus que convient cet hymne de la vertu désintéressée, de celle qui fait de l'homme tout entier une offrande et un présent aux autres hommes? Nous voilà bien loin de l'idéal de la Renaissance. Nietzsche, cependant, veut nous donner le change. Il s'efforce de retrouver encore là son « égoïsme ».

En vérité, il faut qu'un tel amour qui donne devienne brigand de toutes les valeurs; mais j'appelle sain et sacré cet égoïsme.

Etre brigand de science, de courage, de prudence, de justice, d'amour, pour pouvoir donner à autrui, c'est en effet un égoïsme sacré, mais est-ce bien de l'égoïsme? Quand Borgia exerçait ses brigandages, était-ce pour donner ensuite à autrui les « valeurs » dont il s'était rendu maître ?

Nietzsche ne veut voir le mauvais égoïsme que chez les faibles, non chez les forts, quels qu'ils soient et quelque usage qu'ils fassent de leur force. C'est ici que l'idée redevient morbide, car un fort égoïsme n'est pas pour cela une « vertu qui donne ».

> Il y a un autre égoïsme, un égoïsme trop pauvre et affamé qui veut toujours voler, cet égoïsme des malades, l'égoïsme malade!
> Avec les yeux du voleur, il regarde sur tout ce qui brille ; avec l'avidité de la faim, il mesure celui qui a de quoi manger largement, et toujours il rampe autour de la table de celui qui donne.

C'est la maladie, à en croire Nietzsche, qui produit cette envie. Il paraît que, dans notre société, tous ceux qui n'ont pas de quoi manger sont des malades ; il n'y a en eux qu' « une invisible dégénérescence » ; l'envie du vol, qu'éprouve leur égoïsme, part « d'un corps maladif » :

> Dites-moi, mes frères, quelle chose nous semble mauvaise et la plus mauvaise de toutes ? N'est-ce pas la *dégénérescence ?* Et nous concluons toujours à la dégénérescence quand l'âme qui donne est absente.

On voit que, d'après cette théorie optimiste, il est dans la nature même de l'homme sain d'avoir « une âme qui donne », une âme désintéressée, un grand amour et un grand dévouement. Nietzsche aurait bien dû appliquer ce nouveau critère à la question de savoir si les Borgia et les Malatesta sont, comme il l'a soutenu ailleurs, « ce qu'il y a de plus sain » ; s'ils sont des « âmes qui donnent », ou si, au contraire, ils n'ont point les caractères mêmes de la dégénérescence : égoïsme exclusif, esclavage des voluptés, amour de la domination par tous les moyens, y compris les plus lâches.

> Notre chemin va très *en haut*, de l'espèce à l'espèce supérieure. Mais le sens qui dégénère nous est épouvante, le sens qui dit : *tout pour moi !*

Dans ces magnifiques effusions de l'âme toujours prête à donner, Zarathoustra n'oublie-t-il point son sermon en faveur de l'égoïsme, qui consiste précisément à dire : tout pour moi ? A moins que Zarathoustra ne prenne l'égoïsme au sens de désintéressement ; il n'est que de s'entendre ! Le moyen est commode pour paraître tout renouveler, et c'est à quoi Nietzsche tient de toutes ses forces ; car son *moi* à lui-même, hélas ! est gonflé de soi, et son esprit est possédé par son système. Aussi après avoir magnifiquement chanté l'éternelle sagesse et l'éternelle vertu, il s'efforce de nous faire croire qu'il apporte à l'humanité une révélation inconnue et inouïe.

Quand vous vous élevez au-dessus de la louange et du blâme, et quand votre volonté, la volonté d'un homme qui aime, veut commander à toutes choses : c'est alors l'origine de votre vertu.
Quand vous méprisez ce qui est agréable, le lit mou, et quand vous ne pouvez pas vous reposer assez loin de la mollesse : c'est alors l'origine de votre vertu.
Quand vous voulez d'une seule volonté, et quand ce changement de toute peine s'appelle nécessité pour vous : c'est alors l'origine de votre vertu.
En vérité, c'est là un nouveau *bien et mal !* En vérité, c'est un nouveau murmure profond et la voix d'une source nouvelle !

Dans ce murmure nouveau, n'entendez-vous point la voix antique de Zénon, de Cléanthe, d'Epictète ? Eux aussi adoraient la volonté en tension maîtresse de soi et des choses extérieures, identique à la vraie connaissance et à la raison universelle.

Elle est *puissance*, cette nouvelle vertu ; elle est une *pensée* régnante et, autour de cette pensée, une âme avisée, un soleil doré et, autour de lui, le serpent de la connaissance.

Connaissance et science se relèvent ainsi, dans la bouche de Zarathoustra, qui les avait niées ou avilies.

Le corps se purifie par le *savoir*, il s'élève en essayant avec *science* : pour celui qui cherche la *connaissance*, tous les instincts se sanctifient ; l'âme de celui qui est élevé se réjouit.

Ainsi parlaient déjà les Platon, les Aristote, les Epicure, les Zénon, les Descartes, les Spinoza, les Leibnitz. Tous ils ont été, sans le savoir, des disciples de Zarathoustra. Ce dernier n'en croit pas moins que, avant lui, « sur toute l'humanité le non-sens régnait encore » ; il n'en prévoit pas moins, comme résultat de ses prédications, un avenir non pareil, un nouveau royaume des cieux sur la terre :

> L'homme et la terre des hommes n'ont pas encore été découverts et épuisés.
> Veillez et écoutez, solitaires. Des souffles aux essors secrets viennent de l'avenir ; un joyeux messager cherche de fines oreilles.
> Solitaires d'aujourd'hui, vous qui vivez séparés, vous serez un jour un peuple. Vous qui vous êtes choisis vous-mêmes, vous formerez un jour un peuple choisi, — et c'est de lui que naîtra le Surhomme.
> En vérité, la terre deviendra un jour un lieu de guérison ! Et déjà une odeur nouvelle l'entoure, une odeur salutaire, — et un nouvel espoir.

A ces psaumes du prophète allemand, qui rappellent ceux des prophètes hébreux, quel est celui qui ne répondrait pas, comme dans les cérémonies religieuses, par la parole de consentement et d'espérance : « Ainsi soit-il ! » Nous ne sommes plus dans le domaine de la philosophie ni de la « connaissance » ; nous sommes dans celui de la foi.

CHAPITRE III

LE RETOUR ÉTERNEL

Nietzsche avait étudié les « physiologues » de la Grèce antique, qui avaient conçu le retour éternel des choses dans le cercle de la « grande année », la conflagration universelle suivie d'un universel recommencement dans le même ordre, dans le même lieu, dans le même temps, pour aboutir de nouveau à l'universel incendie : le phénix renaît de ses cendres, brûle encore, et renaît à l'infini. Spencer a aussi sa « grande année », puisqu'il suppose une conflagration complète de l'univers, puis une condensation par refroidissement, qui en ferait une seule masse. Lui aussi se demande ce qui adviendra ensuite, et il laisse entrevoir que tout recommencera ; mais il ne nous dit pas que ce soit de la même manière et dans le même ordre. Heine, dans ses additions au *Voyage de Munich à Gênes*, écrivait ce passage qui ne figure pas dans les anciennes éditions et que Nietzsche n'a pas dû connaître : « En vertu des lois de combinaison éternelles, toutes les formes qui ont déjà été sur cette terre apparaîtront à nouveau. » Blanqui, dans son *Eternité par les astres* (1871), avait déduit de la théorie des combinaisons qu'il faut des répétitions sans fin pour remplir l'infini, soit du temps, soit de l'espace. « Ce que j'écris en ce moment dans un cachot du fort du Taureau, je l'ai écrit et je l'écrirai pendant l'éternité sur une table, avec une plume, sous des habits, dans des circonstances toutes semblables. » Chaque individu existe à un nombre infini d'exemplaires. « Il possède des sosies complets et des variantes de sosies. » En 1878, le célèbre naturaliste allemand de Nægeli prononçait, dans son discours sur *les Bornes de la Science*, ces paroles que les commentateurs de Nietzsche ne semblent pas connaître et que, pour notre part, nous avions notées : « Puisque la grandeur, la composition et l'état de développement restent dans des limites finies, les combinaisons possibles forment un nombre *infiniment grand*, d'après l'expression consacrée, mais non encore infini. Ce nombre épuisé, les mêmes combinaisons doivent se répéter. Nous ne pouvons éviter cette conclusion par l'objection que des sextillions de corps célestes et de systèmes célestes ne suffisent pas pour épuiser le nombre des combinaisons possibles ; car les sextillions sont même moins dans l'éternité qu'une goutte d'eau dans l'Océan. Nous arrivons ainsi à cette conclusion rigoureusement mathématique, mais répugnante à notre raison, que notre terre, exactement comme elle est maintenant, existe plusieurs fois, même infiniment de fois, dans l'univers infini, et que le jubilé que nous célébrons aujourd'hui se célèbre juste en ce moment-ci dans beaucoup d'autres terres(1). » On voit que le retour éternel dans le temps peut et doit se compliquer de la répétition simultanée à l'infini, d'une sorte de retour éternel dans l'espace, dont Nietzsche n'a pas parlé.

Les commentateurs de Nietzsche ont aussi négligé de mentionner que, dans les *Vers d'un philosophe*, qui parurent en 1881, Guyau avait fait de l'analyse spectrale et de la répétition à l'infini le sujet d'une de ses plus belles pièces lyriques. Lui aussi, il avait vu que la conséquence la plus apparente et la plus immédiate de

---

(1) Von Nægeli, *les Bornes de la Science*, discours prononcé au Congrès des naturalistes allemands, session de Munich, en 1878, traduit dans la *Revue Scientifique* du 13 avril 1878.

la découverte spectrale est le retour sans fin des mêmes éléments, non pas seulement dans la durée, mais aussi dans l'espace :

> Partout à nos regards la nature est la même :
> L'infini ne contient pour nous rien de nouveau...
>
> Vers quel point te tourner, indécise espérance,
> Dans ces cieux noirs, semés d'hydrogène et de fer,
> Où la matière en feu s'allonge ou se condense
> Comme un serpent énorme enroulé dans l'éther ?
>
> Puisque tout se ressemble et se tient dans l'espace,
> *Tout se copie aussi, j'en ai peur, dans le temps ;*
> *Ce qui passe revient, et ce qui revient passe :*
> C'est un *cercle sans fin* que la chaîne des ans.
>
> Est-il rien de nouveau dans l'avenir qui s'ouvre ?
> Peut-être, — qu'on se tourne en arrière, en avant, —
> Tout demeure le même ; au loin on ne découvre
> Que les plis et replis du grand serpent mouvant.

Devant cette possibilité d'un éternel retour des mêmes choses dans le temps comme dans l'espace, — si bien que le rayon de lumière qui traverse l'immensité, s'il pouvait traverser aussi l'éternité, donnerait toujours le même spectre et révélerait les mêmes scènes, — Guyau n'éprouve pas l'enthousiasme qu'éprouvera Nietzsche ; tout au contraire, il demande à la Nature, avec l'accent d'une désespérance infinie :

> Depuis l'éternité quel but peux-tu poursuivre ?
> S'il est un but, comment ne pas l'avoir atteint ?
> Qu'attend ton idéal, ô Nature, pour vivre ?
> Ou, comme tes soleils, s'est-il lui-même éteint ?
>
> L'éternité n'a donc abouti qu'à ce monde !
> La vaut-il ? Valons-nous, hommes, un tel effort ?
>
> . . . .
>
> Oh ! si notre pensée était assez féconde
> Elle qui voit le mieux, pour le réaliser !
> Si ses rêves germaient ! Oh ! si dans ce lourd monde
> Son aile au vol léger pouvait un peu peser !

> La sentant vivre en moi, j'espérerais par elle
> Voir un jour l'avenir changer à mon regard...
> — Mais, ma pensée, es-tu toi-même bien nouvelle ?
> N'es-tu point déjà née et morte quelque part ?

Ainsi germe chez Guyau le rêve mathématique d'une répétition sans fin, qui ferait que la même pensée d'aujourd'hui est déjà née et morte bien des fois et en bien des lieux. Loin de voir là un sujet d'ivresse, Guyau y voit le dernier mot du découragement et la doctrine du suprême désespoir. La même idée le hantait, le jour où, méditant au bord de la mer, il croyait apercevoir dans l'Océan non pas le miroir de Dieu, mais le miroir d'une nature sans but, se répétant sans fin elle-même, « grand équilibre entre la vie et la mort », « grand roulis éternel qui berce les êtres ». « A mesure que je réfléchis, il me semble voir l'Océan monter autour de moi, envahir tout, emporter tout ; il me semble que je ne suis plus moi-même qu'un de ses flots, une des gouttes d'eau de ses flots ; que la terre a disparu, que l'homme a disparu, et qu'il ne reste plus que la nature avec ses ondulations sans fin, ses flux, ses reflux, les changements perpétuels de sa surface qui cachent sa profonde et monotone uniformité (1). » Mais, au lieu d'accepter cette répétition éternelle, au lieu de dire oui au retour sans fin des mêmes misères et des mêmes souffrances, Guyau finit par chercher dans la vie humaine supérieure et vraiment superhumaine le motif d'espérance que semblait lui refuser la nature.

La même année où Guyau publiait les *Vers d'un Philosophe*, M. Gustave Le Bon faisait paraître l'*Homme et les Sociétés*, et, au tome II, il soutenait que « les mêmes mondes habités par les mêmes êtres ont dû se répéter bien des fois ».

Ainsi, de tous les côtés, la même obsession se retrou-

---

(1) Nous avons vu plus haut que, dans son exemplaire de l'*Esquisse d'une morale sans obligation ni sanction*, Nietzsche a souligné tout ce passage et mis en face deux traits, avec le mot : *Moi*.

vait chez les esprits les plus différents. C'est alors que Nietzsche, fasciné à son tour par cette notion antique que la science moderne a rajeunie, s'imagina qu'il avait fait une immense découverte, qu'il allait apporter à l'humanité la grande nouvelle d'où daterait l'ère future.

« Moi, Zarathoustra, l'affirmateur de la vie, l'affirmateur de la douleur, l'affirmateur du *cercle*, — c'est toi que j'appelle, toi la plus profonde de mes pensées !...

« Tout va, tout revient, la roue de l'existence tourne éternellement.

« Tout meurt, tout refleurit ; éternellement coulent les saisons de l'existence.

« Tout se brise, tout se reconstruit ; éternellement se bâtit la même maison de l'existence.

« Tout se sépare, tout se réunit de nouveau ; l'anneau de l'existence se reste éternellement fidèle à lui-même.

« A chaque moment commence l'existence ; autour de chaque *ici* tourne la boule *là-bas*. Le centre est partout. Le sentier de l'éternité est tortueux (1). »

Zarathoustra dit encore ailleurs :

Maintenant je meurs et je disparais, et dans un instant je ne serai plus rien. Les âmes sont aussi mortelles que les corps.

Mais, le nœud des causes où je suis enchevêtré revient, — il me recréera ! Je fais moi-même partie des causes de l'éternel retour des choses.

Je reviendrai avec ce soleil, avec cette terre, avec cet aigle, avec ce serpent, — *non* pour une vie nouvelle, *ni* pour une vie meilleure, ou semblable :

Je reviendrai éternellement pour cette *même* vie pareille, en grand et aussi en petit, afin d'enseigner de nouveau l'éternel retour de toutes choses.

Afin de redire la parole du grand Midi de la terre et des hommes, afin d'enseigner de nouveau aux hommes le Surhomme.

J'ai dit ma parole, ma parole me brise ; ainsi le veut ma destinée éternelle ; — je disparais en annonciateur (2) !

Gœthe avait représenté la Nature comme un joueur

---

(1) *Ainsi parla Zarathoustra*, trad. H. Albert, p. 309.
(2) P. 314.

qui, devant une table de jeu, crie constamment : *Au double*, c'est-à-dire ajoute à sa mise tout ce que son bonheur lui a donné. Pierres, bêtes, plantes, après avoir été ainsi formées par ces heureux coups de dés, sont de nouveau remises au jeu : « Et qui sait si l'homme n'est pas la réussite d'un coup qui visait très haut ? » Nietzsche emprunte à Gœthe cette conception du monde et la reproduit presque dans les mêmes termes, en y ajoutant l'espoir d'un coup de dés qui produira le surhomme.

« Par *hasard* » — c'est là la plus vieille noblesse du monde ; je l'ai rendue à toutes choses, je l'ai délivrée de la servitude du *but*.

Zarathoustra ne s'aperçoit pas que le hasard lui-même se ramène à la fatalité, comme l'avait bien compris Démocrite, et que c'est une étrange délivrance que d'être affranchi de la finalité au profit de la nécessité. Il n'en donne pas moins au hasard, se souvenant peut-être d'Épicure, le nom de liberté :

Cette liberté et cette sérénité célestes, je les ai placées comme des clochers d'azur sur toutes choses, lorsque j'ai enseigné qu'au-dessus d'elles et par elles aucune volonté éternelle ne voulait.

J'ai mis en place de cette volonté cette pétulance et cette folie, lorsque j'ai enseigné : — Une chose est impossible partout, et cette chose est *le sens raisonnable!*

Un peu de raison cependant, un grain de sagesse, dispersé d'étoile en étoile, ce levain est mêlé à toutes choses, c'est à cause de la folie que la sagesse est mêlée à toutes choses !

Un peu de sagesse est possible ; mais j'ai trouvé dans toutes choses cette certitude bienheureuse : elles préfèrent *danser* sur les pieds du hasard.

O ciel au-dessus de moi, ciel pur et haut ! Ceci est maintenant pour moi ta pureté, qu'il n'existe pas d'éternelle araignée et de toile d'araignée de la raison ;

Que tu es un lieu de danse pour les hasards divins, que tu es une table divine pour le jeu de dés et les joueurs divins (1).

(1) *Zarathoustra*, tr. fr., p. 234.

Zarathoustra parle aussi poétiquement qu'un Parménide ou un Héraclite, mais plus obscurément encore sous l'apparente clarté des images. Comment *un peu* de raison se trouve-t-il mêlé à l'universelle et foncière irrationnalité des choses soumises aux combinaisons fortuites, c'est-à-dire nécessaires ? Comment la brutalité de ces combinaisons aveugles est-elle meilleure et plus « azurée » que la toile d'araignée de la raison, que l'araignée éternelle qui aurait tissé le monde en prenant pour but le bien et le bonheur de chaque être, poursuivis et atteints d'ailleurs par cet être lui-même? Quelque difficulté qu'offrent la thèse du théisme ou celle du panthéisme, il n'y a pas lieu de se « réjouir » si l'on ne peut établir que le monde ait un sens et surtout un sens moral, que le progrès indéfini soit possible dans l'humanité et dans l'univers, sans fatalité de retour en arrière et sans « cercle éternel ». Le prétendu *hasard* de Zarathoustra est une nécessité qui condamne tout à se répéter soi-même perpétuellement ; rien ne *danse* en liberté ; tout, dans ses moindres mouvements, accomplit le rite prédestiné et imposé par l'éternel retour. Zarathoustra a beau nous dire de danser « par-dessus nos têtes », nous sommes enfermés nous-mêmes, nous sommes à jamais prisonniers.

Que le concept mathématique d'éléments finis, combinés dans le temps infini et l'espace infini, ait pu paraître si « nouveau » à Nietzsche et exciter à ce point son enthousiasme ; que sa doctrine du Surhomme ait abouti à nous représenter le Surhomme lui-même comme un mirage éphémère, qui s'est produit déjà un nombre infini de fois et a disparu un nombre infini de fois, qui se reproduira de même infiniment pour disparaître non moins infiniment ; et que cette conception de l'éternelle identité, qui est celle de l'éternelle vanité (*umsonst!*), ait pu sembler à Nietzsche la plus haute idée de la vie, c'est ce qu'il est difficile d'expliquer sans admettre déjà je ne sais quoi de trouble dans ce cerveau en perpétuel enfantement.

La preuve formelle que Nietzsche avait emprunté son

idée prétendue « nouvelle » à l' « antique » idée des physiologues grecs, c'est qu'il leur emprunte le nom même de la « grande année » :

Il y a une grande année du devenir, un monstre de grande année.
... En sorte que nous sommes semblables à nous-mêmes, dans toute grande année, en grand et aussi en petit.

C'est donc bien chez les Grecs que le philologue philosophe de Bâle avait pris son idée fondamentale, qu'il crut voir tout d'un coup jaillir en lui-même pendant qu'il errait sur les hauteurs de l'Engadine.

L'idée capitale de son œuvre — « cette formule suprême, dit-il, la plus haute qui se puisse concevoir, de triomphante affirmation » — date du mois d'août de l'année 1881 : elle fut jetée sur une feuille avec cette inscription : « A 6.000 pieds par delà l'homme et le temps (1) ». — « J'allais en ces jours, raconte Nietzsche, le long du lac de Silvaplana, à travers la forêt ; près d'un roc puissant qui se dressait en pyramide, non loin de Surlei, je fis halte. C'est là que l'idée vint à moi. Si, à compter de ce jour, je me reporte de quelques mois en arrière, je trouve comme signe précurseur de cet événement une transformation soudaine, profonde et décisive de mon goût, surtout en musique. Peut-être doit-on ranger mon *Zarathoustra* sous la rubrique Musique ; ce qui est sûr, c'est qu'il supposait au préalable une *régénération* totale de l'art d'entendre. A Recoaro, petite ville d'eaux près de Vicence, où je passai le printemps de l'année 1881, j'observai avec mon maëstro et ami Peter Gast, — un *régénéré* lui aussi — que le phénix Musique volait près de nous, paré d'un plumage plus léger et plus brillant qu'autrefois. — Si, à compter de ce jour, je me transporte d'autre part en pensée jusqu'au jour de l'enfantement, qui se fit soudainement et dans les condi-

(1) L'inscription originale, qui a été conservée, est : « A 6.000 pieds au-dessus de la mer et bien plus haut au-dessus de toutes les choses humaines. »

tions les plus invraisemblables, au mois de février 1883 (le chapitre final fut achevé précisément à l'heure sainte où Richard Wagner mourait à Venise), je constate que ma grossesse fut de dix-huit mois. Ce chiffre de dix-huit mois juste donnerait lieu de penser — entre bouddhistes tout au moins — que je suis au fond un éléphant femelle. Entre temps était née la *Gaie Science*, où se montrent cent indices annonçant l'approche de quelque chose d'incomparable ».

Nietzsche a merveilleusement décrit l'inspiration poétique d'où est jaillie *Zarathoustra*, la bible du cercle éternel. « Quelqu'un a-t-il, en cette fin du xix° siècle, la notion claire de ce que les poètes aux grandes époques de l'humanité appelaient l'inspiration ? Si nul ne le sait, je vais dire ce qu'est l'inspiré. Pour peu qu'on ait gardé en soi la moindre parcelle de superstition, on ne saurait en vérité se défendre de l'idée qu'on n'est que l'incarnation, le porte-voix, le médium de puissances supérieures. Le mot de révélation — entendu dans ce sens que tout à coup *quelque chose* se révèle à notre vue ou à notre ouïe avec une indicible précision, une ineffable délicatesse, *quelque chose* qui nous ébranle, nous bouleverse jusqu'au plus intime de notre être, — est l'expression de l'exacte réalité. On entend, — on ne cherche pas : on prend, — sans se demander de qui vient le don ; la pensée jaillit soudain comme un éclair, avec nécessité, sans hésitations ni retouches : — je n'ai jamais eu à faire un choix. C'est un enchantement où notre âme, démesurément tendue, se soulage parfois par un torrent de larmes, où nos pas, sans que nous le voulions, tantôt se précipitent, tantôt se ralentissent ; c'est une extase qui nous ravit entièrement à nous-mêmes, en nous laissant la perception distincte de mille frissons délicats qui nous font vibrer tout entiers, jusqu'au bout des orteils ; c'est une plénitude de bonheur où l'extrême souffrance et l'horreur ne sont plus sentis comme un contraste, mais comme parties intégrantes et indispensables, comme une nuance nécessaire au sein de cet océan de lumière ; c'est un instinct du rythme qui embrasse tout un monde de formes (la grandeur, le besoin d'un rythme ample est presque la mesure de la puissance de l'inspiration, et comme une sorte de compensation à un excès d'oppression et de tension). Tout cela se passe sans que notre liberté y ait aucune part, et pourtant nous sommes entraînés, comme en un tourbillon, par un sentiment plein d'ivresse de liberté, de souveraineté, de toute-puissance, de divinité. Ce qu'il y a de plus étrange, c'est ce caractère de nécessité avec lequel s'impose l'image, la métaphore ; on perd toute notion de ce qui est image, métaphore : il semble que ce soit toujours l'expression la plus naturelle, la plus juste, la plus simple qui s'offre à vous. On dirait vraiment que, selon la parole de Zarathoustra, les choses elles-mêmes viennent à nous, désireuses de devenir symboles, « et toutes les choses accourent avec des caresses empressées pour trouver place en ton discours, et elles te sourient, flatteuses, car elles veulent voler portées par toi. Sur l'aile de chaque symbole tu voles vers chaque vérité. Pour toi s'ouvrent d'eux-mêmes tous les trésors du Verbe ; tout Être veut devenir Verbe, tout Devenir veut apprendre de toi à parler ». Telle est mon expérience de l'inspiration ; et je ne doute pas qu'il ne faille remonter des millénaires en arrière, pour trouver quelqu'un qui ait le droit de dire : *C'est aussi la mienne* (1). »

Peut-être Nietzsche se fait-il quelque illusion sur son originalité ; Gœthe lui-même avait dit : « On parle toujours d'originalité *native*, mais qu'entend-on par là ? Dès que nous sommes nés, le monde commence à agir sur nous, et ainsi jusqu'à la fin, et en tout. » Et Gœthe disait encore :

> En quoi et à quel point es-tu différent des autres ?
> Reconnais-toi, et vis avec le monde en paix.

(1) Cité par Mme Förster-Nietzsche, *Comment naquit Zarathoustra*. Zukunft, 2 octobre 1897, p. 11 et 17 s., et traduit par M. Lichtenberger dans les *Fragments choisis*, p. 173.

Presque à la même époque, Guyau parcourait les mêmes lieux que Nietzsche, Saint-Moritz et Silvaplana, roulait dans sa tête les mêmes pensées, s'abandonnait, lui aussi, aux plus hautes inspirations poétiques et métaphysiques. Les révélations que Nietzsche apporte au monde en strophes enflammées ne sont donc pas aussi nouvelles qu'il se l'imaginait. Nietzsche dit qu'il « comptait sur l'analyse spectrale pour confirmer sa vision du monde », et c'est aussi l'analyse spectrale qu'avait invoquée Guyau ; Nietzsche comptait « sur la physique et les mathématiques réunies », — lui qui avait représenté toutes ces sciences comme roulant sur des notions absolument illusoires ! Est-il donc vrai que le grand dogme de la religion prétendue nouvelle eût pu être confirmé par ces sciences ? Est-il vrai que le monde soit voué à une répétition continuelle, à une sorte d'écholalie, comme ces malheureux fous qui redisent sans cesse la même phrase ou se font l'écho de toute phrase dite devant eux ? — A vrai dire, nous n'en *savons* rien, et le prophète de l'éternel retour n'en *sait* pas plus que nous ; mais le philosophe peut ici dire son mot. Les spéculations de ce genre, remarquerons-nous, sont fondées sur cette hypothèse que l'intelligence connaît tous les éléments des choses, que ces éléments, comme les corps prétendus simples de la chimie, sont des espèces fixes en tel nombre déterminé, 80 par exemple ou 81, pas un de moins, comme si ce chiffre était cabalistique et exprimait le *nec plus ultra* de la nature. Dès lors, en vertu de la théorie des combinaisons, il n'y aurait plus qu'à chercher le nombre des combinaisons de nos 80 éléments, — nombre déjà respectable, mais fini ; — et alors nous tomberions sur une loi de répétition dans le temps et dans l'espace, sur une « grande année » qui, une fois révolue, recommencerait identique à soi. Tel un kaléidoscope qui, à force de tourner, ramènerait pour nos yeux la même série de visions. Eh bien ! pour le philosophe, de semblables spéculations scientifiques sont toutes subjectives : personne ne peut se flatter de connaître le nombre des éléments fixes (s'il y a des éléments fixes), ni toutes les forces possibles de la nature, ni toutes ses métamorphoses possibles (1). Nietzsche se contredit ici lui-même une fois de plus, car il nous a représenté la nature comme inépuisable, le devenir comme un torrent que rien ne peut limiter ni arrêter, qui va toujours plus loin et peut toujours prendre de nouvelles formes; il n'admet comme déterminé, comme figé et immobilisé, que les mots de notre langue humaine, que les cadres et cases de notre pauvre cerveau humain, que les catégories de notre pensée borgne. Et la nature, pour lui, se moque bien de nos catégories, de notre physique et de ses lois prétendues immuables, de notre géométrie et de ses théorèmes prétendus nécessaires! Elle va, elle court, elle monte, elle descend, elle change, elle s'échappe, elle est en perpétuelle génération. Voilà ce que nous a dit et redit Nietzsche; et maintenant il se prosterne devant une loi de combinaison mathématique qui devient pour lui le secret de l'absolu, devant une fraction périodique qui lui semble le dernier mot de l'énigme universelle ! Après avoir prononcé comme Héraclite : rien n'est, tout *devient*, il nous dit : tout *revient*; et il ne voit pas l'antinomie, il ne voit pas la contradiction! Tout ne *devient* pas, si la formule du retour identique *reste*, si la loi de combinaison des éléments est toujours *la même*, si l'on est sûr que tout *reviendra* un nombre infini de fois dans un ordre immuable. Tout ne *devient* pas, si le fleuve d'Héraclite a un rivage qui *demeure* et des flots qui reparaissent toujours *les mêmes*. « On ne se baigne pas deux fois dans le même fleuve », dit mélancoliquement Héraclite, et Nietzsche croit le consoler en lui répondant : — On s'y baigne et on s'y noie une infinité de fois.

Si Guyau, lui aussi, avait conçu la vie comme un pou-

(1) De nos jours, les chimistes tendent aussi à considérer les espèces chimiques et les prétendus éléments comme *non fixes*, comme transmuables.

voir de se dépasser sans cesse, au moins en avait-il conclu, bien plus logiquement, que nulle combinaison, nulle forme ne peut être considérée comme liant la vie et épuisant sa puissance. « On ne pouvait, dit-il, voir et saisir le Protée de la fable sous une forme arrêtée que pendant le sommeil, image de la mort ; ainsi en est-il de la Nature : toute forme n'est pour elle qu'un sommeil, une mort passagère, un arrêt dans l'écoulement éternel et l'insaisissable fluidité de la vie. Le *devenir* est essentiellement informe, la *vie* est informe. Toute forme, tout individu, toute espèce ne marque qu'un engourdissement transitoire de la vie : nous ne comprenons et ne saisissons la nature que sous l'image de la mort. » De quel droit pourrions-nous donc condamner la nature et la vie à revenir sans cesse s'emprisonner dans les mêmes formes au lieu de se surmonter toujours elle-même ?

Guyau, dans son *Irréligion de l'Avenir*, examina sous toutes les faces le problème dont, à la même époque, sur les mêmes hauteurs de l'Engadine ou sur les mêmes bords méditerranéens, Nietzsche se tourmentait avec une angoisse si tragique. Depuis Héraclite jusqu'à Spencer, dit Guyau, les philosophes n'ont jamais séparé les deux idées d'évolution et de dissolution ; ne sont-elles point pourtant séparables ? Remarquons bien que jusques à présent il n'est pas d'individus, pas de groupe d'individus, pas de monde qui soit arrivé « à une pleine *conscience* de soi, à une connaissance complète de sa vie et des lois de cette vie » ; nous ne pouvons donc « ni affirmer ni démontrer que la dissolution soit essentiellement et éternellement liée à l'évolution par la *loi* même de l'être : la loi des lois nous demeure x ». Pour la saisir un jour, il faudrait « un état de pensée assez élevé pour se confondre avec cette loi même ». A plus forte raison ne pouvons-nous affirmer que la dissolution et l'évolution recommenceront toujours de la même manière et suivant la même *loi circulaire*. Et Guyau revient sur l'idée qu'il avait exprimée déjà sous une forme si poétique dans ses *Vers d'un Philosophe* :

« L'objection la plus grave peut-être à l'espérance, — objection qui n'a pas été assez mise en lumière jusqu'ici et que M. Renan lui-même n'a pas soulevée dans les rêves trop optimistes de ses *Dialogues*, — c'est l'éternité *à parte post*, c'est le demi-avortement de l'effort universel qui n'a pu aboutir qu'à ce monde ! » Comment ressaisir un motif d'espérance dans cet abîme du temps qui semble celui du désespoir ? — Guyau se répond à lui-même que, des deux infinis de durée que nous avions derrière nous et devant nous, « un seul s'est écoulé stérile, du moins en partie ». Même en supposant l'avortement complet de l'œuvre humaine et de l'œuvre que poursuivent sans doute avec nous une infinité de « frères extraterrestres », il restera toujours mathématiquement à l'univers « au moins *une chance sur deux* de réussir ; c'est assez pour que le pessimisme ne puisse jamais triompher dans l'esprit humain ». Comme Nietzsche, Guyau aime à rappeler la métaphore de Platon sur les coups de dés qui se jouent dans l'univers ; ces coups de dés, ajoute-t-il, n'ont encore produit « que des mondes mortels et des civilisations toujours fléchissantes », mais le calcul des probabilités « démontre qu'on ne peut, même après une infinité de coups, prévoir le résultat du coup qui se joue en ce moment ou se jouera demain ». Il est curieux de voir Guyau, avant Nietzsche, s'appuyer sur le calcul des probabilités, mais, tandis que Nietzsche en déduira le retour éternel, Guyau pense que les probabilités entraînent plutôt des possibilités toujours nouvelles.

Selon nous, comme selon Guyau, l'une et l'autre hypothèse sont scientifiquement indémontrables. Quand on cherche à se figurer, dit Guyau, les formes supérieures de la vie et de l'être, on ne peut rien déduire des éléments qui nous sont connus, parce que ces éléments sont en nombre borné et, de plus, imparfaitement connus ; il peut donc exister des êtres infiniment supérieurs à nous. « Notre témoignage, quand il s'agit de l'existence de tels êtres, n'a pas plus de valeur que celui d'une fleur de neige des régions polaires, d'une mousse de l'Himalaya ou d'une algue des profondeurs de l'Océan Pacifique, qui déclareraient la terre vide d'êtres vraiment intelligents, parce qu'ils n'ont jamais été cueillis par une main humaine (1). » C'est ainsi que le philosophe-poète de l'*Irréligion de l'avenir* (2) répondait d'avance au poète-philosophe de *Zarathoustra*. Il lui donnait, il nous donne à nous tous la suprême leçon de sagesse, en disant : « La pensée est une chose *sui generis*, sans analogue, absolument inexplicable, dont le fond demeure à jamais inaccessible aux formules scientifiques, et surtout mathématiques, par conséquent à jamais ouvert aux hypothèses métaphysiques. De même que l'être est le grand genre suprême, *genus generalissimum*, enveloppant toutes les espèces de l'objectif, de même la conscience est le grand genre suprême enveloppant et contenant toutes les espèces du subjectif; on ne pourra donc jamais répondre entièrement à ces deux questions : *Qu'est-ce que l'être ? Qu'est-ce que la conscience ?* ni, par cela même, à cette troisième question qui présupposerait la solution des deux autres : *La conscience sera-t-elle ?* » A plus forte raison aucun Nietzsche ne saurait-il démontrer que la conscience sera toujours renaissante et mourante sous les mêmes formes, que l'être est une simple volonté de domination qui aboutit à être toujours vaincue, puis à recommencer la même lutte avec les mêmes péripéties pour subir la même inéluctable défaite. Au lieu d'admettre un éternel reflux, il est plus logique d'admettre, avec Guyau, un éternel mouvement en avant, par le moyen même de ces flux et reflux qui sont la vie. « Nos plus hautes aspirations, qui semblent précisément les plus vaines, sont comme des ondes qui, ayant pu venir jusqu'à nous, iront plus loin que nous, et peut-être, en se réunissant, en s'amplifiant, ébranleront le monde…

---

(1) *L'Irréligion de l'avenir*, p. 458.
(2) *Ibid.*, p. 447.

C'est à force de vagues mourantes que la mer réussit à façonner sa grève, à dessiner le lit immense où elle se meut (1). » — « L'avenir, conclut Guyau avec une sagesse étrangère à Nietzsche, n'est pas entièrement déterminé par le passé *connu de nous*. L'avenir et le passé sont dans un rapport de réciprocité, et on ne peut connaître l'un absolument sans l'autre, ni conséquemment deviner l'un par l'autre. » C'est là, croyons-nous, pour tout philosophe qui a le sentiment des bornes de notre connaissance, le dernier mot de la question. Le *cercle* éternel de Nietzsche, au contraire, n'est qu'un jeu mathématique, qui ne peut manquer de laisser échapper le fond même des réalités. Et Nietzsche, encore une fois, aurait dû le comprendre lui-même, puisqu'il admettait (comme d'ailleurs Guyau) que les mathématiques sont une simple enveloppe dont les mailles enserrent l'être sans le pénétrer.

Nietzsche, en définitive, se trouve encore réduit sur ce point à deux antinomies essentielles. La première éclate entre sa conception de « la vie qui va toujours en avant » et sa conception du piétinement universel. La seconde éclate entre son scepticisme à l'égard des lois mathématiques et sa foi aveugle au cercle de Popilius tracé par les mathématiques. Ne finit-il pas par diviniser ce cercle vicieux lui-même, en s'écriant : *Circulus vitiosus, Deus !*

(1) *L'Irréligion de l'avenir*, p. 458.

CHAPITRE IV

CULTE APOLLINIEN ET DIONYSIEN DE LA NATURE

I

Nous connaissons le dogme suprême et contradictoire qu'annonce au monde le « créateur » Zarathoustra. Il nous reste à chercher par quelles initiations successives l'homme peut participer aux mystères de la religion néo-païenne.

On a vu plus haut comment Gœthe donnait pour but à l'Univers la production de l'œuvre d'art et, pour parler plus nettement, du drame, — disons mieux encore, de *Faust*. La conception esthétique du monde, depuis Schiller et Gœthe, pour ne pas remonter plus haut, est un des lieux communs du romantisme. De même pour la morale « esthétique », de même, enfin, pour la réduction de la métaphysique à une esthétique supérieure. Nietzsche, dans la préface qu'il écrivit en 1886 pour une nouvelle édition de son livre sur l'*Origine de la tragédie*, se présente cependant comme inventeur et révélateur. « Déjà, dit-il, dans ma préface à *Richard Wagner*, c'était l'*art*, et non la morale, qui était présentée comme l'activité essentiellement métaphysique de l'homme ; au cours du présent livre je reproduis, à différentes reprises, cette singulière proposition, que l'existence du monde ne peut se justifier que comme phénomène esthétique. Sous ce rapport, le monde est beau dans son ensemble, laid et risible dans beaucoup de ses détails. Le sage est celui qui sait tantôt rire, tantôt admirer. On le voit, toutes les théories romantiques, les unes après les autres, défilent dans les œuvres de Nietzsche, qui ne s'en croit pas moins l'inventeur de chacune. La théorie de l'humour et du rire, empruntée à Jean-Paul, en est un nouvel exemple. On sait que Jean-Paul avait élevé à la hauteur d'une forme de sublime l'anéantissement de toutes choses, même les plus belles, devant l'infini, la raillerie rabaissant ce qui semblait grand, le rire s'envolant au-dessus de toutes choses, de la montagne comme de la mer, et, par l'énormité de ses saillies, par l'immensité même de son dédain, réduisant tout à l'infiniment petit. Tous les romantiques allemands se sont crus des Jupiter ébranlant l'Olympe de leur gros rire, érigeant en sublimités leurs traits d'esprit trop souvent comparables à des traits de bêtise. Même chez nous, quand Victor Hugo veut rire, on sait s'il nous attriste ! Nietzsche « crée » de nouveau cette vieille « valeur », le rire, mais il faut convenir qu'il la dore de toutes les splendeurs lyriques. Il érige le rire à la hauteur d'une religion ; il l'oppose à la religion trop sévère du Christ.

Quel fut jusqu'à présent sur la terre le plus grand péché ? Ne fut-ce pas la parole de celui qui a dit : « Malheur à ceux qui rient ici-bas ! »

Ne trouvait-il donc pas lui-même de sujet à rire sur la terre ? S'il en est ainsi, il a mal cherché. Un enfant même trouve ici des sujets.

Celui-là — n'aimait pas assez : autrement il nous aurait aussi aimés, nous autres rieurs ! Mais il nous haïssait et nous honnissait, nous promettant des gémissements et des grincements de dents.

Faut-il donc tout de suite maudire, quand on n'aime pas ? Cela — me paraît de mauvais goût. Mais c'est ce qu'il fit, cet intolérant. Il était issu de la populace.

Et lui-même n'aimait seulement pas assez : autrement il aurait été moins courroucé qu'on ne l'aimât pas. Tout grand amour ne *veut* pas l'amour : — il veut davantage.

Écartez-vous du chemin de tous ces intolérants ! C'est là une espèce pauvre et malade, une espèce populacière : elle jette un regard malin sur cette vie, elle a le mauvais œil pour cette terre.

Écartez-vous du chemin de tous ces intolérants! Ils ont les pieds lourds et les cœurs pesants : ils ne savent pas danser. Comment, pour de tels gens, la terre pourrait-elle être légère!

Toutes les bonnes choses s'approchent de leur but d'une façon tortueuse. Comme les chats elles font le gros dos, elles ronronnent intérieurement de leur bonheur prochain, — toutes les bonnes choses rient.

La démarche de quelqu'un laisse deviner s'il marche déjà dans sa voie : Regardez-moi donc marcher! Mais celui qui s'approche de son but, — celui-là danse.

Et, en vérité, je ne suis point devenu une statue, et je ne me tiens pas encore là engourdi, hébété, marmoréen comme une colonne; j'aime la course rapide.

Et quand même il y a sur la terre des marécages et une épaisse détresse : celui qui a les pieds légers court par-dessus la vase et danse comme sur de la glace balayée.

Élevez vos cœurs, mes frères, haut, plus haut! Et n'oubliez pas non plus vos jambes! Élevez vos jambes, bons danseurs, et mieux que cela : vous vous tiendrez aussi sur la tête!

Cette couronne du rieur, cette couronne de roses, c'est moi-même qui me la suis mise sur la tête, j'ai canonisé moi-même mon rire. Je n'ai trouvé personne d'assez fort pour cela aujourd'hui.

Zarathoustra le danseur, Zarathoustra le léger, celui qui agite ses ailes, prêt au vol, faisant signe à tous les oiseaux, prêt et agile, divinement léger.

Zarathoustra le divin, Zarathoustra le rieur, ni impatient, ni intolérant, quelqu'un qui aime les sauts et les écarts, je me suis moi-même placé cette couronne sur la tête. »

Donnant un nom nouveau à une conception bien ancienne (que Schiller, entre autres, si méprisé de Nietzsche, avait exprimée avant Schopenhauer lui-même), Nietzsche appelle apollinienne la contemplation esthétique du monde, premier degré de l'initiation religieuse. L'adorateur du beau dit au monde et à la vie : « Ton image est belle, ta forme est belle, — quand on te contemple d'assez haut et d'assez loin pour que douleurs et misères se perdent dans l'ensemble : — je veux donc te contempler et t'admirer. » Rationnellement inintelligible, le monde n'en est pas moins esthétiquement beau. Renan avait déjà, lui aussi, représenté l'univers comme un immense spectacle qui offre au contemplateur *dilettante* les scènes les plus variées, où il se garderait bien de rien changer. Un Néron y fait si belle figure à sa place, dans le cirque où les chrétiens sont déchirés par les bêtes ! Après Renan, Nietzsche nous invite à contempler le monde comme « un drame varié et riche », — où pourtant recommencent toujours à l'infini les mêmes épisodes ! Le sentiment de la *beauté* lui paraît une justification suffisante de l'existence. L'homme supérieur doit vivre comme un apollinien, pour rêver et s'enchanter soi-même de son rêve.

Par malheur, le rêve de la vie touche trop souvent au cauchemar pour que la justification apollinienne soit autre chose qu'une illusion où quiconque pense et souffre refusera de se complaire. Cette première initiation aux mystères n'est qu'un leurre.

Nietzsche lui-même nous en propose une seconde, qu'il appelle encore d'un nom nouveau, quoiqu'elle ne soit pas nouvelle : l'ivresse dionysienne. « La psychologie de l'état orgiastique, interprété comme un sentiment de vie et de force débordante où la douleur elle-même est ressentie comme un stimulant, m'a montré la voie qui conduisait à la notion du sentiment tragique, si méconnu par Aristote comme par nos pessimistes... L'affirmation de la vie jusque dans ses problèmes les plus ardus et les plus redoutables, la volonté de vivre s'exaltant dans la conscience de son inépuisable fécondité devant la destruction des plus beaux types d'humanité, — c'est là ce que j'appelai l'esprit dionysien; et c'est là que je trouvai la clef qui nous ouvre l'âme du poète tragique. L'âme tragique ne veut pas se libérer de la terreur et de la pitié, elle ne veut pas se *purifier* d'une passion dangereuse au moyen d'une explosion violente de cette passion, — c'est ainsi que l'entendait Aristote ; — non ; elle veut, par delà la pitié et la terreur, être elle-même la joie éternelle du devenir, cette joie qui comprend aussi la *joie d'anéantir* (1). »

(1) W. VIII, traduit par M. Darmesteter.

Schopenhauer avait distingué l'état artistique de l'âme de l'état métaphysique. Pour l'artiste, le monde est un ensemble d' « idées » analogues à celles de Platon, qui se réalisent dans les individus et leur donnent leur forme propre ; le métaphysicien, au delà des idées et des formes, au delà de toutes les apparences, sent une seule et même réalité, qui est la « volonté primordiale, universelle et éternelle ». Schopenhauer admet que nous pouvons avoir conscience en nous-mêmes de notre identité radicale avec tous les êtres, que nous pouvons ainsi déchirer le voile de l'illusion individualiste et vivre en autrui : *tu es moi*. Nietzsche, à son tour, admet ce pouvoir de prendre conscience du tout en sa propre volonté. — Mais, ajoutait Schopenhauer, quand on a acquis la conscience de la misère universelle, on ne peut plus éprouver qu'une *pitié* infinie pour ce monde et un désir infini de *l'anéantir*. Nietzsche, au contraire, veut nous inspirer une ivresse infinie, analogue à celle des bacchantes ; et c'est cet état qu'il décrit sous le nom de dionysien. Ainsi, au sentiment tragique et pessimiste de l'existence succède, chez Nietzsche, le sentiment enthousiaste et optimiste, sans que cependant la conception fondamentale du vouloir-vivre soit changée. Loin de là, le vouloir-vivre est encore plus vain chez Nietzsche que chez Schopenhauer, puisqu'il est conçu comme un cercle éternellement infranchissable où il n'y a rien à changer, au delà duquel il n'y a rien à croire, à espérer, à aimer, à vouloir.

Comme tous les messies, Zarathoustra prêche, lui aussi, la « rédemption » ; cette rédemption a lieu par la volonté, que Zarathoustra déclare créatrice. « Vouloir délivre », répète-t-il. Mais en quoi consiste cette délivrance ? A vouloir ce qu'on ne peut empêcher ni d'avoir été, ni d'être.

« Sauver ceux qui sont passés et transformer tout « ce qu'il fut » en « ce que je voulais que ce fût ! » c'est cela seulement que j'appellerai rédemption. »

Pourtant Zarathoustra n'est pas sans s'apercevoir de ce qu'il y a d'illusoire à prétendre agir sur le passé :

> Volonté — c'est ainsi que j'appelle le libérateur et le messager de joie ; c'est là ce que je vous enseigne, mes amis! Mais apprenez cela aussi : la volonté elle-même est encore prisonnière.
> Vouloir délivre ; mais comment s'appelle ce qui enchaîne même le libérateur ?
> — « Ce fut » — c'est ainsi que s'appelle le grincement de dents et la plus solitaire affliction de la volonté...
> La volonté ne peut pas vouloir *agir en arrière* ; qu'elle ne puisse pas briser le temps et le désir du temps, c'est là la plus solitaire affliction de la volonté.
> Que le temps ne recule pas, c'est là sa colère ; « ce qui fut », ainsi s'appelle la pierre que la volonté ne peut soulever.

Nietzsche nous montre alors la révolte impuissante et folle de la volonté contre ce qui fut. Elle *condamne* ce qui fut, ne pouvant le changer, elle veut le *punir*, elle veut se venger. Elle devient l'esprit même de vengeance, pour lequel Nietzsche eut toujours une particulière horreur, et qui, à ses yeux, sous le nom de sanction, est l'origine des religions, des morales mêmes.

> Châtiment, c'est ainsi que s'appelle elle-même la vengeance ; avec un mot mensonger elle simule une bonne conscience.

Partout où il y a douleur, l'esprit de vengeance veut voir « un châtiment », afin de justifier ainsi la douleur. Et, dans cette doctrine, comme celui qui *veut* éprouver de la *souffrance*, du fait même qu'il ne peut *vouloir en arrière*, défaire ce qui est fait, « la volonté elle-même et toute vie devraient être punition ». De là un esprit de folie qui emporte la volonté à des systèmes comme celui du brahmanisme ou comme celui de Schopenhauer, condamnation de la vie et de la souffrance, qui n'apparaissent plus que comme un châtiment.

Et ainsi un nuage après l'autre s'est accumulé sur l'esprit

jusqu'à ce que la folie ait proclamé : — « Tout passe, c'est pourquoi tout *mérite* de passer.

« Ceci est la justice même, qu'il faille que le temps dévore ses enfants » ; ainsi a proclamé la folie.

« Les choses sont ordonnées *moralement* d'après ce *droit* et le *châtiment*. Hélas ! où est la délivrance du fleuve des choses et de l'*existence*, ce châtiment ? » Ainsi a proclamé la folie.

« Peut-il y avoir rédemption s'il y a un droit éternel ? Hélas ! on ne peut soulever la pierre du passé : il faut aussi que les châtiments soient éternels ! » Ainsi a proclamé la folie.

Nul ne peut être détruit ; comment pourrait-il être supprimé par le châtiment ? Ceci, oui, ceci est ce qu'il y a d'éternel dans l'*existence*, ce châtiment, que l'existence *doive* redevenir éternellement action et châtiment.

« A moins que la volonté ne finisse par se délivrer elle-même, et que le vouloir devienne non-vouloir ! » — Cependant, mes frères, vous connaissez ces chansons de la folie.

Nietzsche fait allusion à la folie hindoue, reprise par Schopenhauer : la vie et son renouvellement par la transmigration, conçue comme châtiment des fautes antérieures, la perpétuité des renaissances tant que le vouloir-vivre subsiste, le salut obtenu seulement par la négation du vouloir-vivre, par la volonté s'anéantissant elle-même dans le non-vouloir, dans le *nirvâna*.

Nietzsche repousse avec horreur ce pessimisme ; il veut que la volonté veuille toujours et se veuille toujours elle-même ; il s'attache désespérément, si on peut le dire, à un optimisme affirmé en dépit de tout ce qui le contredit dans l'univers. Quel sera donc sa *rédemption*, à lui, son moyen de salut, son joyeux message à l'humanité ?

Je vous ai conduit loin de ces chansons lorsque je vous ai enseigné : « La volonté est créatrice. »

L'adage est beau et l'attitude est belle ; mais en quoi et comment la volonté peut-elle être créatrice ?

A l'égard du passé, nous avons vu qu'il y a là un sépulcre dont la volonté ne peut soulever la pierre : elle ne peut faire que ce qui fut n'ait pas été !

Qu'à cela ne tienne, répond Nietzsche : pour que le passé soit lui-même œuvre de notre volonté, nous n'avons qu'à le vouloir lui-même.

« Tout ce qui fut est fragment, et énigme, et épouvantable hasard, — jusqu'à ce que la volonté créatrice ajoute : — « Mais c'est ainsi que je le voulais ! »

« Jusqu'à ce que la volonté créatrice ajoute : « Mais c'est ainsi que je le veux ! c'est ainsi que je le voudrai ! »

Notre salut, c'est donc de nous persuader que ce qui fut, ce qui est, ce qui sera, nous le voulons, nous le créons nous-même par notre volonté. Bien plus, nous voulons que ce qui fut recommence d'être, revienne à l'existence dans le cercle éternel qui tourne éternellement sur soi ; ainsi nous sommes rachetés, sauvés du destin en l'acceptant, en le voulant. Au moment même où je meurs en vertu des fatalités qui régissent la vie et la mort, je n'ai qu'à me dire : je veux mourir, ma mort fatale deviendra une mort libre. C'est en se résignant à l'inévitable, à ce dont elle ne change le plus petit iôta, que la volonté est « créatrice » !

La rédemption de Zarathoustra ne serait-elle point une tromperie ? Nietzsche, qui se dit plus optimiste que Schopenhauer, n'est-il point englouti dans un pessimisme plus profond ? Au-dessus des douleurs de ce monde, Schopenhauer élevait avec les bouddhistes le nirvâna, mais il avait soin d'ajouter que, « si le nirvâna est défini comme non-être, cela ne veut rien dire, sinon que ce monde (ou sansâra) *ne contient aucun élément propre* qui puisse servir à la *définition* ou à la *construction* du nirvâna ». Le néant relatif à nous n'est donc nullement le néant absolu ; il peut constituer, tout au contraire, l'être véritable. « Nous reconnaissons volontiers, dit Schopenhauer dans la phrase célèbre qui termine son livre, que ce qui reste après l'abolition complète de la volonté n'est absolument rien *pour ceux qui sont encore pleins du vouloir-vivre*. Mais, pour ceux chez qui la volonté s'est niée, notre monde, ce monde réel avec ses soleils et sa voie lactée, qu'est-il? Rien. » C'est donc la volonté de la vie en ce monde qui, selon Schopenhauer, doit s'anéantir au profit d'un mode d'existence supérieur, que nous ne pouvons ni *définir* ni *construire*, mais qui, loin d'être un néant, est sans doute la plénitude de l'être. Aux confins de la nature et de l'humanité, par delà ce monde pour lequel seul il professe le pessimisme, Schopenhauer faisait ainsi luire une espérance de libération, et de libération non pas négative, mais positive. Nietzsche, au contraire, ne s'aperçoit pas qu'il nous laisse sans le plus léger espoir de délivrance. « Le pessimisme, avait-il objecté avec force à Schopenhauer, est impossible pratiquement et ne peut pas être logique. Le non-être ne peut pas être le but. » Mais on pourrait lui répondre à lui-même : — Le non-être d'un monde voué à la douleur et au mal peut fort bien être un but; car le non-être de ce monde peut produire l'être véritable, dont nous n'avons, il est vrai, aucune représentation, que nous ne pouvons donc affirmer, mais que nous ne pouvons pas davantage nier. Vous, au contraire, vous ne voulez pas nier la vie telle qu'elle s'agite dans le monde de nos représentations, qui est aussi le monde de nos souffrances ; vous voulez affirmer cette vie comme étant identique à l'être même; mais votre prétendu être n'est qu'un devenir fou, éperdu, échevelé, une course à l'abîme où, au lieu de rien atteindre, tout vous échappe, où, au lieu d'avancer, vous tournez sans cesse comme les esclaves antiques poussant leur meule; votre prétendu être est l'éternelle et vaine et vide identité de l'être et du non-être dans le devenir, où Hegel n'avait vu que le plus bas degré de la dialectique, limbes de l'existence sortant à peine des ténèbres du néant absolu.

Malgré votre mépris pour la « petite raison », ni votre petite ni votre grande raison elle-même n'acceptera de dire *oui* à la vie, si tout a pour conséquence : *non*. Elle ne le peut, en vérité, que si elle est sous l'influence d'un excitant ou d'un narcotique; mais une telle ivresse ne durera pas toute l'existence. Il y a des douleurs de l'âme qui réveillent et dégrisent même Zarathoustra. Il faudrait avoir à jamais perdu toute sa grande raison, et même tout son grand cœur, pour se réjouir de l'éternelle fuite de toutes choses, de l'éternelle vanité de tout effort, de l'éternelle défaite de tout amour. Devant le cadavre de ceux qu'on aime et qui, par leur beauté d'âme, leur élévation de pensée, leur douceur de cœur, eussent mérité d'être immortels, quelle raison saine et quel cœur sain éprouvera l'ivresse joyeuse de « l'anéantissement » et se consolera par la pensée de l'écoulement sans limites? Pour moi, en voyant Guyau, à trente-trois ans, tomber inanimé au moment où il enfantait des chefs-d'œuvre, comment aurais-je pu éprouver cette ivresse dionysienne? — En vertu de l'éternel retour, répondez-vous, ce que tu as perdu revivra, et toi aussi ; un nombre infini de fois tu aimeras, et un nombre infini de fois tu verras s'anéantir ce que tu aimes ! — Tel est le nouveau mystère proposé à la foi de l'humanité ; et vous croyez que la révélation de cette éternelle duperie plongera l'humanité dans l'enthousiasme ! Ixion sera d'autant plus heureux qu'il saura que la roue tournera toujours ; les Danaïdes, d'autant plus folles de joie qu'elles sauront que jamais l'eau ne comblera l'abîme ! Sisyphe s'enivrera de voir son rocher retomber toujours sur sa tête ! L'enfer trouvera sa consolation dans la pensée qu'il est éternel ! Vous avez beau nous prêcher « l'affirmation de la vie, même dans ses problèmes les plus étranges et les plus durs, la volonté de vie, se réjouissant dans le *sacrifice* de nos types les plus élevés à son caractère inépuisable »; cela se comprendrait si nous étions sûrs, en effet, que la vie produira toujours mieux, se dépassera vraiment elle-même, ne sera jamais emprisonnée dans les formes du présent, entraînera toutes choses en un progrès sans fin. Mais vous nous avez enseigné que les combinaisons de la vie sont finies et épuisables, qu'une fois épuisées, elles n'ont d'autre ressource que de recommencer dans le même ordre et de dérouler le même alphabet enfantin depuis l'alpha jusqu'à l'oméga, les mêmes éléments depuis l'hydrogène jusqu'à l'hélium. Vous nous avez enlevé une à une toutes les raisons de vivre, et vous voulez que nous aimions la vie!

« Ma formule pour la grandeur d'un homme, écrivait Nietzsche dans son journal de 1888, est *amor fati*, amour du destin ; ne vouloir changer aucun fait dans le passé, dans l'avenir, éternellement ; non pas seulement supporter la nécessité, non moins la dissimuler, — tout idéalisme est un mensonge en face de la nécessité, — mais l'aimer. » Ainsi Nietzsche s'écrie, comme le stoïcien : « O monde, je veux ce que tu veux; » ô devenir, je veux devenir ce que je deviendrais alors même que je ne le voudrais pas! — Mais pourquoi ce consentement à l'éternel tourbillon de l'existence, si l'existence n'est pas conçue comme bonne, comme produisant ou pouvant produire plus d'intelligence, plus de puissance, plus de bonté, plus d'amour, et, conséquence finale, plus de bonheur? Nietzsche a rejeté toute finalité de la nature, soit transcendante, soit immanente : il ne voit partout que le flot aveugle qui pousse le flot et, au plus fort de cette tempête sans but qui épouvantait Guyau, il veut que nous *aimions* la vague qui nous engloutit!

— « Pourquoi? » — C'est, répond-il, que nous sommes nous-mêmes « parties de la destinée : nous appartenons au tout, nous existons dans le tout »; fragments de la nature, la volonté de la nature doit être notre loi. Or, la nature tend à l'homme et au « Surhomme » comme à son but; de là notre amour pour ce but. La nature tend aussi à l'anéantissement de l'homme et du Surhomme lui-même comme de tout le reste; de là notre amour de l'anéantissement. — Parler ainsi, c'est personnifier la nature, c'est en faire un dieu, c'est oublier ce que vous avez dit vous-même : qu'il n'y a aucune *unité* dans le flux universel, aucune *cause*, pas la moindre *fin*. Qu'est-

ce donc que la nature? Il n'y a pas plus de nature que
de dieu, πάντα ρεῖ. L'adoration de la nature n'a pas de
sens. L'adoration du torrent universel où nous roulons n'en a pas davantage. *Amor fati* est une formule vide. Le destin n'a pas besoin de mon amour.

Après avoir parlé d'ivresse et d'enthousiasme,
Nietzsche est obligé finalement, en face de l'univers
qu'il conçoit, de faire appel à notre courage; et il le
fait en accents héroïques.

> Il y a quelque chose en moi que j'appelle courage : c'est ce
> qui a tué jusqu'à présent en moi tout mouvement d'humeur...
> Car le courage est le meilleur meurtrier, — le courage qui
> *attaque:* car dans toute attaque il y a fanfare.
> L'homme, cependant, est la bête la plus courageuse ; c'est
> ainsi qu'il a vaincu toutes les bêtes. Aux sons de la fanfare, il
> a surmonté toutes les douleurs ; mais la douleur humaine est la
> plus profonde douleur.
> Le courage tue aussi le vertige au bord des abîmes ; et où
> l'homme ne serait-il pas au bord des abîmes ? Regarder même,
> n'est-ce pas regarder les abîmes ?
> Le courage est le meilleur des meurtriers ; le courage tue
> aussi la pitié. Et la pitié est le plus profond abîme ; aussi profondément que l'homme voit dans la vie, il voit dans la souffrance.
> Le courage est le meilleur des meurtriers, le courage qui
> attaque ; il finira par tuer la mort, car il dit : « Comment ?
> était-ce là la vie? Allons ! recommençons encore une fois ! »
> Dans une telle maxime, il y a beaucoup de fanfare. Que
> celui qui a des oreilles entende !

Oui, nous croyons entendre. Ce courage, c'est une
fanfare d'un nouveau genre, la fanfare de la résignation,
qui jusqu'à présent s'exprimait plutôt par un soupir
que par un cri de joie. « Allons! recommençons encore
une fois ! » Recommençons même une infinité de fois,
et dans une infinité de lieux, *umsonts!* recommençons
les mêmes craintes, les mêmes espérances suivies des
mêmes désillusions, les mêmes douleurs, les mêmes
déchirements de cœur au moment des adieux.

Il y a chez Nietzsche des mots admirables qui font

entrevoir ce qui subsistait d'amertume, de souffrance tragique, de grandeur morale sous sa prétendue ivresse dionysienne. « Tout profond penseur, dit-il, craint plus d'être compris que d'être mal compris. Dans ce dernier cas, sa vanité souffre peut-être; dans le premier cas, ce qui souffre, c'est son cœur, sa sympathie qui toujours dit : « Hélas ! pourquoi *voulez-vous* que la route vous soit aussi pénible qu'à moi ? » Oui, pourquoi voulez-vous souffrir ce que mes pensées m'ont fait souffrir ? Pourquoi voulez-vous arriver à d'aussi désespérées conclusions que celles qui se cachent sous mon triomphant optimisme ?

Nietzsche, au fond, est une âme religieuse et veut fonder une religion nouvelle. Il le dit lui-même éloquemment. « Nous sommes, — que ce soit là notre titre de gloire ! — de *bons Européens*, héritiers de l'Europe, héritiers — riches et comblés mais aussi *surchargés de devoirs* — de vingt siècles d'esprit européen ; comme tels aussi, détachés et ennemis du christianisme, et cela précisément parce que *nous nous rattachons à lui*, parce que nos ancêtres étaient des chrétiens d'une *inflexible probité* dans leur christianisme, qui pour leur *foi auraient sacrifié sans regret leur bien et leur vie*, leur situation et leur patrie. Nous — *nous faisons de même*. Et pourquoi ? Par *irréligion personnelle* ? Par *irréligion universelle* ? *Non*, mes amis, vous le savez bien ! *Le Oui qui se cache au fond de vous est plus fort que tous les Non et les Peut-être dont vous souffrez avec votre époque ;* s'il faut, ô émigrants ! que vous preniez la mer, la force qui vous pousse, vous aussi, c'est — *une religion !...* (1) »

Un des traits les plus frappants chez Nietzsche, c'est que ce phénoméniste et cet illusionniste, qui a rejeté tout monde vrai au-delà de l'apparence, tout monde stable au delà du torrent qui s'écoule, toute éternité

---

(1) *La Vraie Science*, Aphorisme 377.

au-delà du temps, finit par un acte religieux d'amour pour l'éternité !

Si jamais ma colère a violé des tombes, reculé des bornes de frontières et jeté de vieilles tables brisées dans des profondeurs à pic ;

Si je me suis jamais assis plein d'allégresse, à l'endroit où sont enterrés des dieux anciens, bénissant et aimant le monde, à côté des monuments d'anciens calomniateurs du monde : —

— car j'aimerai même les églises et les tombeaux des dieux, quand le ciel regardera d'un œil clair à travers leurs voûtes brisées ; j'aime à être assis sur les églises détruites, semblable à l'herbe et au rouge pavot : —

Oh ! comment ne serais-je pas ardent de l'éternité, ardent du nuptial anneau des anneaux, — l'anneau du devenir et du retour ?

Jamais encore je n'ai trouvé la femme de qui je voudrais avoir des enfants, si ce n'est cette femme que j'aime : car je t'aime, ô éternité !

CAR JE T'AIME, Ô ÉTERNITÉ !

Si jamais un souffle est venu vers moi, un souffle de ce souffle créateur, de cette nécessité divine qui force même les hasards à danser les danses d'étoiles :

Si jamais j'ai ri du rire de l'éclair créateur que suit en grondant, mais avec obéissance, le long tonnerre de l'action ;

Si jamais j'ai joué aux dés avec des dieux, à la table divine de la terre, en sorte que la terre tremblait et se brisait, soufflant en l'air des fleuves de flammes : —

— car la terre est une table divine, tremblante de nouvelles paroles créatrices et d'un bruit de dés divins : —

Oh ! comment ne serais-je pas ardent de l'éternité, ardent du nuptial anneau des anneaux, — l'anneau du devenir et du retour ?

Jamais encore je n'ai trouvé la femme de qui je voudrais avoir des enfants, si ce n'est cette femme que j'aime : car je t'aime, ô éternité !

CAR JE T'AIME, Ô ÉTERNITÉ !

Si jamais j'ai bu d'un long trait à cette cruche écumante d'épices et de mixtures, où toutes choses sont bien mélangées (1) ;

Si jamais ma main a mêlé le plus lointain au plus proche, le feu à l'esprit, la joie à la peine et les pires choses aux meilleures ;

---

(1) Cf. Héraclite, qui a dit : « Le monde est un breuvage doux et amer, qui ne se conserve que par une éternelle agitation. »

Si je suis moi-même un grain de sable rédempteur, qui fait que toutes choses se mêlent bien dans la cruche des mixtures : —

— car il existe un sel qui lie le bien au mal ; et le mal lui-même est digne de servir d'épice et de faire déborder l'écume de la cruche : —

Oh ! comment ne serais-je pas ardent de l'éternité, ardent du nuptial anneau des anneaux, — l'anneau du devenir et du retour ?

Jamais encore je n'ai trouvé la femme de qui je voudrais avoir des enfants, si ce n'est cette femme que j'aime : car je t'aime, ô éternité !

Car je t'aime, ô Éternité !

Si j'aime la mer et tout ce qui ressemble à la mer, et le plus encore quand fougueuse elle me contredit ;

Si je porte en moi cette joie de chercheur, cette joie qui pousse la voile vers l'inconnu, s'il y a dans ma joie une joie de navigateur ;

Si jamais mon allégresse s'écria : « Les côtes ont disparu — maintenant ma dernière chaîne est tombée —

— l'immensité sans bornes bouillonne autour de moi, bien loin de moi scintillent le temps et l'espace, allons ! en route ! vieux cœur ! » —

Oh ! comment ne serais-je pas ardent de l'éternité, ardent du nuptial anneau des anneaux, — l'anneau du devenir et du retour ?

Jamais encore je n'ai trouvé la femme de qui je voudrais avoir des enfants, si ce n'est cette femme que j'aime : car je t'aime, ô éternité !

Car je t'aime, ô Éternité !

Si jamais j'ai déployé des ciels tranquilles au-dessus de moi, volant de mes propres ailes dans mon propre ciel :

Si j'ai nagé en me jouant dans de profonds lointains de lumière, si la sagesse d'oiseau de ma liberté est venue : —

— car ainsi parle la sagesse de l'oiseau : « Voici, il n'y a pas d'en haut, il n'y a pas d'en bas ! Jette-toi alentour, en avant, en arrière, léger que tu es ! Chante ! ne parle plus !

— « toutes les paroles ne sont-elles pas faites pour ceux qui sont lourds ? Toutes les paroles ne mentent-elles pas à celui qui est léger ! Chante ! ne parle plus ! »

Oh ! comment ne serais-je pas ardent de l'éternité, ardent du nuptial anneau des anneaux, l'anneau du devenir et du retour !

Jamais encore je n'ai trouvé la femme de qui je voudrais avoir des enfants, si ce n'est cette femme que j'aime : car je t'aime, ô éternité !

Car je t'aime, ô Éternité !

Zarathoustra sent bien qu'il y a en lui un prêtre, qu'il est lui-même le prêtre d'une religion nouvelle.

> Voici des prêtres ; et, bien que ce soient nos ennemis, passez devant eux silencieusement et l'épée dans le fourreau !
> Parmi eux aussi il y a des héros ; beaucoup d'entre eux souffrirent trop ; — c'est pourquoi ils veulent faire souffrir les autres...
> Mais mon sang est parent du leur ; et je veux que mon sang soit honoré même dans le leur.

Zarathoustra plaint les prêtres, qui sont prisonniers ; celui qu'ils appellent Sauveur les a mis aux fers, aux fers des valeurs fausses et des paroles illusoires. « Ah ! que quelqu'un les sauve de leur Sauveur ! »
Sur le chemin qu'ils suivaient, ils ont inscrit des signes de sang, et leur Jésus enseignait qu'avec le sang et par le sang on témoigne de la vérité.

> Mais le sang est le plus mauvais témoin de la vérité...
> Et lorsque quelqu'un traverse le feu pour sa doctrine, qu'est-ce que cela prouve ? C'est bien autre chose, en vérité, quand du propre incendie surgit la propre doctrine !

Zarathoustra s'est incendié lui-même, par le doute, par la négation, par le grand mépris, par le grand amour ; il a mis le feu aux tables de valeurs qu'il avait trouvées en lui-même, legs du passé, tradition séculaire, et des flammes qui ont tout consumé est sortie sa propre doctrine d'avenir.
Zarathoustra prêche, à la fois, non seulement la religion de l'éternité, mais la morale de l'immanence, sans sanction ; ce négateur de la vertu se fait de la vertu la plus haute idée, la même idée que Guyau. Il lance son ironie contre ceux qui attendent une récompense :

> Vous voulez encore être payés, ô vertueux ! Vous voulez être récompensés de votre vertu, avoir le ciel en place de la terre, et de l'éternité en place de votre aujourd'hui ?
> Et maintenant vous m'en voulez de ce que j'enseigne qu'il n'y a ni rétributeur, ni comptable. Et, en vérité, je n'enseigne même pas que la vertu soit sa propre récompense.

Pour Nietzsche, en effet, l'ascension de la vie au-dessus d'elle-même n'est point nécessairement le bonheur, le plus souvent même, il nous l'a dit, c'est « le malheur ». Pour sa part, il y consent, nous l'avons vu, avec l'adhésion d'un stoïque au *Fatum*.

Hélas! c'est là mon chagrin : on a astucieusement introduit la récompense et le châtiment au fond des choses, et même encore au fond de vos âmes, ô vertueux !...
Mais ceci est votre vérité : vous êtes trop *propres* pour la souillure des mots : *Vengeance, punition, récompense, représailles*.
Vous aimez votre vertu comme la mère aime son enfant, mais quand donc entendit-on qu'une mère veut être payée de son amour ?
Votre vertu, c'est votre vous-même qui vous est le plus cher. Vous avez en vous la soif de l'anneau : c'est pour revenir sur soi-même que tout anneau s'annelle et se tord.
Et toute œuvre de votre vertu est semblable à une étoile qui s'éteint ; sa lumière est encore en route et elle suit toujours son orbite ; — quand ne sera-t-elle plus en route ?
Ainsi la lumière de votre vertu est encore en route, même quand l'œuvre est accompli. Qu'elle soit donc oubliée et morte : son rayon de lumière est encore en voyage !
Que votre vertu soit votre vous-même, et non quelque chose d'étranger, un épiderme et un manteau : voilà la vérité du fond de votre âme, ô vertueux !

Il y a d'autres hommes, au contraire, pour qui la vertu reste extérieure ; pour les uns, ce n'est « qu'un spasme sous le fouet » ; d'autres disent : « Ce que je ne *suis pas*, c'est là ce qu'est pour moi Dieu et vertu ; d'autres s'avancent lourdement et en grinçant, comme des chariots qui portent des pierres dans la vallée : c'est leur « frein » qu'ils appellent vertu ; d'autres sont semblables à des pendules qu'on remonte, ils font tic tac et veulent qu'on appelle leur tic tac de la vertu.
Il en est qui aiment les gestes, et qui pensent : la vertu est une sorte de geste ; leurs genoux sont toujours en adoration et leurs mains se joignent, à la louange de la vertu, mais « leur cœur n'en sait rien ». Il en est d'autres enfin qui crient : la vertu est nécessaire, la morale est nécessaire ; mais ils ne croient au fond

qu'une seule chose, c'est que la police est nécessaire.

Hélas! mes amis! Que *votre* vous-même soit dans l'action ce que la mère est dans l'enfant; que ceci soit votre parole de vertu!

C'est ainsi que Zarathoustra chante la vertu désintéressée ; ou plutôt, non, il ne veut pas qu'elle soit désintéressée, il veut qu'elle soit notre plus profond intérêt, identique à notre moi lui-même, à notre personnalité : il veut qu'elle soit notre haut et sublime égoïsme. Au fond, avec tous les grands moralistes, il voit dans la vertu l'identité du suprême intérêt et du suprême désintéressement. Mais comment cette doctrine de la *perennis philosophia* (que Nietzsche retrouve pour son compte en croyant l'inventer) peut-elle se soutenir, si l'on n'admet pas une foncière identité du vrai moi avec le moi des autres, de notre être intime avec l'être universel, de notre raison avec la raison universelle, de notre cœur avec le cœur même de la Nature? La voix de Nietzsche est celle de Platon, de Plotin, des mystiques, de Spinoza, de Hegel, de Schelling et de Schopenhauer.

Zarathoustra s'écrie avant le lever du soleil :

O ciel au-dessus de moi, ciel clair, ciel profond! abîme de lumière! En te contemplant je frissonne de désir divin.
Me jeter à ta hauteur, c'est là ma profondeur ! M'abriter sous ta pureté, voilà mon innocence!...
Nous sommes ainsi depuis toujours; notre tristesse, notre épouvante et notre fond nous sont communs; le soleil même nous est commun.
Nous ne nous parlons pas parce que nous savons trop de choses ; nous nous taisons et, par des sourires, nous nous communiquons notre savoir...
« J'en veux aux nuages qui passent, ces chats sauvages qui rampent : ils nous prennent à tous deux ce qui nous est commun : l'immense et infinie affirmation des choses.
... Mais moi je bénis et j'affirme toujours, pourvu que tu sois autour de moi; ciel pur, ciel clair, abîme de lumière ! c'est

CULTE APOLLINIEN ET DIONYSIEN DE LA NATURE

alors que je porterai dans les abîmes ma bienfaisante affirmation.

Je suis devenu celui qui bénit et qui affirme ; et pour cela j'ai longtemps lutté. Je fus un lutteur afin d'avoir un jour les mains libres pour bénir.

Ceci cependant est ma bénédiction : être au-dessus de chaque chose comme son propre ciel, son toit arrondi, sa cloche d'azur et son éternelle quiétude ; et bienheureux celui qui bénit ainsi !

Car toutes choses sont baptisées à la source de l'éternité, et par delà le bien et le mal ; mais le bien et le mal ne sont eux-mêmes que des ombres fugitives, d'humides afflictions et des nuages passagers.

Spinoza ne démontre plus *more geometrico*, il chante des hymnes enthousiastes à la Nature éternelle, à la fois « naturée » et « naturante », où le bien et le mal se fondent dans le vrai éternel, et où le vrai lui-même se fond dans l'éternelle réalité.

Qu'entends-je ? dit en cet endroit le vieux pape en dressant l'oreille ; ô Zarathoustra, tu es plus pieux que tu ne le crois, avec une telle incrédulité. Il a dû y avoir un Dieu quelconque qui t'a converti à ton impiété.

N'est-ce pas ta piété même qui t'empêche encore de croire à un Dieu ? Et ta trop grande loyauté te conduira encore *par delà le bien et le mal* !

Vois donc ce qui t'est réservé ! Tu as des yeux, une main et une bouche qui sont prédestinés à bénir de toute éternité. On ne bénit pas seulement avec les mains.

Auprès de toi, quoique tu veuilles être le plus impie, je sens une odeur secrète de longues bénédictions ; je la sens pour moi à la fois bienfaisante et douloureuse (1).

(1) *Zarathoustra*, tr. fr., p. 368.

II

L'attitude de Zarathoustra à l'égard de la mort est de haut intérêt. La théorie de la mort (Platon l'avait compris) est une pierre de touche pour les philosophies. Schopenhauer rejetait la mort volontaire, comme une affirmation déguisée du vouloir-vivre, comme une preuve qu'on n'est pas encore détaché de tout désir, de toute passion, qu'on est simplement désireux de la jouissance ou, tout au moins, du repos et de l'absence de douleur. Nietzsche, lui, retourne à la théorie des anciens sur la mort volontaire :

> Il y en a beaucoup, dit-il, qui meurent trop tard et quelques-uns qui meurent trop tôt. La doctrine qui dit : Meurs à *temps*, semble encore étrange.
> Celui qui ne vit jamais à temps, comment devrait-il mourir à temps ? Qu'il ne soit donc jamais né ! Voilà ce que je conseille aux superflus.

Cette doctrine est d'ailleurs bizarre : car à quel signe reconnaîtra-t-on les superflus ? Et surtout comment reconnaîtront-ils eux-mêmes leur superfluité... jusqu'à ne *pas naître* ? Combien, d'ailleurs, semblent superflus qui rendent plus de services aux hommes que tels prétendus héros ?

Zarathoustra reproche aux superflus, non seulement de naître, mais de « faire les importants »; devant la mort « même la noix la plus creuse prétend être cassée ».

> Ils accordent tous de l'importance à la mort ! La mort n'est point encore une fête. Les hommes ne savent point encore comment on consacre les plus belles fêtes.
> Je vous montre la mort qui accomplit, la mort qui, pour les vivants, devient un aiguillon et une promesse.
> Celui qui accomplit meurt de *sa mort*, victorieux, entouré de ceux qui espèrent et promettent.
> C'est ainsi qu'il faudrait apprendre à mourir ; et il ne devrait pas y avoir de fête sans qu'un tel mourant ne sanctifie les serments des vivants !

Mourir ainsi est la meilleure chose ; mais la seconde est celle-ci : mourir au combat et répandre une grande âme.

Zarathoustra parle en vrai disciple d'Odin. Assembler ses amis et leur donner le spectacle de sa mort volontaire, ou bien mourir en pleine mêlée comme un vieux Germain ou Gaulois, tel est l'idéal de Nietzsche.

« Mais également haïe par le combattant et par le victorieux est votre mort grimaçante, qui vient en rampant, comme un voleur, — et qui pourtant s'approche en maître.
« Je vous fais l'éloge de ma mort, de la libre mort, qui me vient puisque *je* veux.
« Et quand voudrai-je vouloir ?... »

Zarathoustra, dit-il, a un but et un héritier : le surhomme ; par respect pour le but et pour l'héritier, il ne veut pas suspendre des couronnes fanées dans le sanctuaire de la vie. Il ne veut pas ressembler aux cordiers, qui tirent leurs fils en longueur et vont eux-mêmes toujours en arrière. Quiconque veut de la gloire doit « prendre congé » et s'exercer à « l'art difficile de s'en aller au bon moment ». Il y en a chez qui le cœur vieillit d'abord ; chez d'autres, c'est l'esprit. Quelques-uns sont vieux dans leur jeunesse ; mais, quand on est jeune très tard, on reste jeune très longtemps.

Il y en a beaucoup trop qui vivent, et trop longtemps ils restent suspendus à leur branche. Qu'une tempête vienne et secoue de l'arbre tout ce qui est pourri et mangé par le ver !
Qu'il vienne des prédicateurs de la mort *rapide* ! ce seraient les vraies tempêtes et les vraies secousses sur l'arbre de la vie ! mais je n'entends prêcher que la mort lente et la patience avec tout ce qui est *terrestre*.

Une bonne guerre, de belles hécatombes, voilà la tempête qui secouerait à propos l'arbre où pendent encore des fruits gâtés.

Que votre mort ne soit pas un blasphème des hommes et de la terre, mes amis ; c'est ce que je réclame du miel de votre âme.

Votre esprit et votre vertu doivent encore enflammer votre agonie, comme la rougeur du couchant enflamme la terre; sinon, votre mort vous aura mal réussi.

C'est ainsi que je veux mourir moi-même, afin qu'à cause de moi vous aimiez davantage la terre, amis : et je veux redevenir terre, pour que je trouve mon repos dans celle qui m'a engendré.

En vérité, Zarathoustra avait un but, il a lancé sa balle ; maintenant, amis, vous êtes les héritiers de mon but, c'est à vous que je lance la balle dorée.

Je préfère à toute autre chose de vous voir lancer la balle dorée, mes amis! Et c'est pourquoi je demeure encore un peu sur la terre; pardonnez-le-moi.

Ainsi parlait Zarathoustra.

Le prédicateur de la mort volontaire est en effet resté sur terre avec un courage héroïque, malgré tant de souffrances que lui adoucissait la pensée de son œuvre à accomplir. Et qui n'a pas d'œuvre, petite ou grande? Qui ne tient à personne, qui ne tient à rien, qui ne peut se rendre encore utile? Au lieu de prêcher la bonne et libre mort, comment Zarathoustra ne prêche-t-il pas la bonne et libre vie? Comment encore ne voit-il pas que ceux auxquels il conseille de savoir s'en aller à temps et qui en auraient le courage sont ceux précisément que nous avons tout intérêt à retenir. Quant aux « superflus », s'il en existe, ce sont ceux qui tiendront le plus à la vie. Zarathoustra perd ses sermons.

Parmi les hommes, les meilleurs sont ceux qui ne doivent pas les suivre, et les pires sont ceux qui ne les entendront pas.

Quand mourut le chantre de Zarathoustra, ses amis et disciples prononcèrent tour à tour sur sa tombe des paroles graves et éloquentes ; et chacun, à la fin de son discours, ajoutait des versets tirés de *Zarathoustra*, versets qui retentirent comme des paroles de la Bible ou de l'Evangile, et qui, en termes magnifiques, célébrèrent tout ce qu'il y a de grand, de beau, de bon, d'éternel. Là sans doute, non dans les boutades d'un humour trop tudesque, non dans les négations ou destructions d'une pensée aveuglée par la satisfaction de soi et par le désir du neuf, là, dis-je, était l'âme véritable, l'âme haute et profonde, l'âme lumineuse et obscure, l'âme aimante et aimée du prophète Zarathoustra.

« O ciel au-dessus de moi, ardent ! Toi mon bonheur au lever du soleil ! Le jour vient : séparons-nous ! Ainsi parla Zarathoustra. »

« Un voyant, un volontaire, un créateur, un avenir lui-même et un pont vers l'avenir ! Ainsi parla Zarathoustra. »

« J'aime celui qui veut créer au-dessus de lui-même et qui périt ainsi. Ainsi parla Zarathoustra. »

« O ciel au-dessus de moi ! tous mes voyages n'étaient que des misères : Toute ma volonté veut voler vers toi ! Ainsi parla Zarathoustra. »

« Je vous enseigne l'Ami dans lequel le monde entier est achevé : une coupe du bien, l'ami créateur. Ainsi parla Zarathoustra. »

« Toute ma vieille sagesse sauvage sur le doux gazon de vos cœurs, mes amis ! Elle voudrait mettre tout ce qu'elle a de plus cher sur votre amour. Ainsi parla Zarathoustra. »

« Je suis toujours la terre et l'héritage de votre amour, fleurissant pour votre mémoire de mille fleurs sauvages, mes bien-aimés. Ainsi parla Zarathoustra. »

« Où il y a des tombeaux, il y a des résurrections. Ainsi parla Zarathoustra. »

Comme il a son dogme de la rédemption, Zarathoustra, en effet, a aussi son dogme de la résurrection. Nous renaîtrons non pas une fois, mais une infinité de fois, et nous ressusciterons tels que nous sommes, sans changement, revenant sans cesse non pas à une vie meilleure, mais à la même vie, aspirant, sans pouvoir l'atteindre, au même ciel haut et pur qui couvre nos têtes.

CHAPITRE V

CONCLUSION

I

OPINIONS DE NIETZSCHE SUR SA PROPRE ORIGINALITÉ

Ce que Heine disait de Schiller, on pourrait encore mieux l'appliquer à Nietzsche : chez lui, « la pensée célèbre ses orgies ; des idées abstraites, couronnées de pampres, brandissent le thyrse et dansent comme des bacchantes ; ce sont des réflexions ivres ».

Nietzsche a un essor lyrique et une exubérance d'imagination qui laissent Schiller bien loin derrière lui. Il est fâcheux qu'il ait poussé le sentiment de sa valeur jusqu'à l'admiration à la fois aiguë et chronique de soi. Il ne parle jamais de ses œuvres que comme de révélations plus que prophétiques, en même temps que de chefs-d'œuvre poétiques ou littéraires. « L'aphorisme, la sentence, où je suis passé maître parmi les Allemands, sont les formes de l'*éternité* ; mon orgueil est de dire en dix phrases ce que tout autre dit en un volume, — ce qu'un autre ne dit *pas* en un volume. J'ai donné à l'Humanité le livre le plus profond qu'elle possède, mon *Zarathoustra* ; je lui donnerai sous peu son livre le plus indépendant) (1) ». Il s'agit de la *Volonté de puissance* (dont l'*Antéchrist* faisait partie) (2).

(1) *Crépuscule des idoles*, § 51. Tr. fr., p. 226.
(2) *L'Antéchrist* (§ 54).

Ailleurs, Nietzsche se représente comme le grand esprit sceptique où est venu se condenser le travail destructeur des siècles. « Qu'on ne se laisse point abuser, ajoute-t-il, tous les grands esprits sont des sceptiques. Zarathoustra est un sceptique. » La *foi*, au contraire, constitue l'*épine dorsale* de l'homme à convictions : — « *Ne pas* voir beaucoup de choses, n'être sur aucun point impartial..., voilà les conditions qui seules permettent à cette classe d'hommes de subsister. » Les lois pathologiques inhérentes à leur optique spéciale font d'eux « des fanatiques, — Savonarole, Luther, Rousseau, Robespierre, Saint-Simon, — c'est-à-dire l'antipode de l'esprit vigoureux et *affranchi*. » Les belles attitudes de ces esprits malades, de ces « épileptiques de l'intellect », font impression sur la grande masse : les fanatiques sont pittoresques, or, l'humanité aime mieux voir des gestes que d'écouter des *raisons*. » Ainsi parle Nietzsche dans l'*Antéchrist*, un livre où la passion atteint son paroxysme, et comme c'est la passion au services d'idées, ne peut-on l'appeler aussi une conviction et une foi? Ce Zarathoustra qui se croit sceptique est un des plus grands croyants de notre époque; loin d'être impartial, que de choses, lui aussi, il veut « *ne pas voir!* » A-t-il vraiment *vu* ce qu'il y a de bon dans la morale (fût-elle inconsciente et spontanée), ce qu'il y a de bon dans le christianisme? Les injures que sa foi nouvelle lance en anathèmes contre l'ancienne foi ne permettent-elles pas d'appeler Zarathoustra lui-même un épileptique de l'intellect et de la passion? Nous l'avons vu établir une « équivalence complète entre le chrétien et l'anarchiste » : tous deux n'ont « d'autre but, d'autre instinct que la *destruction*... Christianisme et alcool, les deux plus grands agents de corruption... Je *condamne* le christianisme... J'appelle le christianisme la grande malédiction, la grande corruption intime, le grand instinct de vengeance pour qui il n'est point de moyen assez venimeux, caché, souterrain, petit, — je l'appelle l'immortel stigmate d'opprobre de l'Humanité. » On a voulu expliquer ces paroles par la folie commençante. Non, elles sont en rapport avec tout ce que Nietzsche avait déjà écrit. Elles expriment d'ailleurs ce qui fut chez lui, selon une loi bien connue, le premier « stigmate » de la folie future : l'hypertrophie du moi et l'immensité de l'orgueil. Quoique, d'une manière générale, la superbe tudesque dépasse toutes les autres en énormité, il y a cependant chez Nietzsche un orgueil encore plus que germanique. Quand il parle de ses ouvrages, des moindres comme des meilleurs, c'est toujours en termes tels que chacune de ses productions est, à ses yeux, un événement capital pour le monde. S'il écrit sur Richard Wagner, il a soin de dire : « Les traits qui nous sont communs... feront qu'on rapprochera éternellement nos deux noms, et, s'il est sûr que, parmi les Allemands, Wagner est un malentendu, il est sûr aussi que j'en serai un et le serai toujours. » S'il publie : *Choses humaines, par trop humaines*, il érige son livre en « monument commémoratif »; il s'y compare à Voltaire : « Car Voltaire est, par contraste avec tout ce qui écrivit après lui, avant tout un grand seigneur de l'esprit, ce que je suis moi aussi. Le nom de Voltaire sur un écrit de moi, c'était là en réalité un progrès — vers *moi-même*, etc. » S'il écrit *Aurore*, c'est qu'il se considère comme l'aube des jours nouveaux ; il y annonce déjà les *Transmutations de toutes les valeurs*, par qui l'homme s'affranchira des valeurs morales reconnues jusqu'alors, dira oui et accordera croyance à tout ce qui, jusqu'à présent, fut interdit, impur, maudit. « Ce livre, tout *d'affirmations*, épand sa lumière, son amour, sa tendresse sur toutes sortes de choses mauvaises, et il leur restitue leur âme, la bonne conscience, leur droit souverain, *supérieur* à l'existence. » Ces *affirmations* consistent, comme on sait, à *nier* la *moralité*, la *vertu*, la *pitié*, la *charité*, la *justice*, le *droit*, etc. ; à prendre en tout le contre-pied de ce que l'Humanité entière avait cru, si bien que l'Humanité est zéro devant l'homme *unique* et infiniment grand qui est Nietzsche. En dépit de ce Voltaire même qu'il a érigé en précurseur, « tout le monde a tort » et c'est Nietzsche seul qui a raison.

Mais à quoi bon pousser plus loin le relevé de tant de vaniteuses paroles dont la candeur finit par désarmer ? On sait que, se comparant au Christ méconnu, Nietzsche s'offre lui-même à tous les regards dans *Ecce homo* et qu'il signe sa dernière lettre à Brandès : le Crucifié ?

Nietzsche, cependant, ne nous a pas paru avoir l'originalité souveraine qu'il s'attribue. Mêlez la sophistique grecque et le scepticisme grec avec le naturalisme de Hobbes et avec le monisme de Schopenhauer, corrigé par Darwin, assaisonné des paradoxes de Rousseau et de Diderot, vous aurez la philosophie de Zarathoustra. Avancée en apparence, séduisante d'aspect pour une jeunesse ingénue à la recherche de l'inédit, cette philosophie n'en est pas moins essentiellement antique et « réactionnaire », dans tous les sens possibles, ennemie de tout ce qu'on appelle les progrès modernes. « *Moderne*, c'est-à-dire faux » ! répète Nietzsche sur tous les tons, et il consacre à anathématiser la « modernität » un des chapitres de son dernier ouvrage. Il a beau se croire à l'abri de tous les préjugés qui viennent du « troupeau » et du milieu ; nul, plus que ce chantre de la force et de la guerre, n'a ramassé en un seul monceau tous les préjugés grégaires de l'Allemagne restée féodale en plein xixe siècle, toutes les idées dominantes venues de la race, du milieu et du moment, amalgamées avec les idées analogues de l'antiquité, du moyen âge et de la Renaissance.

Mais ce dernier des romantiques fait tout accepter par la magie de son lyrisme. Bien qu'il croie son âme isolée en soi et impénétrable pour tous, le miracle de la poésie la rend pour tous transparente :

Comme c'est agréable qu'il y ait des mots et des sons ! Les mots et les sons ne sont-ils pas les arcs-en-ciel et des ponts illusoires entre ce qui est éternellement séparé ?

A chaque âme appartient un autre monde ; pour chaque âme, toute autre âme est un arrière-monde...

Pour moi, comment y aurait-il quelque chose en dehors de moi ? Il n'y a pas d'en dehors ! Mais tous les sons nous font oublier cela. Comme il est agréable que nous puissions oublier !

Comme toute parole est douce ! Comme tous les mensonges des sons nous paraissent doux ! Les sons font danser notre amour sur des arcs-en-ciel multicolores (1).

Nietzsche offre d'autant plus d'intérêt pour nous, Français, qu'il est l'aboutissant de tout un siècle de germanisme, de tout un courant d'idées hostiles aux nôtres, et d'idées-forces, ou plutôt d'idées servies par la force la plus brutale, dont, en 1870, nous avons été les victimes. Ce que l'Allemagne a de plus « avancé » et ce qu'elle a de plus « rétrograde » se retrouve chez le chantre de Zarathoustra. Toute la critique allemande des religions et des philosophies vient s'exprimer chez lui en blasphèmes voulus et en négations forcenées ; mais aux négations succèdent les affirmations enthousiastes, d'autant plus enthousiastes qu'elles sont plus dénuées de preuves ; et l'objet de cet enthousiasme, nous l'avons vu, c'est une conception de la société humaine qui rappelle le moyen âge, c'est une conception du monde entier qui nous ramène au paganisme antique.

II

IDÉE FONDAMENTALE DE NIETZSCHE

De même que La Rochefoucauld avait voulu traduire toutes les démarches de l'esprit en mouvements de l'amour-propre, Nietzsche a essayé de traduire en volonté de puissance et de domination tous les actes de l'homme isolé ou en société. Ces « transmutations de

---

(1) *Zarathoustra*, tr. fr., p. 309.

valeurs » et ces transpositions de sentiments sont toujours possibles et renferment toujours une part de vérité, quels que soient les termes dans lesquels on transpose. Pour l'un, tout contiendra amour de soi; pour l'autre, tout sera vouloir-vivre ; pour l'autre, amour de la puissance; pour un autre, tout enveloppera un germe d'altruisme ; pour un autre, tout sera pensée consciente ou inconsciente : une passion sera pour Pascal « une précipitation de pensées », une passion sera pour certains psychologues d'Allemagne « un raisonnement inconscient », etc. D'où vient cette possibilité de tenter tant de réductions diverses et de « transvaluations » à propos de nos penchants personnels ou sociaux? — D'un fait très simple : c'est que nos sentiments enveloppent toujours le tout de nous-mêmes et, avec le tout, les parties diverses, qu'on peut donc toujours retrouver. Il suffira d'appuyer sur un certain ordre de termes ou de « valeurs » pour les faire reconnaître dans toutes nos inclinations individuelles ou collectives. C'est ce qui fait que La Rochefoucauld avait pu trouver partout un élément d'amour de soi: n'est-il pas clair que jamais l'homme ne peut cesser, dans le plus grand acte de dévouement à la société entière, de s'aimer aussi lui-même, ne fût-ce que comme être capable de dévouement? Nous avons vu Nietzsche se livrer à un autre jeu : retrouver partout la volonté de puissance. On pourrait aussi prendre un à un tous les péchés capitaux et prétendre que tous nos mouvements intérieurs se ramènent à des démarches de l'orgueil, ou, si vous l'aimez mieux, à des démarches de la volupté, à des démarches de l'avarice, de l'envie, de la paresse. L'activité même rentrerait dans la paresse, parce qu'elle suit la loi du *moindre* effort, etc. Mais on pourrait aussi prendre les vertus cardinales et en retrouver le germe partout : soit prudence, soit courage, soit tempérance. Il y aurait ainsi des valeurs pour tous les goûts. Littérateurs et poètes peuvent se complaire à ces vagues paradoxes ; le philosophe, lui, doit faire à chaque élément sa part *exacte*. Les « moralistes », en général, j'entends les littérateurs moralistes, ont mêlé à leurs plus fines observations les plus fins sophismes et, en somme, qu'ils aient nom Montaigne, Charron, Pascal, La Rochefoucauld, La Bruyère, Vauvenargues, Rivarol, Chamfort ou Nietzsche, ils ont merveilleusement sophistiqué les sentiments naturels de l'homme. Mais tout peut servir au philosophe s'il sait en extraire la vérité. Nous avons montré un côté vrai dans les analyses de Nietzsche, c'est que la volonté se retrouve partout, avec une tendance naturelle à l'expansion et à la domination sur les obstacles. Grâce à ce fait, bien connu d'ailleurs, Nietzsche a pu voir en tout acte de volonté individuelle une lutte contre des obstacles et un instinct de développement; mais, passant à l'ordre social, il a transformé indûment tout rapport de l'homme avec ses semblables en volonté de domination, d'assujettissement, d'exploitation d'autrui. Même chez celui qui aime, il a trouvé une puissance se développant, et souvent contre des obstacles, de sorte qu'aimer lui paraît encore vouloir *dominer*, vouloir être *puissant*. Celui qui est aimé, à son tour, s'est glissé dans le cœur d'un autre pour y « voler la puissance », pour l'exploiter en quelque manière (1). On voit d'ici le travail facile de Nietzsche : tout philosophe, encore un coup, peut l'entreprendre et se proposer ce thème : démasquer dans l'individu et dans la société une volonté de puissance qui se déploie.

Ayant adopté pour le fond la théorie de la volonté de Schopenhauer, Nietzsche la combine avec celle de la lutte universelle de Darwin. Les individus sont des centres de volonté dont chacun aspire à être tout, à dominer tout, à s'approprier tout. Mais le *bellum omnium contra omnes* de Hobbes devient, avec Nietzsche comme avec Darwin, une sorte de loi bienfaisante, une loi de progrès. Les souffrances des individus, la disparition des faibles au profit des forts, des races inférieures au profit des supérieures, tout cela doit être accepté avec

(1) Voir plus haut, livre premier.

joie, avec amour. C'est sans doute encore le droit du plus fort, mais Nietzsche finit par prendre ce droit dans son sens le plus élevé et le plus désintéressé, au profit d'une race humaine supérieure ou surhumaine, qui produira la sélection.

Toutes les conséquences habituellement tirées du darwinisme par les partisans de la force, surtout en Allemagne, nous les avons vues se développer chez Nietzsche (1). Il est aristocrate et ennemi de la démocratie, comme tous les darwinistes qui veulent appliquer purement et simplement la loi darwinienne à la société humaine. Il est ennemi du socialisme, qui est une coalition des faibles et des misérables contre cette loi du plus fort qui devrait les faire disparaître. Il n'est pas moins ennemi de l'anarchisme politique, parce que, là encore, il y a hostilité contre l'autorité et le commandement des forts. Il est cependant ennemi de l'État politique et même de la société, parce que l'État et la société sont régis par la loi des troupeaux et tendent, selon lui, à l'étouffement des individualités, surtout des individualités supérieures. Le mouvement féministe l'irrite, comme une insurrection du sexe faible contre le sexe fort. Le pessimisme l'irrite, comme une tendance à la dégénération et à la décadence (et en cela il est d'accord avec Guyau, qui a montré dans le pessimisme à la fois un effet et une cause de l'affaiblissement vital). Enfin, la pitié, la charité, la solidarité, toutes les idoles du jour lui paraissent des causes de décadence. A en croire Zarathoustra, « la guerre et le courage ont fait plus de grandes choses que l'amour du prochain ; ce n'est pas votre pitié, mais votre bravoure, guerriers, qui sauva jusqu'à présent les victimes (2) ». Le grand exemple que Nietzsche invoque, nous l'avons vu, c'est la fondation et la durée de l'Empire romain, objet de son admiration la plus profonde ; il ne se demande pas

---

(1) Voir plus haut, livre deuxième.
(2) Zarathoustra, p. 59.

si l'Empire romain n'était point fondé autant et plus sur le sentiment de solidarité, de dévouement au tout, que sur le courage et la guerre. Si les Romains ne connaissaient pas la « pitié », ils connaissaient du moins la « piété » envers la patrie.

Nietzsche, nous l'avons vu encore, oppose sans cesse le « noble » au « bon » :

« Le *noble* veut créer quelque chose de neuf et une nouvelle vertu. Le *bon* désire le vieux et que le vieux soit conservé. »

Grâce à cette définition aussi arbitraire qu'aristocratique, Nietzsche a pu se moquer des bons et des justes, les mépriser, leur opposer des valeurs prétendues nouvelles. Il a fait de la moralité le synonyme de légalité et de routine aveugle, de sommeil d'esprit et de cœur.

III

L'ANARCHISME MORAL ET SON ÉVOLUTION
VERS LE SOCIALISME

Nietzsche est un grand esprit ; malheureusement, c'est un esprit faux, ce qui ne l'a pas empêché de dire une foule de vérités ou de demi-vérités. Que faut-il retenir des doctrines moralement anarchistes qui vont jusqu'à supprimer toute loi morale? C'est cette idée que les dogmatismes, de quelque nature qu'ils soient, ont toujours des dangers, parce qu'aucun système n'est vrai de tous points et que, le fût-il, il ne serait pas encore *la* vérité entière. Dès lors, il faut se défier du dogmatisme moral comme des autres, d'autant plus qu'il confine au fanatisme moral. Toutes les orthodoxies finissent, comme Guyau aimait à le répéter, par rétrécir les intelligences, dessécher les cœurs, fanatiser les volontés.

Au reste, quand on va au fond des choses, l'individualisme de Nietzsche, comme celui de Stirner, comme celui même de Guyau, se change en son contraire. Rappelons d'abord ce qui est arrivé pour Stirner. Dans un chapitre auquel il attachait la plus grande importance, Stirner avait tracé les grandes lignes de l'*association des égoïstes*, telle qu'il la concevait, résultant du libre choix des individus, par opposition à notre société actuelle, religieuse et hiérarchique. — Mais, lui a-t-on objecté avec raison (1), lui-même avait surabondamment répété auparavant que l'*amour*, le *désintéressement*, le *loyalisme*, etc., ne sont que des « *travestissements de l'égoïsme* », que la piété du croyant, le souci de l'égalité du *bourgeois*, la tendresse même de l'amant ne sont que des procédés, à vrai dire souvent méconnus, par lesquels « l'un *exploite son dieu*, l'autre l'*État* ou sa *maîtresse* », de sorte que la société présente réalise, en somme, « l'état de lutte de tous contre tous ». Or, en quoi l'association future des égoïstes pourra-t-elle différer, sinon par le caractère des armes employées, de la société actuelle ? L'égoïsme de ses *uniques*, rationalisé, se sera simplement débarrassé du vieil appareil de guerre en faveur d'un nouveau : ses combattants, semblables aux soldats des armées modernes, ne marcheront plus à l'ennemi « en brandissant des boucliers ornés de figures terribles destinées à effrayer l'ennemi quand elles ne les épouvantent pas eux-mêmes »; aucun dieu, aucune déesse ne descendra plus du ciel « pour combattre à leurs côtés sous les traits augustes de la *Morale*, de la *Justice* ou de l'*Amour* ». L'égoïsme de Stirner est, pour tout dire en un mot, « un égoïsme — *rationnel* ». Le destructeur du *rationalisme* est donc resté lui-même, par la forme logique de son esprit, un « *rationaliste* »; l'adversaire passionné du *libéralisme* est encore resté « un libéral ». Stirner *rationaliste* poursuit jusque dans ses derniers retranchements l'idée de Dieu et en démasque les dernières métamorphoses, mais « il n'aboutit fatalement qu'à une *négation* : *l'individu et l'égoïsme* ». Stirner

---

(1) Voir la *Préface* de M. Reclaire.

libéral sape au nom de l'individu les fondements de l'État, mais, l'État une fois détruit, il n'aboutit lui-même qu'à une nouvelle *négation*, « anarchie ne pouvant signifier pour lui que *désordre* ». Si donc « l'*État*, régulateur de la *concurrence*, vient *à disparaître, à celle-ci ne peut succéder que la guerre de tous contre tous* » (1).

La « conception toute formelle de l'individu », adoptée par Stirner, explique ce caractère purement négatif de sa doctrine, du moins de la partie logiquement *critique* qu'elle renferme; c'est un « *rationalisme* et un *libéralisme conséquents*, c'est-à-dire *radicalement destructeurs* » (2). Mais ce serait cependant mutiler la pensée de Stirner et méconnaître l'importance de *l'Unique et sa Propriété*, de n'y voir que l'œuvre d'un logicien nihiliste. Stirner lui-même a dit de lui-même : « Stirner ne présente son livre que comme l'expression souvent maladroite et incomplète de ce qu'il voulut; ce livre est l'œuvre laborieuse des meilleures années de sa vie, et il convient cependant que ce n'est qu'un à peu près. Tant il eut à lutter contre une langue que les philosophes ont corrompue, que tous les dévots de l'État, de l'Église, etc., ont faussée, et qui est devenue susceptible de confusions d'idées sans fin ! (3) »

Quelle est donc la doctrine anarchiste *positive* qui doit surgir sur les ruines amoncelées par l'anarchisme négateur de Stirner? Les théoriciens actuels de l'anarchisme positif nous la font entrevoir. Ils nous rappellent d'abord un résultat acquis, selon eux : c'est l'importance excessive qu'ont prise dans l'État les facteurs *régulateurs sociaux aux dépens des facteurs actifs et producteurs*. Les premiers libertaires avaient autrefois démonté la « *machine de l'État* » rouage par rouage et montré dans cette *police sociale* qui s'étend du *roi* jusqu'au *garde champêtre* et au *juge* de village « un instrument de

---

(1) M. Reclaire, Préface, *ibid.*
(2) *Ibid.*
(3) *Die philosophischen Reactionære.* Kl. Schriften, éd. Mackay, p. 183.

guerre au service des vainqueurs contre les vaincus, sans autre rôle que de défendre l'état de *choses existant*, c'est-à-dire de *perpétuer l'écrasement du faible actuel par le fort actuel* ». Ils avaient ainsi « mis en évidence le caractère essentiellement *inhibiteur* et stérilisant » de l'État. Loin de pouvoir être un ressort pour l'activité individuelle, « l'*État* ne peut que comprimer, *paralyser et annihiler les efforts de l'individu* » (1). Stirner, lui, a fait un pas de plus. Il a mis en lumière « l'étouffement des forces vives de l'individu par la végétation parasite et stérile des facteurs régulateurs *moraux* ». Il dénonce dans la *justice*, dans la moralité, dans tout l'appareil des sentiments « chrétiens » une nouvelle police, « une *police morale*, ayant même origine et même but que la police de l'Etat : *prohiber*, *refréner* et immobiliser. Les *veto* de la conscience s'ajoutent aux *veto* de la loi ; grâce à elle, la *force* d'autrui est sanctifiée et s'appelle le *droit*, la *crainte* devient respect et *vénération*, et « *le chien apprend à lécher le fouet de son maître* (2). »

Les premiers libertaires avaient abouti à cette conclusion : « Que l'individu puisse se *réaliser* librement sans qu'aucune contrainte extérieure s'oppose à la mise en œuvre de ses facultés ! L'activité libre seule est féconde. » Stirner leur répond : — Ce n'est pas encore assez ; il faut que l'individu « puisse *vouloir* librement et ne cherche qu'en lui seul sa *règle*, sans qu'aucune crainte *intérieure* s'oppose à l'épanouissement de sa personnalité : *seule l'individuelle volonté est créatrice*. »

Guyau, lui, sans tomber dans les excès de Stirner, que d'ailleurs il n'avait pas lu, montra que l'individualisme avait été mal compris et que, mieux entendu, il se concilie avec le solidarisme. Ceux qui représentent

---

(1) M. Reclaire, *Préface de Stirner*.
(2) M. Reclaire, *ibid*.

l'individualisme comme égoïste par essence, ont méconnu, selon Guyau, la force d'expansion altruiste que le moi renferme, la part nécessaire d'autrui dans le moi. Aussi l'individualisme moral de Guyau est-il en même temps une sorte de socialisme moral.

C'est à un résultat analogue que les individualistes les plus récents viennent aboutir. Selon eux, l'égoïsme de Stirner et de ses successeurs n'avait encore que la valeur *négative* d'une « *révolte* », et n'était que « la réponse de ma force à une force ennemie » (1). L'*individu* n'est que « le *bélier logique* à l'aide duquel on renverse les bastilles de l'autorité ». Au fond, « l'individu n'a aucune réalité et n'est qu'un dernier *fantôme rationnel*, le fantôme de l'*Unique* ». — « Cet Unique où Stirner aborda sans reconnaître le sol nouveau sur lequel il posait le pied, croyant toucher le dernier terme de la critique et l'écueil où doit sombrer toute pensée, nous avons aujourd'hui appris à le connaître. Dans le *moi non rationnel*, fait d'*antiques expériences* accumulées, gros d'instincts *héréditaires* et de passions, et *siège de notre grande volonté* opposée à la petite volonté de l'individu égoïste, dans cet *Unique* du logicien, la *science* nous fait entrevoir le FOND COMMUN A TOUS sur lequel doivent se lever, par delà les mensonges de la *fraternité et de l'amour chrétiens*, une *solidarité nouvelle*, et, par delà les mensonges de l'*autorité* et du *droit*, un *ordre nouveau*. C'est sur cette terre féconde — que Stirner met à nu — que le grand négateur tend par-dessus cinquante ans la main aux *anarchistes* d'aujourd'hui (2). »

L'anarchisme théorique, on le voit, a fini par devenir de nos jours un monisme à la Spinoza et à la Schopenhauer : l'*unique*, qui n'était d'abord qu'un individu et un *ego*, s'est transformé en ce *fond commun à tous* que « la Science » nous fait entrevoir, que seule dégage la « philosophie ». L'Unique = l'Un-Tout.

(1) M. Reclaire, *ibid.*
(2) R.-L. Reclaire, *Préface à Stirner*

De même, la *vie* dont parle Nietzsche, et qui était d'abord *sa* vie, finit par se changer en la Vie universelle. Les libertaires aboutissent à prêcher la *solidarité*; ils prêchent même l'*ordre*, un ordre nouveau, ordre naturel selon eux, qui se substituera à l'ordre artificiel de la Politique, de la Religion et de la Morale.

Ce progrès des idées offre pour le philosophe le plus haut intérêt, puisqu'il tend à rapprocher et à concilier les doctrines les plus adverses. Toutefois, en entendant les théoriciens actuels de l'anarchisme libertaire, un Stirner conséquent ne pourrait-il s'écrier à son tour : — Cet *Unique* commun à tous que vous voulez substituer à *mon* unique, qui est moi, ce n'est encore qu'un nom de Dieu : c'est le *mundus deus implicitus* de Spinoza. Vous me volez mon moi au profit d'une *idée*.

Il est vrai qu'on pourrait, d'autre part, répliquer à Stirner : — C'est votre moi, comme tel, qui n'est lui-même qu'une *idée*, une forme sous laquelle votre être profond et caché s'apparaît. De deux choses l'une : si cet être profond n'est que vous, non les autres, s'il est vraiment *individuel*, rien ne pourra unir les égoïsmes ; s'il est à la fois vous, moi et tous, ne vous appelez pas vous-même *unique* et reconnaissez la fausseté de l'égoïsme.

De nos jours, l'individualisme libertaire peut être un contre poids utile aux excès du socialisme unitaire ; il n'en reste pas moins vrai qu'aucun individualisme ne saurait se suffire à lui-même. « La plupart des hommes, dit Nietzsche dans *Aurore*, ne font rien, leur vie durant, pour leur *ego*, mais seulement pour le fantôme de leur *ego*, qui s'est formé sur eux dans leur entourage. » Et Nietzsche ne voit pas que ce qu'il appelle son *ego* est, lui aussi, en grande partie, un fantôme social formé en lui par son entourage. Que serait Nietzsche, que serait son *ego*, sans tout ce que les autres y ont mis ? En croyant contempler son moi, c'est tout le monde qu'il contemple. — Zarathoustra, prétendent les Nietzschéens, est le « spéculatif », l'esprit serein « qui se joue de la mascarade sociale ». — Mais le dédain du dilettante n'est au fond

qu'ignorance et ingratitude. Ce qui est vraiment un
« masque », ce n'est pas la société, c'est la prétendue
individualité de celui qui croit pouvoir s'isoler des autres,
alors que, dans le plus profond de son être et de sa
pensée, ne cesse de retentir l'écho des innombrables
générations. L'individu ne peut même « spéculer » qu'en
s'appuyant sur toutes les spéculations et aussi sur toutes
les actions de ceux qui l'ont précédé. C'est donc bien
son individualisme orgueilleux et son ingratitude envers
le genre humain qui sont de la mascarade. L'homme
vraiment sincère est celui qui répète avec Guyau :

> Je ne m'appartiens pas, car chaque être n'est rien,
> Sans tous, rien pour lui seul...

— « Le corps social, prétend encore Nietzsche, ne pourra
jamais être que la volonté de puissance incarnée : il voudra grandir, s'étendre, attirer à lui, atteindre la prépondérance, — non par un motif moral ou immoral, mais parce
qu'il *vit* et parce que la vie *est* précisément volonté de
puissance. En aucun point cependant la conscience générale des Européens n'est plus réfractaire aux enseignements qu'ici. Elle refuse de voir que toute société est
exploiteuse, usurpatrice, dominatrice et tyrannique,
et qu'elle l'est non par accident, mais par essence. »
Les codes moraux, selon les Nietzschéens, ne sont
encore eux-mêmes « qu'une sublimisation des nécessités
vitales sociales, un impératif de l'égoïsme collectif ».
Ainsi parle un admirateur de Nietzsche, M. Palante. Il note
l'antinomie qui existe la plupart du temps entre le moralisme apparent et l'immoralisme réel des établissements
sociaux. Selon lui comme selon Nietzsche, Machiavel a
probablement formulé la politique de tout gouvernement
quand il a formulé la politique de son Prince. « Il y a si
loin, dit Machiavel, de la manière dont on vit à celle dont
on devrait vivre, que celui qui abandonne *ce qui se fait*
pour ce qu'on *devrait faire* apprend à se ruiner plutôt qu'à
se préserver ; car il faut qu'un homme qui veut faire profession d'être tout à fait bon au milieu de tant d'autres

qui ne le sont pas, périsse tôt ou tard. Il est donc nécessaire que le prince qui veut se maintenir apprenne le talent de ne pas être bon, pour s'en servir ou non selon que la nécessité l'exige. Tout considéré, telle chose qui paraît une vertu, s'il la pratiquait, le ruinerait; telle autre qui paraît un vice se trouvera être la cause de sa sécurité et de son bonheur (1). » Le surhomme de Nietzsche raisonne et agit comme le prince de Machiavel. Ce que Machiavel présentait comme une nécessité des temps, une nécessité de la défense personnelle en un siècle où chacun hurlait avec les loups, les Nietzschéens nous le présentent aujourd'hui comme une sorte de nécessité idéale et bonne par elle-même. — « Il n'est pas douteux, dit un autre libertaire nietzschéen, M. de Gourmont, qu'un homme ne puisse retirer de l'immoralité et même de l'insoumission aux préjugés décalogués un grand bienfait personnel, un grand avantage pour son développement intégral (2). » — *Il n'est pas douteux!* Nous doutons cependant, pour notre part, des romantiques bienfaits de l'immoralité pour le développement *intégral*. Il est vrai que, de nos jours, le mot *intégral*, à lui seul, est devenu une preuve pour tout libertaire comme pour tout socialiste. Dans le fait, le développement *intégral* de Cartouche et de Mandrin, — ces grands immoralistes, ces Borgias de la rue, — n'est que le développement de la *partie* brutale de l'être et des instincts de la bête.

Les disciples de Nietzsche flétrissent du nom de « dogmatismes sociaux » les doctrines qui attribuent à la société des droits quelconques, une valeur propre quelconque, un mode d'existence autre que celui d'un *flatus vocis*. Mais tous les révoltés contre la société, les Stirner et les Nietzsche, ne voient pas qu'ils sont eux-mêmes dominés par le « dogmatisme » individualiste, qu'ils font de l'Individu un absolu non moins intolérant et

---

(1) Machiavel, *le Prince*, ch. xv.
(2) Remy de Gourmont, *la Culture des Idées*, p. 83.

plus intolérable que celui de la Société ou celui de l'État érigé par Hegel en Dieu. S'il existe, en effet, comme nous l'avons nous-même rappelé tout à l'heure, des « dogmatismes » religieux et moraux, n'existe-t-il point aussi des dogmatismes irréligieux et amoraux? Si l'instinct grégaire des moutons a ses inconvénients, l'instinct arbitraire des loups n'a-t-il pas aussi les siens? Les « mensonges conventionnels » de la civilisation ont pour pendant les mensonges plus ou moins naturels de la sauvagerie primitive et les mensonges artificiels de la sauvagerie future, telle que la prêchent les partisans de la morale des « fauves ». Vous raillez ceux qui veulent « ériger en dogme toute la fantasmagorie sociale, la déclarer sacrosainte à l'individu », nous vous demanderons, à notre tour, si vous n'érigez pas vous-mêmes en dogme toute votre fantasmagorie individuelle, pour la déclarer sacrosainte à la société.

D'ailleurs, au point de vue biologique comme au point de vue psychologique et sociologique, qu'est-ce enfin que cette individualité dont les Nietzschéens, après Stirner, parlent sans cesse comme d'une réalité absolue et absolument indépendante? — Ils sont forcés de reconnaître eux-mêmes que « le problème biologique de l'individualité est un problème troublant » (1). M. Espinas a montré combien il est difficile de déterminer à quel moment précis l'individualité de l'enfant se dégage de celle de la mère pour former une unité indépendante. — « Il vient pourtant un moment, disent les libertaires, où la séparation s'opère. » — En effet, on a coupé aux enfants le cordon ombilical qui les rattachait à leur mère : les voilà donc délivrés du « dogmatisme » maternel et en possession de leur individualité. Quel malheur qu'ils aient encore besoin d'être allaités et que, laissés à leur « individualisme », ils soient voués à la mort! — Mais, disent les libertaires, une fois grands, nous sommes indépendants. — Et la langue que vous avez apprise, cette langue « gré-

---

(1) M. Palante, *Précis de sociologie*.

gaire », est-ce vous qui l'avez faite? Un bon individualiste devrait être muet, comme la brute dont parle Aristote, qui seule peut vivre à l'état d'isolement, et qui ne parle ni grec ni latin, ni allemand ni français.

Le paralogisme des individualistes, c'est de confondre l'humanité ou la société avec la foule, avec le vulgaire. Ils citent Schopenhauer, pour qui la conscience sociale est « l'incarnation du vouloir-vivre pur, séparé de l'intellect, du vouloir-vivre stupide, férocement et brutalement égoïste ». La conscience individuelle, au contraire, leur semble le foyer mystérieux où jaillit la petite flamme de l'*intelligence* libératrice qui soulève l'être au-dessus des égoïsmes et des férocités du vouloir-vivre. La conscience sociale, envisageant tout du point de vue *statique*, c'est-à-dire du point de vue des intérêts immédiats du groupe actuel, est « forcément oppressive et bornée »; la conscience individuelle », au contraire, concentre en elle les influences intellectuelles et morales dont se compose ce dynamisme social qui se développe de génération en génération; elle a devant elle des horizons illimités. « Elle est mère de l'Idéal, le foyer de lumière et de vie, le génie de libération et de salut (1). » La conscience sociale, dit-on encore, même « informée par l'État », est loin de présenter les caractères de simplicité, de logique et de sincérité. La conscience sociale d'une époque, tissu de contradictions inaperçues et de mensonges dissimulés, est inférieure à une conscience individuelle « même médiocre », parce que cette dernière peut, du moins à certains moments, « tenter d'être logique avec elle-même et d'être sincère vis-à-vis d'elle-même (2). » Les disciples de Nietzsche invoquent aussi les mesquineries de l'esprit de corps, les coalitions grégaires, « surtout enragées contre les individualités supérieures », la solidarité pour l'irresponsabilité, les hypocrisies de groupe, tous les *cants*, tous les masques dévots et pu-

---

(1) Palante, *Précis de sociologie*, p. 173.
(2) G. Palante, *Revue philosophique*, décembre 1901. *Les dogmatismes sociaux.*

diques de hontes cachées, en un mot toutes les formes
« d'humanité diminuée ».— Mais qu'est-ce que prouve ce
long réquisitoire contre l'ordre social, sinon que la
société est imparfaite et n'a pas le droit d'opprimer
l'individu? C'est là enfoncer une porte ouverte. L'individu lui-même, à son tour, est-il parfait? Est-il toujours parfaitement sincère? Livré à lui-même, aura-t-il
toutes les vertus que vous reprochez à la Société de ne pas
avoir, comme si la Société (avec majuscule) avait des
vices qui ne seraient pas ceux des individus ou, si vous
préférez, des Individus! La prétendue supériorité de la
conscience individuelle, même médiocre, sur la conscience sociale est un pur mythe; le vouloir-vivre est
encore plus « féroce » et surtout plus borné chez l'individu que chez une grande nation, qui a des visées plus
générales que l'individu et des intérêts plus généraux,
parfois même universels. On réplique, il est vrai, que
« l'intérêt général est une fiction ». C'est toujours l'intérêt particulier « qui est au fond de ce qu'on appelle
l'intérêt général (1). »—L'auteur de cette assertion n'en
donne pas la preuve. Certes, dirons-nous, il n'y a pas
d'intérêt général *en soi*, qui ne serait l'intérêt de
personne; mais il y a des intérêts communs à tous les
individus, intérêts connus par tous les individus, voulus
par tous, et, à ce titre, généraux. Le seul commencement
de preuve qu'on mette en avant, c'est que Bentham n'a pu
« établir une *identité* entre l'égoïsme personnel et
l'égoïsme collectif ». — En effet; mais autre chose est de
dire: « il n'y a *aucun* intérêt commun à tous les hommes
d'une même société », et autre chose de dire avec les
benthamistes : l'intérêt de la société est *toujours* et en
tout identique à l'intérêt de l'individu. » De ce que l'intérêt
général ne coïncide pas de tous points avec mon intérêt
individuel, il n'en résulte nullement que l'intérêt général
n'existe pas. Avant d'accumuler toutes ces négations, il
eût donc été prudent d'en essayer la preuve.

(1) Palante, *Revue phil.*, *ibid.*, p.638.

On nous rappelle que « l'individu est un agent, et le seul agent du progrès ». — Mais ne jouons pas sur les mots. L'agent du progrès, ce n'est pas l'individu isolé ; ce sont *tous* les individus, dont les relations réciproques constituent précisément la société. Les « libérés » du « bagne social », ou vivront seuls dans les bois, ou vivront en société avec leurs semblables, et ils auront alors à choisir entre la tyrannie des plus forts ou la protection de la loi, qu'ils couvrent aujourd'hui de leurs anathèmes.

On nous propose encore, en se souvenant de Nietzsche, ce précepte de conduite : « Penser comme un sceptique, agir comme un croyant (1). » — Cette façon de se couper en deux semble difficile. Nous doutons que le sceptique qui ne croit à rien se dévoue et, au besoin, se sacrifie tout comme un croyant à une œuvre qu'il juge vaine et, au fond, ridicule. — L'actif, répond-on, agira quand même ; il agira, « même s'il sent, s'il *sait* qu'il vit dans un illusionnisme éternel, dans l'illusionnisme prêché par Nietzsche » (2) — Mais comment pourra-t-il *savoir* si tout n'est qu'illusion ? et, quand il le *saura* vraiment, pourra-t-il encore agir contrairement à son savoir ? On se tire ici d'embarras par des métaphores nietzschéennes. « Ceux en qui triomphe la volonté de vie et de puissance projetteront éternellement sur le monde le mirage de l'énergie qui déborde en eux. Et d'avoir senti la Maya frémir sous leur étreinte restera pour ces énergétiques les sensations les plus enivrantes dont il leur aura été donné de tressaillir dans leur passage à travers le phénomène vie. » Nous doutons que ce romantisme, suffisant pour fonder une éthique aristocratique comme celle de Nietzsche, puisse fonder l'éthique démocratique qui serait pour tous « l'épanouissement intégral de leur moi » (3).

Malgré toute cette admiration pour Nietzsche, l'ingé-

---

(1) M. Edmond Thiaudière.
(2) G. Palante, *ibid*.
(3) G. Palante, *Revue phil.*, déc. 1901, p. 639.

nieux auteur du *Précis de sociologie*, finit par corriger lui-même excellemment ce qu'il y a d'abusif dans l'individualisme. Il reconnaît d'abord qu'il est inexact d'opposer ces deux termes *science* et *individualisme*, comme le fit Nietzsche. Individualiste, la science l'est par l'esprit de libre recherche, de non-conformisme intellectuel qui l'inspire : « Descartes, en même temps qu'il est le fondateur de la science moderne, est le père de l'individualisme. » Individualiste, la science l'est aussi par ses résultats. « Elle a brisé tous les dogmatismes métaphysiques, moraux et sociaux, au nom desquels on prétendait imposer une norme uniforme aux esprits, aux cœurs et aux volontés. En exposant sa *Morale sans obligation ni sanction*, Guyau nous a montré ce que peut être la morale issue de l'esprit scientifique. On se rappelle que tous les équivalents de l'impératif catégorique qu'il propose dans ce livre sont empruntés aux idées scientifiques, en même temps qu'ils consacrent l'absolue autonomie, l'absolue anomie de l'individu(1). Il n'y a donc rien de contradictoire entre l'esprit scientifique et la marche progressive des idées d'émancipation individualiste. » M. Palante montre fort bien que, dans l'avenir, les deux lois d'*assimilation* et de *différenciation* agiront concurremment. L'évolution sociale apportera de plus en plus d'uniformité entre les hommes « en ce qui concerne les connaissances scientifiques, ainsi que le régime économique et la technique industrielle »; mais l'activité esthétique et morale restera le domaine de la différenciation et de la diversité (2). La complication et la variété croissante des relations sociales, la richesse croissante de la vie esthétique et morale, la conscience de plus en plus délicate et de plus en plus complète que l'humanité prendra d'elle-même dans chaque individu, tout cela offre aux aspirations individualistes une carrière illimitée : « L'individu ne s'absorbera jamais

---

(1) *Absolu*, selon nous, est est ici trop fort; Guyau entendait : l'anomie *relative* de l'individu.
(2) G. Palante, *Précis de sociologie*.

dans un monisme stérile, dans une triste et monotone uniformité. »

En somme, les socialistes libertaires, après avoir tiré Nietzsche de leur côté, finissent par voir aujourd'hui « dans le socialisme un moyen de libération et d'épanouissement pour les égoïsmes personnels ». La racine du socialisme est, selon eux, « l'individualisme même, la protestation de l'individu contre les tyrannies économiques existantes, le désir de donner une plus libre carrière à l'égoïsme économique de chaque homme. Le socialisme est une doctrine du déploiement de la vie. » Nous croyons que ce n'est point là la plus haute idée qu'on puisse se faire du socialisme. Un socialisme *égoïste* est même, à nos yeux, une contradiction dans les termes, une impossibilité de fait. Qu'on puisse rêver un socialisme qui serait un « déploiement de la vie », nous l'accordons, mais pourvu que ce déploiement soit conçu à la manière de Guyau, non à celle de Nietzsche, c'est-à-dire comme déploiement vers autrui, pour autrui, en autrui, non vers soi, pour soi, en soi.

Le système de Nietzsche et de ses partisans n'est valable que contre les groupes qui s'interposent entre ces deux extrêmes : l'humanité et l'individu. De tels groupes n'ont assurément qu'une valeur *provisoire*, parce que leur but n'est pas en eux-mêmes : tels sont les États, les patries, les classes, les associations de toutes sortes. Tous ces groupes ne doivent jamais empêcher ce qu'on pourrait appeler l'accomplissement de l'humanité dans l'individu. Mais le véritable individualisme et le véritable socialisme sont nécessairement *humains* et *humanitaires*, par cela même moraux. Ils ne vivent que de sentiments moraux et de désintéressement, non d'égoïsme, et c'est précisément ce qui fait la radicale fausseté des systèmes nietzschéens.

Au reste, tout comme l'individualisme de Stirner, celui de Nietzsche n'est qu'une apparence ou, du moins, un simple moyen en vue d'une fin tout opposée, Nietzsche est non seulement un humanitaire, mais un surhumanitaire. Il veut, ne l'oublions pas, une humanité supérieure à la nôtre et vraiment surhumaine : le « rêve du surhomme l'a visité ». Ce rêve hante sa veille comme son sommeil, il dirige sa pensée et ses actes. Si Zarathoustra réclame des *individus* forts, libérés de toute entrave, supérieurs à la plèbe, c'est qu'il y voit les seuls moyens de faire naître une race supérieure et plus qu'humaine.

IV

LA MORALE DE LA VIE EST-ELLE SUFFISANTE.

On a très justement dit qu'on ne peut condamner en bloc les théories de Nietzsche « sous prétexte que des médiocres et des impuissants gonflés de vanité lui empruntent quelques-uns de ses préceptes, arbitrairement détachés de l'ensemble de sa doctrine, pour justifier leurs appétits de jouissance égoïste ou leurs extravagantes prétentions à la grandeur » (1). Cependant, il faut bien en convenir, certains disciples ne détachent pas arbitrairement de l'ensemble un précepte particulier quand ils rejettent toute croyance au bien et au mal; car ce rejet est ici le principe même de la doctrine. En outre, comme il n'y a aucun signe auquel un « homme supérieur », un « surhomme », puisse se reconnaître lui-même, chacun aura le droit d'essayer de se mettre au-dessus de la loi, pourvu qu'il réussisse ; chacun aura le droit de tenter le voyage au delà du bien et du mal ; ce n'est même qu'à l'essai qu'on reconnaîtra ceux qui sont capables de la grande traversée. L'immoralité n'est donc plus ici, comme dans le cas du *Disciple* de Paul Bourget, une déformation et une application indues de vérités scientifiques mal interprétées et transportées

---

(1) Lichtenberger, *la Philosophie de Nietzsche*, Paris, Alcan, 1899.

hors de leur sphère légitime ; elle est la conséquence ou plutôt le principe même de tout le système. Comment donc déclarer non immorale une doctrine qui se définit elle-même comme « immoraliste » ? Dites, si vous voulez, qu'elle est *vraie*, qu'elle est selon la nature, et que c'est tant pis pour la morale. Nietzsche, d'ailleurs, proclame lui-même que sa doctrine s'adresse seulement à un petit nombre d'élus, qu'elle serait dangereuse si les hommes du commun la voulaient pratiquer, que la foule des médiocres doit vivre dans l'obéissance et la foi :

> Es-tu de ceux qui ont le droit de secouer un joug ? Il en est qui ont rejeté tout ce qui leur donnait quelque valeur en rejetant la servitude où ils vivaient.
> Es-tu une *force* nouvelle et une nouvelle loi ? Un premier mouvement ? Une roue qui tourne d'elle-même ? Peux-tu contraindre des étoiles à tourner autour de toi ?

C'est à lui-même, comme à tous les libertaires, que Nietzsche aurait dû adresser ces éloquentes apostrophes. S'il n'avait pas été aveuglé par une confiance en soi qui devait finir en démence, s'il s'était souvenu des principes mêmes de sa philosophie déterministe, il se serait répondu : — Nulle part, pas même en toi, il n'y a de force nouvelle : tout se tient dans l'univers, tout se tient dans l'humanité. Il n'y a pas de premier mouvement et, parmi tes gestes, celui que tu crois le plus personnel n'est qu'un anneau d'une chaîne infinie. Il n'y a point de roue qui tourne d'elle-même, et la grande roue du système solaire est mue par la machine céleste tout entière. Tu ne contraindras jamais des étoiles à tourner autour de toi.

Par quoi faut-il réfuter Nietzsche ? — Par lui-même. Si, dans ses œuvres riches de pensées, il a toujours placé le poison à côté de l'aliment, il y a toujours aussi placé le contrepoison. Par exemple, après avoir érigé, comme principe de toute idée morale et sociale, la volonté de puissance, il nous dit : « Toute bête, la bête philosophique comme les autres, tend instinctivement vers un *optimum* de conditions favorables, au milieu desquelles elle peut déployer sa force et atteindre la plénitude du sentiment de sa puissance ; toute bête a de même une horreur instinctive et une sorte de besoin subtil, supérieur à toute raison, pour toute espèce de troubles et d'obstacles qui se présentent ou pourraient se présenter sur la route vers l'*optimum* ; ce n'est pas de sa route vers le *bonheur* que je parle, mais de sa route vers la puissance, vers l'action, vers l'activité la plus large, — ce qui, en somme, dans la plupart des cas, est sa route vers le *malheur* (1). » Cette parenthèse enferme, sans que Nietzsche s'en aperçoive, la réfutation de tout son système. Sa prétention, en effet, n'était-elle pas de s'opposer au pessimisme de Schopenhauer, en substituant la triomphante volonté de puissance à la « volonté de vivre » toujours vaincue ? Et maintenant il reconnaît que le développement de la puissance ne mène pas au bonheur, mais, le plus souvent, au *malheur*. Comment donc persuadera-t-il à l'humanité que la route qui aboutit à la souffrance est aussi celle qui tend au *meilleur, optimum ?* Un tel optimiste est singulièrement pessimiste !

Non moins contradictoire est le dédain qu'il professe pour la *vérité* et pour cette recherche sincère de la vérité qui est la *science*. Comment ne s'aperçoit-il pas que la science est elle-même une « puissance », et l'une des plus grandes, qu'elle est la condition fondamentale de l'*optimum* poursuivi par l'homme ?

Enfin, vouloir que la puissance, la science et le bonheur se partagent un jour entre tous les hommes, c'est le but même de la démocratie, qui prend pour moyen la justice, c'est-à-dire l'égalité des droits. Après avoir bafoué toute conception d'égalité, Nietzsche nous en a donné lui-même la meilleure formule : égalité pour les égaux, inégalité pour les inégaux.

Les erreurs de Nietzsche en éthique viennent de

---

(1) *Généalogie de la morale*, 3ᵉ dissertation, § 7.

ce qu'il a négligé d'analyser et d'approfondir jusqu'au bout l'idée même de vie, de vitalité, de puissance vitale, sur laquelle il a voulu fonder sa doctrine des mœurs et sa théorie de la société. L'instinct de vivre est-il l'instinct de vivre n'importe comment et n'importe dans quel état ? Ou est-ce l'instinct de vivre *plus ?* ou est-ce l'instinct de vivre *mieux ?* Et en quoi le *plus* diffère-t-il ou ne diffère-t-il pas du *mieux ?* Et en quoi consiste le *mieux* lui-même, l'*optimum ?* Est-ce dans le plus de puissance ou dans une certaine qualité de puissance ? Est-ce dans le plus de jouissance ou dans une certaine qualité de jouissance ? « Il ne faut pas seulement vous multiplier, mais vous *élever* », dit avec raison Zarathoustra. — Mais les instincts les plus élevés ne sont-ils que les plus favorables à l'accroissement de la vie individuelle et spécifique ? — Individuelle, non sans doute, puisque ces instincts condamnent quelquefois l'individu au sacrifice ; spécifique, oui, s'il s'agit non pas seulement de la *conservation* pure et simple, mais d'un *bonheur* plus grand, ou plutôt d'un bonheur de *qualité* supérieure ; si bien qu'on finit par rouler dans un cercle et qu'il faut toujours en venir à déterminer le supérieur, l'*optimum*, indépendamment de la question de savoir si ce supérieur est réalisé dans un individu ou dans la collectivité des individus.

Si l'on se place exclusivement au point de vue du vouloir-vivre, on est obligé, comme Guyau l'a fait voir, de chercher le fondement de la morale : 1° dans le domaine de la puissance causale, non dans celui de la finalité, du désir réellement existant, non du désirable ; 2° dans le domaine commun de l'inconscient et du conscient, domaine qui est précisément le fond de la vie. Sur ces bases, Guyau et Nietzsche ont construit une éthique « sans obligation ni sanction » ; mais celle-ci, pour Guyau, représentait seulement la première assise d'une morale complète. C'est, selon nous, Guyau qui avait raison. La vraie et définitive morale, en effet, n'est plus une science qui puisse chercher son ressort propre dans l'unique domaine de la « causalité » et de la « puissance » ; elle est, par définition même, une science de finalité et même de finalité réfléchie. La morale purement positive laisse de côté, dit fort bien Guyau, la notion du *désirable* et se borne à *constater* ce qui est *désiré* en fait, la « cible constamment visée par l'humanité », comme on détermine, d'après la loi du binôme, le centre géométrique visé par un tireur, en constatant la répartition des trous de balle plus ou moins distants de ce centre. — Mais ce n'est là, ajouterons-nous, traiter la morale que du point de vue d'une *autre science*, du point de vue de la simple physique des mœurs. Il faut donc, selon nous et selon Guyau lui-même, s'élever plus haut. Comme, en physiologie, on ne peut ignorer le fait fondamental de la fonction, comme, en physique, on ne peut ignorer la matière et la force, ainsi en morale on ne peut ignorer la notion fondamentale de *fin* réfléchie et volontaire, par conséquent la notion du *désirable*. De quelque façon que l'on conçoive cette notion, — qu'on y voie une idée de *devoir* quelconque ou simplement la *satisfaction finale de notre nature*, — on ne peut l'absorber tout entière dans le *désiré* ; sinon on supprime la morale avec son objet même. C'est précisément ce qui est arrivé à Nietzsche.

En second lieu, le moraliste ne peut se contenter de descendre vers le domaine de l'« inconscient » pour y chercher la règle de la volonté consciente, c'est-à-dire une fin idéale. Il doit, pour cela, s'élever à la volonté réfléchie, et en approfondir le domaine. C'est ce que Nietzsche n'a pas fait.

Nous avons vu, en effet, Nietzsche, prendre pour unique principe de la morale ce que Guyau appelait l'*intensité* de la vie. Mais qu'est-ce que cette intensité ? Est-ce une simple affaire de quantité ? Quelle mesure pourrons-nous appliquer alors ? Même si nous réussissions, par impossible, à mesurer la force de la vie, il faudrait encore en apprécier la *direction*, car de la direction dépend le bon emploi de la force. Le mot force, ici, n'est d'ailleurs qu'une métaphore. L'intensité psychologique se sent et ne peut se mesurer ; en outre, elle se sent pour tel ou tel fait psychologique, non pour la vie entière. L'intensité de la vie est-elle donc une question de *qualité* et de valeur? Quelle mesure encore appliquerons-nous ? L'intensité des sensations, par exemple, a-t-elle la même *valeur* que celle des pensées ? Celle des pensées, à son tour, vaut-elle celle de la volonté ? Sans doute, dans le fond des choses, il est bien probable que la vie la plus vraiment morale est aussi, en somme, la plus vraiment intense, la plus forte, la plus *vécue*; mais, à ne considérer que les faits visibles et appréciables, si la plus grande intensité entraîne généralement la plus grande expansion de vie, elle n'entraîne pas toujours son expansion généreuse en vue d'autrui. La morale de la vie, chez Nietzsche, est une morale d'intensité et même d'expansion vitale comme chez Guyau, mais nous l'avons vue aboutir à des conséquences opposées (1). Quoique ces conséquences soient insuffisamment justifiées, elles n'en prouvent pas moins l'incertitude et le caractère ambigu du criterium d'intensité, quand on veut l'appliquer *in concreto*.

Miss Simcox, elle aussi, dans une théorie analogue à celle de Guyau, a voulu réduire le bien naturel à « la plus grande abondance possible et à la plus grande variété possible de puissance vitale ». En d'autres termes, c'est « la possession de facultés abondantes, actives et passives, pleinement développées, et dont l'exercice est réglé et égal ». — Mais d'abord, en quoi consiste cette *règle* des facultés, qui suppose la subordination des *inférieures* aux *supérieures*? Puis, comment reconnaître les facultés supérieures ? — On répond : « Il faut, parmi toutes les possibilités, préférer la combinaison qui *harmonise* le plus grand *nombre* des tendances les plus *fortes*. » — Il s'agit donc toujours de savoir quelles sont les tendances les plus fortes. — Ce sont, dit-on, celles qui résultent, par hérédité, des modes de

(1) Voir plus haut, livre III.

conduite qui ont eu déjà le plus de force et le plus de succès chez nos ancêtres ; ces modes de conduite sont précisément ceux qui tendent à la conservation et au développement de la société. « L'homme sent sur sa volonté individuelle la pression de toute la suite inconnue de motifs naturels qui ont fait que ses ancêtres, en somme, ont plus souvent agi dans le bon sens que dans le mauvais. » C'est ce qu'avait dit déjà Guyau : « L'agent moral, écrit ce dernier, par une pente naturelle et rationnelle tout ensemble, se sentira poussé dans ce sens, et il reconnaîtra qu'il lui faut faire une sorte de coup d'État intérieur pour échapper à cette pression : c'est ce coup d'État qui s'appelle la faute ou le crime. » — Mais la possibilité même d'un tel coup d'État prouve que les tendances qui devraient être « les plus fortes » ne sont pas toujours les plus fortes. Le criterium se trouve alors renversé. De plus, le coup d'État en question, le « crime » paraîtra lui-même à Nietzsche ce qu'il y a de mieux, de plus « sain », de plus conforme à la volonté de puissance. Miss Simcox est obligée, pour éviter l'objection, de définir les tendances les plus fortes, « celles qui sont les plus *persistantes* ». Elle retourne ainsi à la théorie de Darwin sur les instincts permanents, dont la violation passagère ne peut empêcher la réapparition finale sous forme de remords. Mais ces tendances persistantes de l'espèce, comme Guyau l'a fait voir avant Nietzsche, renferment des tendances immorales ou tout au moins non morales, aussi bien que des tendances morales. L'instinct de la vengeance est très *persistant*, surtout chez les Corses ; Nietzsche y verra une splendide manifestation de la vie. L'amour de la propriété et même le désir du bien d'autrui sont encore des tendances très permanentes ; Nietzsche dira : — Si le maître peut s'approprier le bien et la personne de l'esclave, cela est dans la nature. — Il faudrait dresser une liste des tendances selon leur degré de permanence dans l'espèce, ce qui n'est pas facile ; et, cette liste fût-elle faite, nous demanderions toujours, avec Nietzsche, pourquoi on veut que l'individu sacrifie sa tendance actuellement la plus *forte* à la tendance la plus *permanente* dans l'*espèce* entière, ou même à la tendance la plus permanente chez lui. D'ailleurs, il y a une inclination éminemment durable chez l'individu comme chez l'espèce ; l'amour de soi. En subordonnant tout à l'amour de soi, comme le veut Stirner, comme le veut Nietzsche lui-même, on est sûr d'agir en vue d'une tendance durable, indestructible, qui reparaît et reparaîtra toujours. C'est donc lorsqu'on n'est pas égoïste, lorsqu'on ne se considère pas comme « unique », qu'on devrait surtout avoir du « remords ».

Enfin, si on examine de plus près encore les tendances les plus fortes et les plus permanentes de l'espèce, — résidu en nous des actions de nos ancêtres — on reconnaît qu'elles sont par cela même les survivantes et les indices d'un état *antécédent* de la nature humaine. Dès lors, suivre ces tendances, c'est marcher en mettant nos pieds là où les pas de nos ancêtres ont laissé les traces les plus profondes et les plus visibles. Nous ne faisons ainsi que *continuer* dans la même voie que nos ancêtres ; le seul idéal est alors de répéter ce que le troupeau a fait. Or, un tel idéal n'enveloppe point nécessairement l'idée d'un progrès, ni même d'une évolution ; la morale purement évolutionniste de la vie, au lieu de nous tourner vers l'avenir, finirait donc par nous retourner vers le passé. Pour éviter cette objection, il faut trouver des tendances qui, en même temps qu'elles résument le passé, anticipent l'avenir ; mais, une fois ces tendances dégagées des autres par la théorie, il restera toujours à savoir pourquoi l'individu doit s'y subordonner. La morale ne peut pas être une pure question de dynamique, un simple problème de *forces*, même conçues comme intensité de puissance intérieure. La « volonté de puissance », sous toutes ses formes, demeure un principe indéterminé.

M. Simmel, plus récemment, a de nouveau emprunté un criterium moral à l'idée d'un maximum quantitatif, dont il donne successivement trois formules : « — Fais ce qui, directement ou indirectement, produit : 1° le maximum de volonté satisfaite, 2° le maximum de vie, 3° le maximum d'activité. » On a justement remarqué en Allemagne l'analogie de ces principes avec ceux de Guyau sur la vie la plus intensive et la plus extensive. Mais le principe de Guyau n'enveloppait pas simplement la catégorie de quantité : Guyau voulait la fécondité de la vie, son expansion et sa direction centrifuge. La quantité brute n'exprimait pour lui que la « puissance », à laquelle doit s'ajouter l'« ordre », c'est-à-dire une organisation de la puissance même en vue de quelque fin à atteindre. Cette fin, dans la morale de la vie, reste toujours à déterminer.

Pour l'atteindre, n'avons-nous qu'à nous abandonner au mouvement de la vie, comme le veut Nietzsche, et toute l'éthique tiendra-t-elle au pied de la lettre dans ces deux mots : *sequere naturam*, ou, si l'on veut : *sequere vitam?* — Non, car la vie, soit individuelle, soit sociale, contient le germe de la discorde à côté du germe de la concorde. Une des lois capitales que la doctrine de l'évolution biologique a mises en lumière, et sur laquelle Nietzsche a tant insisté, c'est précisément la « lutte pour la vie ». Cette lutte, nous l'avons vu, n'empêche pas l'accord pour la vie : c'est ce que Guyau a fait voir, c'est ce que Nietzsche a trop oublié. La lutte peut aussi tenir aux circonstances du milieu plus qu'à la nature essentielle de la vie, malgré l'opinion de Nietzsche. Mais enfin, comme il y aura toujours pour l'activité humaine un milieu matériel et des nécessités matérielles, la lutte subsistera toujours sur certains points et y entraînera pour conséquence, dans l'avenir comme par le passé, un état de guerre plus ou moins sourde entre les intérêts, un conflit des tendances égoïstes et des tendances désintéressées. Or, l'objet de la morale, c'est précisément la paix, l'accord, l'harmonie. La morale doit donc opposer à la vie réelle, mélange de lutte et d'accord, une vie *idéale*, qui n'est pas pour cela, comme Nietzsche le prétend, en contradiction avec l'autre, mais qui n'est pas non plus simplement la vie telle qu'elle est quand on s'abandonne aux impulsions purement *vitales* et biologiques. Autre chose est la direction *naturelle* de la vie, que Nietzsche considère seule, autre chose est la direction *idéale* et *morale*, qu'il s'agit de lui imprimer par la volonté réfléchie. Si la moralité ne consistait qu'à vivre, nous serions tous moraux par le fait; le malheur est que la moralité, dans certains cas, consiste à mourir.

Pour que l'homme fasse des progrès en un sens vraiment moral, ou, si l'on veut, « surhumain », il faut donc qu'à la préoccupation d'une vie plus forte, plus intense, plus persistante, il ajoute celle d'une vie plus désintéressée et plus universelle ; qu'il place ainsi constamment l'intensité de la vie dans son extension *vers autrui*, c'est-à-dire, en définitive, la quantité dans la qualité et la valeur. C'est à quoi Guyau l'invite : il voit la vie vraiment intense dans la vie généreuse et féconde, qui « vit pour beaucoup d'autres » ; et c'est ainsi qu'il a lui-même vécu. Mais cette complète harmonie de l'intensité avec l'expansion n'existe que chez les grandes âmes ; chez les autres, elle est incomplètement réalisée. En vertu même de l'évolution, l'homme est resté animal en devenant homme, et l'une des lois de l'animalité, qui subsistera toujours au sein du troupeau, c'est le combat pour la vie. La théorie biologique de l'évolution agrandit l'horizon de la lutte sans en changer la nature. Elle ne peut, à elle seule, transformer toutes les relations purement vitales en relations morales, pas plus que le télescope, en amplifiant le champ visuel jusqu'aux étoiles, ne lui fait dépasser les rapports des objets dans l'espace. Aussi avons-nous vu Nietzsche, au nom de la vie, supprimer purement et simplement la morale.

Guyau, de son côté, a fort bien marqué la limite que la doctrine de l'évolution vitale ne peut dépasser, ni même atteindre. Cette limite, selon lui, c'est « le dévouement, c'est le sacrifice ». Comment, en effet, l'éthique de la vie s'y prendra-t-elle pour obtenir de l'individu, en certains cas, un sacrifice non plus seulement partiel et provisoire, mais définitif et sans compensation? « La charité, dit Guyau, nous pousse à oublier ce qu'a donné notre main droite, mais la raison nous conseille de bien surveiller ce qu'elle donne. »

Les trois « équivalents » psychologiques du devoir dans la doctrine de la vie — activité expansive, intelligence expansive, sensibilité expansive — sont pour la moralité des appuis précieux, mais à double usage. Sans doute la solidarité vitale toujours croissante tend, comme Guyau l'a fait voir, à supprimer ou à diminuer le conflit de chacun avec tous. Mais cette universalité de l'amour, cette fusion complète des sensibilités qui rendrait inutile le devoir, n'est qu'un idéal : dans la réalité actuelle, nous sommes encore au milieu de la lutte, et il y aura toujours des Nietzsche pour nous le rappeler. L'antinomie entre le bien individuel et le bien universel subsiste donc souvent en fait; et Guyau l'a montré dans la seconde partie de son *Esquisse*. Ce n'est pas résoudre cette antinomie pour le présent que d'en renvoyer, avec Spencer, la solution à un avenir indéfini et problématique. Il faut que l'idéal soit notre règle de conduite, non pas parce qu'il sera réel demain, mais parce que, dès aujourd'hui, il a, même pour l'individu, une valeur supérieure au bonheur personnel, supérieure à la vie personnelle.

En somme, après les travaux de Guyau et de Nietzsche, l'idée de vie demeure ambiguë, parce qu'elle a deux sphères distinctes : celle du monde extérieur et celle de la conscience. Au point de vue physique, la vie n'est qu'un mécanisme, plus compliqué que tous les autres en ce qu'il arrive à se renouveler lui-même et à se faire centre d'une sorte de tourbillon cartésien; mais c'est toujours un mécanisme, comme Descartes l'avait si bien compris. Aussi, de ce côté, une doctrine morale ne saurait trouver à s'établir. Tout ce qu'on peut dire, c'est que, même sous son aspect mécanique, la vie est essentiellement une construction, quoique toujours accompagnée de cette destruction que Nietzsche a vue presque seule. Le problème pratique de la vie, physiquement considérée, est une balance à établir entre la construction et la destruction au profit de la première. Mais ce n'est là que le côté matériel de la vie. A vrai dire, ce qui constitue la vie même, c'est le dedans et non le dehors, c'est l'activité interne, avec la sensibilité plus ou moins confuse qui l'accompagne. En d'autres termes, c'est le fond *psychologique* de la vie qui importe et qui seul peut nous éclairer sur les vraies « valeurs » morales. Or, au point de vue psychologique, la doctrine de Nietzsche n'est, comme on l'a vu, que la vieille théorie du vouloir invinciblement égoïste, de la concentration inéluctable en soi. La Rochefoucauld et Helvétius furent, nous l'avons remarqué, parmi les maîtres français de Nietzsche. Mais la psychologie contemporaine a réfuté cette théorie purement égoïste et montré que l'altruisme est, lui aussi, essentiel à la vie, fondamental et primordial. Le mécanisme darwinien de la sélection, qui fait triompher les mieux adaptés au milieu, exprime une loi *physiologique* de la *nature*, qui subsiste sans doute jusque dans les *sociétés* humaines ; mais ce n'est qu'une des lois en action dans le monde réel. Les lois *psychologiques* sont tout autres que celle-là ; les lois *sociologiques* ne sauraient davantage se réduire à la sélection des plus forts ni à une simple lutte pour la puissance. Aussi l'interprétation nietzschéenne du darwinisme, comme morale de maîtres et d'esclaves, nous a-t-elle semblé incomplète et mensongère. De même pour l'autre vue nietzschéenne qui, avec Rolph, ramène tout à une « faim insatiable de puissance », sans définir en quoi la puissance consiste, pourquoi elle s'exerce et sur quoi. Nietzsche a construit toute une métaphysique et toute une épopée sur une base étroite, qui n'est qu'un morceau de la réalité. Loin d'être le fondement d'une éthique vraiment scientifique, la métaphysique de

Nietzsche est, au contraire, une négation des lois les mieux établies soit par la biologie, soit par la sociologie *scientifique*. Son individualisme effréné nous a paru en contradiction manifeste avec cette idée de solidarité qui devient de plus en plus dominante et aux yeux des biologistes et aux yeux des sociologues. Le penseur allemand n'a vu qu'une des deux grandes lois de la nature, celle de la division et de l'opposition; il n'a pas vu l'autre, plus fondamentale : celle de l'union et de l'harmonie.

De plus, épris de la vie, Nietzsche a eu le tort de confondre toute morale avec la morale chrétienne, qui déclare trop la guerre à la vie. Nous accordons à Nietzsche, — et c'est ce que soutenait Guyau lui-même, — que l'idéal chrétien est loin d'être le seul et le définitif, qu'il y a encore bien des transformations possibles dans les fondements comme dans les applications de notre éthique. Guyau avait le plus grand soin de laisser « toutes les portes ouvertes ». Il faisait appel, comme nous l'avons vu, à la diversité des opinions et repoussait non seulement les hommes d'un seul livre, mais les hommes d'une seule idée. Il n'avait pas le tempérament des anathématiseurs, et il se serait défié des anathèmes mêmes d'un Zarathoustra (1).

(1) En corrigeant les épreuves de ce livre, nous venons de trouver dans la revue *Flegrea* de Naples une intéressante étude de M. Jules de Gaultier, auteur des livres *De. Nietzsche à Kant* et le *Bovarysme*.

« Tandis que Zarathoustra faisait l'œuvre d'annonciateur, Guyau, limitant le domaine de ses recherches, accomplissait déjà une partie de cette tâche : il jetait les fondements d'une morale scientifique; il cherchait, parmi les ressources naturelles de la vie, les équivalents réels des fictions au moyen desquelles la vie sociale s'est jusqu'ici maintenue. Ces équivalents, il en a trouvé la source dans le besoin d'expansion qui résulte d'une condensation intense de la vie, dans un surcroît de force avide de s'employer. Il a ainsi reconstitué, par une voix noble, les vertus sociales, auxquelles le christianisme avait assigné d'humbles origines enracinées en des sentiments de faiblesse et de résignation. On peut reprocher à Guyau d'être resté attaché à un idéal trop voisin de celui qu'ouvraient les perspectives chrétiennes et la culture développée par elles. L'avenir comporte sans doute un aléa plus grand, plus de

Un autre tort de Nietzsche a été de ne voir dans la morale que le côté restrictif, prohibitif et négatif. Un de ses admirateurs, M. Ward, a comparé tout moraliste à un ingénieur qui étudierait les *frottements* dans une machine dont il ignorerait les lois et les *forces* actives. Mais le vrai moraliste ne s'en tient nullement à des défenses, à des prohibitions, à des règles d'abstention : il étudie les lois et les forces agissantes, soit de la personnalité, soit de la socialité, pour en déduire le vrai fonctionnement des rouages. Ce fonctionnement exige, comme *conséquence*, la réduction des frottements au minimum pour obtenir le maximum de force vive, « de puissance » et de « volonté de puissance ». Et c'est cette vraie *puissance* qu'il importe de déterminer en son prin-

---

risques et de changements à vue, dont se réjouiront ceux que ne satisfont pas mieux que le vieil éden léthargique les paradis humanitaires de la sociologie... L'important c'est que Guyau ait transformé et ennobli les sources de la morale ; cela suffit pour que les idées nouvelles qu'il a dégagées produisent leurs conséquences en dépit de prévisions peut-être *trop humaines.* »

M. Jules de Gaultier, en rendant ainsi justice à Guyau, n'est peut-être pas absolument juste à l'égard du christianisme, qu'il voit trop à travers le paganisme de Nietzsche. Il faut rendre justice à tout le monde, aux chrétiens comme aux païens. Or, s'il est vrai que le christianisme a fait une part exagérée aux sentiments de faiblesse et de résignation (que Guyau repousse tout comme Nietzsche), il y a cependant excès à dire que le christianisme a vu dans ces sentiments les « humbles origines » des vertus sociales. Pour le vrai christianisme les vertus sociales ont leur « origine » dans la noblesse et la valeur infinie attribuée à toutes les âmes humaines comme participant à l'amour de l'Être parfait et comme ayant pour but la perfection éternelle : « Soyez parfait comme votre Père céleste est parfait. » De là l'amour que tous les hommes, ayant même essence et même fin infinie, doivent avoir les uns pour les autres. Guyau avait beau rejeter tous ces dogmes, toutes ces projections mystiques de l'humanité supérieure dans un monde transcendant et divin, il aurait craint cependant de se montrer injuste, — et injuste envers l'humanité, — en méconnaissant dans une grande religion le côté profondément humain qui a inspiré l'idée d'universelle charité. Les déviations théologiques, politiques et sociales de cette idée ne motivent pas les anathèmes de Nietzsche contre l'Idée elle-même, qui est plus que chrétienne, qui est philosophique, fondée sur la nature de la vie et de la conscience chez l'homme.

cipe ; Nietzsche, nous l'avons vu, s'est contenté du nom sans approfondir la chose.

Il répliquerait sans doute : — Oui, l'idée de puissance n'est pas complète sans l'idée positive de « valeur », mais c'est la puissance qui crée les valeurs, qui pose les fins et, après les avoir posées, les impose. — Nietzsche a-t-il bien le droit de nous présenter cette conception comme étant elle-même une nouveauté? A-t-il, pour son compte, créé par là une « valeur » ? La vérité est que rien n'est plus usé aujourd'hui. Comme nous l'avons rappelé plus haut, la *puissance* ne se comprend pas par soi, la *valeur* ne se pose pas non plus par soi, sans une raison qui soit un rapport à quelque chose. De rapport en rapport, il faut bien rapporter les valeurs aux fonctions essentielles : 1º de l'esprit humain, 2º de la société humaine. « Créer des valeurs nouvelles », ce n'est rien *créer* absolument, c'est simplement deviner ou découvrir des relations et vérités qui préexistaient cachées au fond de nous-mêmes ou de la société tout entière. Etait-ce la peine de refuser à Dieu la création *ex nihilo* pour la concéder au Surhomme, s'appelât-il Nietzsche ?

En termes précis, la valeur est une *fin*, et une fin ne se crée pas par un acte arbitraire de *puissance*. Si nous voulons la joie, et si le Surhomme lui-même veut la joie, ce n'est ni par hasard, ni par une volonté arbitraire ; ce n'est pas non plus, assurément, par un mécanisme extérieur ni par une nécessité de contrainte ; mais c'est, selon nous, par un vouloir qui n'est ni forcé ni indifférent, et qui cependant ne peut pas ne pas être, étant le vouloir même constitutif de la vie. Pareillement, si nous voulons la connaissance, si nous voulons la vérité, cette « vérité » que Nietzsche couvre de ses railleries, ce n'est pas par un acte forcé ni par un acte arbitraire *posant* que la vérité a de la valeur : *Sic volo*. De même, enfin, la valeur de l'amour n'est pas une création de notre vouloir : elle est un fait, une loi de la nature et de l'esprit ; elle est le grand fait, la grande loi. Comme tous les romantiques, Nietzsche ne voit dans la religion et la morale qu'une esthétique, et, de même que l'artiste produit un idéal de beauté qui jaillit de sa pensée sans antécédents visibles, de même le prophète ou le Surhomme produit un idéal nouveau de vie, œuvre de son inspiration personnelle, Minerve de son propre cerveau. Et, certes, nous sommes loin de nier la part de l'inspiration ou du génie en morale. Guyau insista plus d'une fois sur l'inspiration morale pour y montrer une sorte d'*anomie* supérieure, créatrice de valeurs supérieures. L'humanité a vu surgir, heureusement pour elle, des « créateurs de nouvelles tables de la loi ». Mais, si nous ne nous laissons pas duper aux métaphores, ces créations inspirées nous sembleront de la connaissance inspirée, où la raison, l'imagination et le cœur se sont unis pour découvrir, par delà la loi vulgaire, les lois profondes de la vie intérieure, de la vie sociale, de la vie universelle. C'est ainsi que les uns ont dit, bien avant Nietzsche : la fermeté, la dureté même, en certains cas, est une « valeur » ; d'autres ont dit, avec Guyau : la bonté, la douceur est une valeur plus grande encore. Et ce sont ces derniers qui ont vu le plus loin dans le sens de la vie. Il peut y avoir plus de *puissance* dans un sourire ou dans une larme que dans toutes les épées des guerriers et tous les massacres des conquérants. Cette puissance du sourire ou des larmes a ses raisons, elle a même des raisons scientifiques ; la tâche du philosophe est de les saisir. Nietzsche ne les a pas saisies. Il n'a expliqué philosophiquement ni la vie, ni ce qui fait la vraie valeur de la vie ; il en est demeuré, comme nous l'avons remarqué, à la notion romantique de force qui s'épand pour s'épandre, de vent qui souffle pour souffler, de foudre qui détruit pour détruire ; toutes idées de poète, sans portée pour le philosophe.

Lui qui se croit si loin de Kant, il lui emprunte cependant l'autonomie foncière de la volonté se créant à elle-même des buts ; il rejette seulement la forme universelle de Kant. Encore peut-on dire que, nul but ne paraissant final et suffisant, Nietzsche arrive à prendre pour but dernier l'universelle volonté elle-même, l'universelle volonté de puissance et de vie, l'universelle volonté de vouloir, qui est ainsi amenée à se « dépasser sans cesse ». Par là, tout en rejetant le formalisme de Kant, Nietzsche aboutit à un autre formalisme vide : le *vouloir* de *pouvoir*, le vouloir de vouloir. La volonté roule sur soi au lieu de se *dépasser*. Elle ne pourrait se dépasser que si, par l'intelligence, elle concevait vraiment quelque chose de supérieur à ce qu'elle a déjà réalisé, et ce *supérieur* doit envelopper, comme l'a vu Guyau, une *félicité* plus intensive et plus extensive, une félicité universelle, où l'intelligence trouve elle-même sa satisfaction universelle, où la volonté trouve aussi sa satisfaction universelle.

Outre Kant, Schopenhauer et Guyau, la théorie de Nietzsche rappelle encore celle de son compatriote Wundt, qui avait admis avant lui un principe de progrès sans terme et sans définition fixe, avec une loi de perpétuelle « hétérogénie », qui fait qu'en voulant un but on en atteint un autre, lequel incite à en vouloir un autre encore. La morale de Wundt est fondée, elle aussi, sur l'idée du progrès, considérée seule et sans rapport avec l'idée du bonheur. Il s'agit d'un progrès social, humain et même cosmique, dont nous ne pouvons nous faire, selon Wundt, aucune représentation certaine, parce qu'il est un changement perpétuel. Il en résulte que l'objet de la conduite, dans le système de Wundt comme dans celui de Nietzsche, reste indéterminé. Ne définir l'idéal qu'en termes de progrès, c'est un cercle vicieux. Pour savoir que le progrès existe, nous devons d'abord avoir un idéal déterminé, puis constater que le mouvement des choses est dans le sens de cet idéal, non dans le sens opposé. Comment Wundt déterminera-t-il cet idéal ? D'une part, il rejette tout appel au sentiment « subjectif » du bonheur, comme l'appel qu'avait fait Spencer ; d'autre part, il rend inutile l'appel à l'intelligence en poussant à l'extrême sa

« loi de l'hétérogénéité des résultats par rapport aux intentions » : il soutient qu'il est impossible à l'intelligence de prévoir et de déterminer la fin à laquelle tend le progrès. Dès lors, l'idée de progrès demeure, comme celle de la loi dans Kant, une forme vide, sans aucun bien certain comme contenu, avec cette seule différence que, chez Kant, il s'agissait d'une forme immobile, tandis que, chez Wundt, il s'agit d'une forme mouvante. L'évolution devient un progrès vers un but entièrement inconnu et insaisissable ; nous ne savons rien sur le bien même, sur le fond de l'idéal, nous savons seulement que nous sommes en marche vers l'idéal. Mais, encore une fois, comment pouvons-nous le savoir ? La doctrine de l'évolution cosmique, à elle seule, nous apprend bien que nous évoluons, elle ne nous apprend pas par elle-même que cette évolution soit, en dernière analyse, un véritable progrès. La morale de l'évolution veut cependant que l'individu se soumette au progrès de l'ensemble et y coopère ; pour cela, il faut que l'individu mesure ce progrès à quelque idéal déterminé, au moins en partie, et que cet idéal, il le porte en lui. Ni Spencer, ni Wundt, ni Nietzsche ne l'ont déterminé. La détermination de ce principe est l'objet de la philosophie première, parce qu'il y a là quelque chose de *radical* et de premier à atteindre, autant du moins qu'il nous est possible. La valeur *morale* des actions ne peut exister que si on les considère du point de vue fondamental et fixe, non plus *mouvant*, de la philosophie générale. La *science positive*, biologique ou sociologique, peut bien parler de l'évolution des mœurs ; la philosophie seule, psychologique et cosmologique, peut parler de progrès *moral* ; seule aussi elle peut conférer à la règle morale une valeur définitive et souveraine, soit souverainement impérative, soit souverainement persuasive.

Si Nietzsche s'est inspiré de Wundt, le plus étonnant est que toute sa conception d'un progrès perpétuel en avant, d'un *sursum* sans fin, aboutisse à la théorie du retour *éternel* et circulaire, qui en est la réduction au néant. L'écureuil en cage se persuade qu'il se surmonte toujours lui-même, alors qu'il n'a fait que tourner sans cesse sur lui-même. On comprendrait encore une doctrine de perfectibilité sans fin où l'intelligence ne ferait que trouver des voies et formes passagères pour une volonté à la recherche d'une satisfaction infinie, qui doit être, en somme, une félicité infinie. Mais qu'est-ce qu'une doctrine de progrès infini qui s'enferme dans le cercle fini du retour des mêmes choses ? Le jour où Nietzsche s'est épris de cette idée, qui, comme on l'a vu, n'était pas originale, on peut dire que la démence était déjà installée dans son système.

Ce qu'on peut conclure des doctrines de Guyau et de Nietzsche, c'est que l'idée de la moralité ne peut pas être en opposition irréductible avec la nature et avec la vie ; la fin à poursuivre ne peut pas être en contradiction avec la cause qui doit la réaliser. Il doit y avoir ce que Guyau appelle une « coïncidence » entre la finalité et la causalité. Pour être possible, la conciliation des fins individuelles et des fins universelles, qui est l'objet propre de la morale, ne doit pas être absolument contraire à la nature de l'homme, à la tendance essentielle de la volonté humaine. Il faut que l'idéal, qui est l'harmonie de l'individu avec le tout, ait déjà quelque fondement dans la réalité ; sans quoi ce ne serait plus une idée-force, ce serait une pure utopie, réalisable seulement par le miracle de la grâce surnaturelle. La possibilité d'une morale exige donc que l'idéal soit déjà en partie réalisé chez l'homme, qu'il y ait actuellement en nous un point de jonction entre l'idéal et le réel, d'où puisse s'étendre plus loin l'harmonie commencée ; il faut que la fusion de la volonté individuelle et de la volonté universelle soit déjà accomplie au cœur de notre être, dans le *punctum saliens*, pour que de là elle puisse rayonner et envahir peu à peu l'être entier. En un mot, il faut que l'*individu* même ait, je ne dis plus seulement « un côté social », comme l'avait admis Comte, comme l'a admis Guyau, mais un centre universel. La morale à venir, selon nous, ne pourra subsister comme vraie *morale* que si elle parvient à mettre hors de doute un principe de désintéressement universel immanent à l'individu même, identique à la volonté radicale de l'être humain (1).

V

CONCLUSION

Les oracles de Zarathoustra partagent avec les autres ce privilège qu'on y peut trouver le oui et le non sur toutes choses, et qu'on a le choix entre dix interprétations possibles. Non seulement le style, mais la pensée même de Nietzsche est métaphorique, allégorique, symbolique et mythologique. L'absence de définitions et l'absence de démonstrations ont l'avantage de mettre un auteur à l'abri des réfutations d'autrui, car la critique ne trouve plus rien de stable à quoi elle puisse se prendre. Une telle méthode n'en est pas moins l'abandon de la vraie philosophie au profit de la fantaisie métaphysique ou, si l'on préfère, de l'impressionnisme philosophique.

Selon que nous avons considéré les principes de Nietzsche en un sens limité ou en un sens absolu, nous n'avons guère eu le choix qu'entre deux choses : ou des vérités communes, ou des erreurs qui ne sont pas toujours aussi originales que le voudrait Nietzsche. Banalité poétique ou poétique extravagance, quand ce n'est pas l'une, c'est trop souvent l'autre. Le haut génie ne consiste pas à singulariser son moi, mais à oublier son moi pour ne considérer que la

---

(1) C'est du moins ce que, pour notre part, nous essaierons de faire dans notre *Morale des idées-forces*.

vérité universelle ou le bien universel. C'est la rareté de cette force d'abnégation qui fait l'originalité même du génie.

Soumise à l'analyse philosophique, la morale de Nietzsche nous a paru se résoudre en une poussière d'antinomies. Tout se vaut, et cependant Nietzsche aboutit à une autorité, à une hiérarchie des hommes. Il n'y a aucune fin et aucun sens aux choses, et cependant Nietzsche veut que le Surhomme soit ou se fasse le sens de la terre. Rien n'est vrai, et cependant il faut trouver ou inventer les évaluations vraies. Tout est nécessaire, tout passe et revient, et cependant il faut créer quelque chose qui n'ait pas été. L'égoïsme est le fond de toute vie, et cependant il faut pratiquer le grand amour, qui est celui de la Vie totale ; la dureté est la loi, et cependant il faut avoir la grande pitié ; la volupté est le mobile de l'instinct vital, et cependant il faut vouloir la douleur. Toutes les passions sont bienfaisantes, et cependant il faut savoir les refréner, les soumettre à une discipline sévère. Il n'y a pas d'idéal, et cependant il faut sacrifier tout, se sacrifier soi-même à la vie plus haute, plus pleine, plus riche, plus idéale. Sacrifice d'ailleurs vain, car on ne peut rien changer aux choses, on ne peut les faire « dévier vers un idéal quelconque », on ne peut éviter l'inéluctable loi de l'éternelle fuite et de l'éternel retour. Ainsi parlait Zarathoustra.

Toutes ces antinomies, on n'arriverait à les lever qu'en distinguant deux sens des mêmes mots, deux formes des mêmes sentiments. Nietzsche, tout le long de sa doctrine, pour échapper au flagrant délit d'absurdité, a dû opposer, dans les sentiments humains, ce qu'il appelle le grand et le petit, ce que de tout temps on a nommé le « bien entendu » et le « mal entendu ». C'est grâce à cet artifice qu'il a pu, au-dessus du petit amour pour les hommes, admettre le grand amour ; au-dessus de la pitié vulgaire, la grande pitié ; au-dessus de la petite joie, la grande joie, et ainsi de suite. Que n'a-t-il distingué la petite morale vulgaire et la grande morale, au lieu de se poser orgueilleusement en iconoclaste de toute moralité? Il a poursuivi de ses railleries, souvent justifiées, la petite science et les petits savants, simples manœuvres ou maçons (qui pourtant apportent leur pierre, quoiqu'ils ne soient pas les architectes); mais il n'ignorait pas qu'au-dessus de la petite science il y a la grande science, celle qui embrasse les horizons infinis, soit dans l'espace, soit dans le temps, celle qui nous fait saisir non seulement un certain nombre de « petits faits » ou de petites lois, mais les grands traits et la figure vénérable du Cosmos. Il a de même raillé la petite philosophie et élevé la grande jusqu'au delà des nues. Il est de ceux qui disent volontiers, avec Pascal, que l'éloquence se moque de l'éloquence, que la philosophie se moque de la philosophie. Pourquoi, encore un coup, n'a-t-il pas dit en propres termes: — La morale se moque de la morale; entendez la grande et vraie morale, par opposition à la petite et à la conventionnelle! Au fond, Zarathoustra n'est pas plus allé *par delà* le bien et le mal qu'il n'est allé par delà le vrai et le faux, par delà la peine et la joie, par delà la pitié, par delà l'amour. Un moralisme haut et, par malheur, hautain, subsiste sous son apparent immoralisme.

De même, dans sa métaphysique et sa religion, Nietzsche s'est fait une conception antinomique de l'être et de la puissance à l'être immanent. Il avait attribué à l'existence, comme Guyau, le pouvoir de déborder toutes les formes et d'aller toujours plus loin; il avait même paru attribuer à l'être, ou plutôt au « devenir toujours hétérogène et changeant », un caractère indéfini, contingent, impossible à calculer, à déduire, à prévoir. Ses conclusions fixes, logiques, géométriques, sont en formelle opposition avec ses principes. De là cette longue série d'antinomies métaphysiques qui sont demeurées sans solution. Il y a antinomie, il y a contradiction entre l'idée de la causalité brute et l'idée d'un monde ayant une valeur finale qui le ferait accepter et aimer par l'homme. Antinomie entre le fatalisme absolu et l'effort pour donner un sens à l'existence. Antinomie entre l'illusionnisme absolu et l'héroïsme de la vie supérieure. Antinomie entre l'acceptation de l'inéluctable rechute et les prétentions à monter toujours plus haut. Antinomie entre la négation de tout idéal différent du réel et l'attente de la venue du Surhomme. Antinomie entre la relativité des mathématiques, comme de toute connaissance, et la domination absolue des mathématiques dans l'univers ; entre le phénoménisme absolu et l'affirmation d'une loi immuable ; entre l'éternel *devenir* et l'éternel *revenir*. Antinomie enfin entre l'impuissance radicale de l'être et le désir radical de puissance qui fait, selon Nietzsche, l'essence de la vie.

Entre les extrêmes que Nietzsche a ainsi choqués l'un contre l'autre, le moyen terme manque : je veux dire l'*idée*, par laquelle la réalité, sans enfreindre les lois du déterminisme, se juge elle-même et se porte elle-même en avant. Nietzsche professe le dédain de l'intelligence ; cet adorateur de la force ne voit pas que l'idée est elle-même une force. Il ne voit pas que ce qui peut faire « dévier l'être vers un but », c'est l'idée d'un but. Si je conçois un idéal d'humanité ou de surhumanité, cette idée agit comme cause finale et comme cause efficiente. Si je conçois même l'idée de liberté comme celle d'une délivrance par rapport à tous les mobiles inférieurs et à toutes les forces inférieures qui me poussent du dehors, cette idée tend à réaliser progressivement en moi quelque chose d'elle-même. Nietzsche en est resté au *fatum* rigide du mahométan, sans comprendre l'infinie flexibilité du déterminisme, pour peu que le déterminisme prenne la forme de la vie intelligente et aimante. C'est pourquoi nous l'avons vu concevoir le monde comme une répétition éternelle des choses, sans se demander si le déterminisme même ne peut pas déterminer sans cesse des valeurs nouvelles en les concevant et en les désirant. L'antinomie où tourne Nietzsche est d'autant plus profonde qu'il a prétendu lui-même être un « créateur de valeurs ». Comment les créera-t-il, sinon par la pensée qui conçoit un idéal et le réalise en le concevant? En vertu de son fatalisme, il proclame à maintes reprises ce qu'il appelle « l'innocence du devenir »; il reproche à la morale de vouloir « infester cette innocence du devenir » au lieu de la laisser couler sous le ciel comme un grand torrent que rien n'arrête; et cependant il veut à son tour corriger et diriger le devenir en lui imposant sa volonté propre, qui, elle-même, ne peut vouloir sans concevoir l'*idée* de ce qu'elle veut! Ce réaliste forcené a donc faim et soif d'idéal; mais son fatalisme mathématique, avec sa répétition à l'infini des mêmes choses, le réduit au rôle de Tantale, en même temps qu'il y réduit l'univers.

Puisqu'il avait médité les penseurs de la Grèce au point de leur emprunter le mythe astronomique de la grande année, Nietzsche aurait pu leur faire emprunt d'une notion plus haute et plus féconde : celle de la réalisation indéfinie de tous les possibles, qui a inspiré d'abord Platon, puis, mieux encore, les Alexandrins. Ces derniers n'ont-ils pas admis que toutes les formes de l'existence, depuis la plus humble jusqu'à la plus haute, devaient sortir les unes des autres, de manière à épuiser dans l'infinité du temps et dans l'infinité de l'espace l'infinité de l'être? Encore le mot humain *épuiser* est-il impropre à exprimer l'*inépuisable*. D'après cette conception, notre monde est enveloppé de mondes à l'infini qui le débordent et dont les formes de notre pensée ne sauraient exprimer le contenu. Pascal a entrevu cette idée, quand il a dit que la pensée se lasserait de concevoir plutôt que la nature de fournir. Spinoza, à son tour, a conçu les modes possibles de l'être comme infinis et innombrables, si bien que l'étendue et la pensée, nos deux milieux, ne seraient elles-mêmes que deux des manifestations de l'être parmi une infinité. Dès lors, la stérilité de *notre Nature* ne serait qu'apparente et, en tout cas, ne serait que la stérilité d'un petit monde qui, malgré ses constellations, n'est par rapport à l'océan de l'être qu'une goutte d'eau et un atome. Le seul refuge de l'espérance, c'est l'idée de l'infinité. En bornant la fécondité de l'être, en limitant cette *puissance* dont le désir est immanent à l'être, en enfermant l'insaisissable devenir dans les cadres géométriques de périodes toujours semblables, en faisant de la vie un sablier toujours retourné, Nietzsche s'est immobilisé dans l'idée du fini. Lui qui voulait s'élancer au delà même du bien et du mal, que ne s'est-il élancé par delà les mathématiques et la physique pour affirmer, non pas l'incurable pauvreté, mais l'infinie richesse de la vie ? C'est à ce prix seulement qu'il eût pu éprouver l'ivresse de ceux qui commencent à entrevoir de loin les suprêmes mystères. La résignation au retour perpétuel des choses, à l'*eadem sunt omnia semper* (auquel il faut ajouter : *et ubique*), n'est que la résignation forcée du stoïcien ou de l'épicurien à l'ordre de la nature. Ce n'est pas la grande et libre révolte de l'esprit contre la nature, ce n'est pas la grande guerre pour le nouveau et pour l'*en avant*. Nietzsche en est resté au naturalisme païen, sans même arriver à comprendre ni le sens du christianisme, ni le sens de l'idéalisme contemporain. Les élans sublimes de son lyrisme ne réussissent pas à voiler les contradictions et les impuissances de sa pensée philosophique. « Penche-toi sur ton propre puits, nous dit-il, pour apercevoir tout au fond les étoiles du grand ciel. » Lui-même, pendant sa vie entière, s'est ainsi penché sur soi, mais le vertige l'a pris, et les étoiles du grand ciel se sont confondues à ses yeux dans une immense nuit.

FIN

TABLE DES MATIÈRES

Pages.

Avant-Propos I

INTRODUCTION

Chapitre premier. — L'immoralisme et l'individualisme absolu de Stirner 4
Chapitre II. — La part de la socialité dans l'individualisme, selon Guyau 10

LIVRE PREMIER

LE PRINCIPE DE LA PHILOSOPHIE DE NIETZSCHE : VOLONTÉ DE PUISSANCE

Chapitre premier. — La volonté de puissance et le vouloir-vivre 30
Chapitre II. — Le vrai comme volonté de puissance . . . 38

LIVRE DEUXIÈME

L'IMMORALISME INDIVIDUALISTE ET ARISTOCRATIQUE

Chapitre premier. — La critique de la morale 54
Chapitre II. — L'idée de la vie individuelle. Nietzsche et l'école anglaise 75

TABLE DES MATIÈRES

	Pages.
Chapitre III. — L'idée de la vie sociale.	88
Chapitre IV. — Condamnation de la justice	94
Chapitre V. — Morale des maîtres et morale des esclaves.	109
Chapitre VI. — Condamnation de la pitié	146

LIVRE TROISIÈME

LES JUGEMENTS DE NIETZSCHE SUR GUYAU, D'APRÈS DES DOCUMENTS INÉDITS 151

LIVRE QUATRIÈME

LA RELIGION DE NIETZSCHE

Chapitre premier. — L'idéal chrétien	182
Chapitre II. — La venue du surhomme	187
Chapitre III. — Le retour éternel.	207
Chapitre IV. — Culte apollinien et dionysien de la nature.	223

CONCLUSION 246

I. — Opinions de Nietzsche sur sa propre originalité	246
II. — Idée fondamentale de Nietzsche	250
III. — L'anarchisme moral et son évolution vers le socialisme	254
IV. — La morale de la vie est-elle suffisante ?	268
V. — Conclusion.	287

FÉLIX ALCAN, Éditeur, 108, Boulevard Saint-Germain, Paris, 6e

BIBLIOTHÈQUE DE PHILOSOPHIE CONTEMPORAINE

OUVRAGES DE M. FOUILLÉE

La Liberté et le Déterminisme. 6e édit. 1 vol. in-8 . . . 7 fr. 50
Critique des systèmes de morale contemporains. 5e édit. 1 vol. in-8 . . . . 7 fr. 50
La Morale, l'Art et la Religion d'après Guyau. 5e éd. 1 v. in-8. 3 fr. 75
L'Avenir de la Métaphysique fondée sur l'expérience. 2e édit. 1 vol. in-8 . . . . 5 fr. »
L'Évolutionnisme des idées-forces. 3e éd. 1 vol. in-8. . . 7 fr. 50
La Psychologie des idées-forces. 2e édit. 2 vol. in-8 . . 15 fr. »
Tempérament et caractère. 3e édit. 1 vol. in-8 . . . . . 7 fr. 50
Le Mouvement positiviste et la conception sociologique du monde. 2e édit. 1 vol. in-8 . . . . 7 fr. 50
Le Mouvement idéaliste et la réaction contre la science positive. 2e édit. 1 vol. in-8 . . . . 7 fr. 50
Psychologie du peuple français. 2e édit. 1 vol. in-8 . . 7 fr. 50
La France au point de vue moral. 2e édit. 1 vol. in-8. 7 fr. 50
Nietzsche et l'immoralisme. 1 vol. in-8 . . . . 5 fr. »
Esquisse psychologique des peuples européens. 1 vol. in-8. 10 fr. »

OUVRAGES DE M. GUYAU

La Morale anglaise contemporaine. 4e édit. 1 vol. in-8. 7 fr. 50
Les Problèmes de l'esthétique contemporaine. 4e édit. 1 vol. in-8 . . . . 5 fr. »
Esquisse d'une morale sans obligation ni sanction. 5e édit. 1 vol. in-8 . . . . 5 fr. »
L'Irréligion de l'avenir, étude de sociologie. 7e édit. 1 vol. in-8 . . . . 7 fr. 50
L'Art au point de vue sociologique. 3e édit. 1 vol. in-8. 7 fr. 50
Éducation et Hérédité, étude sociologique. 5e éd. 1 v. in-8. 5 fr. »
La Genèse de l'idée de temps. 2e édit. 1 vol. in-12. . . 2 fr. 50
La Morale d'Épicure et ses rapports avec les doctrines contemporaines. 3e édit. 1 vol. in-8 . . . . 7 fr. 50
Vers d'un Philosophe. 3e édit. 1 vol. in-12 . . . . 3 fr. 50

OUVRAGES SUR NIETZSCHE

La Philosophie de Nietzsche, par H. LICHTENBERGER, professeur de littérature étrangère à l'Université de Nancy. 6e édition. 1 vol. in-12 . . . . 2 fr. 50
Friedrich Nietzsche. Aphorismes et fragments choisis, par LE MÊME. 2e édit. 1 vol. in-12 . . . . 2 fr. 50
Friedrich Nietzsche. Contribution à l'histoire des idées philosophiques et sociales à la fin du XIXe siècle, par E. DE ROBERTY. 1 vol. in-12 . . . . 2 fr. 50

www.ingramcontent.com/pod-product-compliance
Lightning Source LLC
Chambersburg PA
CBHW071522160426
43196CB00010B/1624